Oliver Kockskämper

RAD LAND LUST

30 Lieblingstouren in Köln & Rheinland

AF550680

Inhalt

Die Touren

Inhalt

Mit Ortsporträts von

Der Kasterer See ist stets
ein idyllisches Ausflugsziel

Vorwort

RADLAND LUST

Köln & Rheinland

Herzlich willkommen im Rheinland! Aber was ist das eigentlich – das Rheinland? Exakte Grenzen gibt es jedenfalls nicht – und auch nur völlig unterschiedliche Interpretationen aus der regionalen Geschichte.

Dabei ist es ganz einfach: Das Rheinland, das ist eine ungemein vielseitige Landschaft, die sich an beiden Ufern des größten deutschen Flusses ausbreitet. Das Rheinland, das sind lebensfrohe Menschen, die jeden Gast herzlich empfangen. Das Rheinland, das ist eine perfekte Region für alle Radfahrer, denn es gibt bestens ausgebaute und beschilderte Radwege und nur wenige moderate Steigungen. Also: Auf ins Rheinland!

Bester Blick auf Köln vom Rhein-Boulevard

Vorwort

Die Auswahl der 30 Radtouren fiel nicht leicht, denn das Rheinland quillt über an Sehenswertem und verfügt zudem über ein erstklassiges Radwegenetz. Ein Blick auf die Karte verrät, dass wir auf unseren Touren viele Highlights der Region kennenlernen werden: Da ist natürlich die Millionen-Metropole Köln, bei der wir uns den bekannten touristischen Zielen wie Dom, Altstadt, Museen, Kultur und vielem mehr widmen. Die Verpflegung ist hier nie ein Problem: Das nächste Brauhaus mit einem leckeren „Kölsch" ist meist nicht weit und auch internationale sowie vegane Genüsse finden wir sprichwörtlich an jeder Ecke.

Aber Köln verzaubert uns auch mit überraschend viel Grün. Und so rollen wir durch den Kölner Norden mit großen Wasserflächen und einer alten Zollfeste, durch den Süden mit noblen Wohngegenden, durch den Osten mit einem beliebten Ausflugsziel und durch den Westen mit seinem wunderbaren Grüngürtel und dem bekannten Stadion.

Noch etwas weiter im Süden cruisen wir durch die Rekultivierungsfläche der „Ville" – kaum zu glauben, dass hier einst Schaufelradbagger die komplette Region von links nach rechts buddelten, denn die Villeseen und die umliegenden weitläufigen Wälder laden zu entspannten Touren und kühlen Pausen am und im Wasser ein. Hier

Beste Aussichten im Bergischen Land

folgen wir auch Etappen der „Wasserburgen-Route" und können gut nachvollziehen, dass es nirgendwo in Deutschland eine höhere Dichte an Wasserburgen gibt.

Die Nordeifel gehört mit zum Rheinland und erweitert den Reigen der prachtvollen Burgen und Schlösser. Wenn wir Burg Satzvey einmal gesehen haben, mögen wir gar nicht mehr weiterradeln, denn wir fühlen uns wie in einer vergangenen Welt.

Auch rund um die Landeshauptstadt Düsseldorf sind wir auf besten Wegen unterwegs, die uns vom topmodernen Medienhafen vorbei am prunkvollen Schloss Benrath und durch das schon zu römischen Zeiten bedeutsame Neuss wieder zurück in die Altstadt geleiten. Ein „Alt" an der „längsten Theke der Welt" gehört hier einfach dazu.

Rund um Düsseldorf erkunden wir die weniger bekannten Ecken des Rheinlandes und stehen verwundert vor einer neugenutzten, ehemaligen Raketenbasis.

Auf den Spuren der Energiewende radeln wir auf „High-Speed-Trassen" unter Windrädern und entlang der riesigen Tagebaue, ehe wir uns an der Rur entlang mit der Geschichte der Papierindustrie beschäftigen. Für „Bergziegen" halten wir eine naturnahe Runde durch das Siebengebirge bereit, die aber auch für weniger athletische Radfahrer geeignet ist.

Im Osten des Rheinlandes erheben sich die sanft modellierten Hänge des Bergischen Landes. Auch hier können wir ohne größere Anstrengungen radeln, denn es ist „Bahntrassen-Radeln" angesagt: Auf ehemaligen Bahnstrecken wurden erstklassige Radwege angelegt, die klangvolle Namen wie „Balkanroute", „Korkenziehertrasse" oder „Wasserquintett" erhielten.

Wasser ist auch das bestimmende Medium bei unseren Touren entlang des Rheins und der Sieg, bei der es auch immer wieder Fotomotive wie Schlösser, Burgen, und Herrenhäuser gibt.

Die „Bundesstadt" Bonn markiert den südlichen Bereich unserer Touren. Hier begeben wir uns auf Spurensuche und finden viele Gebäude, die einst von der Bundesregierung genutzt wurden, als Bonn nach dem zweiten Weltkrieg zur Bundeshauptstadt wurde.

Radfahren ist in erster Linie ein Naturgenuss – und damit dieser so naturverbunden wie möglich ist, startet und endet jede der 30 Radtouren an einem Bahnhof. Dabei ist es unerheblich, ob wir uns auf einer der Rund- oder einer der Streckentouren bewegen: Die An- und Anreise ist stets mit einer S-Bahn möglich. Wer mit dem Auto anreist, findet bei jeder Tour in unmittelbarer Nähe zum Start- bzw. Zielort entsprechende Parkplätze. In unseren „Infoblöcken" sind entsprechende Hinweise vorhanden.

In diesen „Infoblöcken" sind zudem die „Highlights" der Tour zusammengefasst – und natürlich auch Möglichkeiten zur Einkehr, denn wir wollen ja nicht nur kurbeln, sondern auch genießen. Um die Tour besser einschätzen zu können, haben wir auch Angaben zur

Streckenlänge und zur Charakteristik des Verlaufs angegeben. Die Kilometerangaben dienen der groben Orientierung und können während der Tour rasch abweichen, wenn wir mal vom Weg abkommen, oder einen zusätzlichen Schlenker zu einer Sehenswürdigkeit einlegen.

Dieses Buch soll Ihnen Appetit machen auf das Radeln im Rheinland. Die Radwege, die wir hier nutzen, sind bestens ausgebaut und beschildert. Neben großen Schildern mit Ziel- und Zwischenwegweisern gibt es ein dichtes Knotenpunktnetz: Mehr als 430 Knotenpunkte bilden ein Wabensystem, an dem wir uns orientieren können. Da unsere Touren ab und an davon abweichen, sind zusätzliche Nummerierungen in den Karten aufgeführt. Und wenn wir uns doch einmal „verfransen": Kein Problem – die freundlichen Rheinländer bringen uns gerne wieder auf den rechten Weg.

Auch ein Besuch im Siebengebirge steht auf unserem Plan

Für eine perfekte Beschilderung sorgt das „Knotenpunktsystem"

Kartenmaterial

Wer auf eigene Faust unterwegs ist, sollte sich auf eine gute Karte verlassen. Gerade auf dem flachen Land braucht man angesichts des oft recht dünnen Wegenetzes und vieler Sandwege in weiten Teilen der Region Informationen sowohl über die Verkehrsstärken als auch über die Oberflächen. In den meisten der gängigen Apps fehlen diese Informationen.

Die ADFC-Regionalkarten geben sowohl die Kfz-Dichte als auch die Oberflächen an. Sie sind flächendeckend für die Region erhältlich. Sie gibt es auch als App unter **www.fahrrad-buecher-karten.de/kartenapp**. Gut ausgestattet kann die Radtour zu einem echten Erfolg werden. Entsprechende Kartentipps finden Sie in jeder Tour.

GPS

Auch für dieses Buch möchten wir Ihnen als zusätzliche Hilfestellung die Nutzung auf ihrem GPS-Gerät anbieten: Für jede der im Buch aufgeführten Touren stellen wir Ihnen entsprechende Track-Daten zum Download auf Ihren PC oder direkt in unsere Karten-App zur Verfügung: **www.fahrrad-buecher-karten.de/radlandlustdigital**
Zugangscode: **KOE-01-151-594-RLL**

Ein leckeres Kölsch im Biergarten gehört auch zum Genuss-Radeln!

Helfen Sie mit!

Die in diesem Buch enthaltenen Informationen wurden sorgfältig nach bestem Wissen und Gewissen zusammengetragen. Dennoch gibt es in unserer schnelllebigen Zeit ständig Veränderungen: Straßennamen und Wegführungen werden verändert, ebenso Anschriften und Öffnungszeiten. Helfen Sie uns mit, dieses Buch ständig aktuell zu halten, in dem Sie uns etwaige Änderungen unter buecher@bva-bikemedia.de mitteilen. Unser Dank ist Ihnen so gewiss wie der Dank der anderen Leserinnen und Leser!

VIEL SPASS BEIM RADELN!

Tour 1

33 km

Fußball, Wasser und ganz viel Grün: Der Kölner Westen

Das RheinEnergieSTADION - Heimat für Sport und Events

Rundtour von Köln-Weiden über Köln-Lindenthal und Brauweiler

Nachdem wir die westlichen Vororte Kölns passiert haben, wartet mit dem RheinEnergieSTADION eine international bekannte Sportstätte auf uns. Dann tauchen wir ein in die ruhige Natur des Kölner Grüngürtels. Gepflegte Radwege führen uns vorbei an idyllischen Weihern, bevor wir einen Schlenker Richtung City unternehmen. Den krönenden Abschluss erleben wir in der altehrwürdigen Abtei Brauweiler.

Was erwartet mich?

33 km, eine ebene Tour ohne Anstiege und Gefälle auf einem Mix von Straßen, asphaltierten Wirtschaftswegen, sowie naturbelassenen, teils befestigten Schotterwegen und Pfaden.

Wie komm' ich hin?

ÖPNV:
S-Bahn oder Straßenbahn bis Weiden-West

Mit dem Auto:
Park-and-Ride-Parkplatz Weiden-West

Was muss ich sehen?

1. **Römische Grabkammer** (nicht ständig geöffnet!)
2. **RheinEnergieSTADION**
3. **Decksteiner Weiher**
4. **Abtei Brauweiler**

Wo tank' ich auf?

Anno Pomm
Wilhelm-von-Capitaine-Straße 15-17, Köln-Junkersdorf

Haus am See
(Decksteiner Weiher)
Bachemer Landstraße 420, Köln

Geißbockheim
Franz-Kremer-Allee 1-3, Köln

Biergarten am Aachener Weiher
Richard-Wagner-Straße, Köln

Restaurant zur Alten Abtei
Ehrenfriedstraße 22, Pulheim-Brauweiler

Kartentipp: **ADFC Regionalkarten Köln/Bonn, Bergisches Land/ Köln/Düsseldorf, Niederrhein Süd**

Tourstart

Wir starten am Bahnhof Weiden-West, den wir nach links am Parkplatz entlang zur Aachener Straße verlassen, um dort rechts und an der großen Kreuzung links zu fahren. Nach wenigen Metern am ***Knotenpunkt*** *39 vorsichtig nach links über die stark befahrene Straße. Die Schilder der Deutschen Fußballroute führen uns geradeaus durch Köln-Weiden, dann am* ***Wegepunkt*** *1 rechts- (Ignystraße) links abbiegend über die Jungbluthgasse nach Junkersdorf, das wir auch geradlinig (mit einmal rechts Abbiegen) durchradeln, um zum Stadion zu gelangen.*

Der Zugang zum Römergrab ist unauffällig

Fast direkt an unserem Start- und Zielort ereignete sich im Jahr 1843 an der Aachener Straße Nr. 1328 eine Sensation: Bei Ausschachtungen entdeckte man eine 1 **römische Grabkammer**. An jedem 3. Samstag im Monat können wir hier in die Tiefe absteigen und die Kammer mitsamt Sarkophagen und Beigaben bestaunen. Vermutlich wurde die Grabstätte bis ins 4. Jh. genutzt.

Direkt an unserem Wegesrand erhebt sich das international bekannte 2 **RheinEnergieSTADION**. 1920 begann die sportliche Nutzung als Sportpark Müngersdorf, bevor schon bald ein erstes Stadion errichtet wurde. Im Jahr 2004 erfolgte der letzte größere Umbau, so dass die Arena nicht nur für die Bundesligaspiele des 1. FC Köln, sondern auch für Konzerte und andere Events genutzt werden kann. Direkt neben dem Stadion liegen das Gelände der Deutschen Sporthochschule, das Stadionbad, und viele weitere Sportstätten. Auf unserer Seite des Stadions steht übrigens eine Bronze-Statue der FC-Legende Heinz Flohe, während die Grünfläche vis-a-vis von Freizeitkickern genutzt wird – es sind die Jahnwiesen, die vom Jahndenkmal bewacht werden.

Die Strecke führt nun hinter den Jahnwiesen rechts von der Straße weg, am ***Knotenpunkt*** *10 geradeaus und am Adenauer-Weiher vorbei. Die querende Dürener Straße passieren wir ebenso wie später die Straßenbahnschienen geradeaus und gelangen rechts-links zum Decksteiner Weiher.*

Kaum haben wir die Straße verlassen, tauchen wir ein in die üppige Natur der **Kölner Grüngürtel**. Diese blicken auf eine lange Geschichte zurück, denn die Stadt verzichtete im Mittelalter ganz bewusst auf eine Bebauung rund um die Stadtmauern – auch Burgen wurden seinerzeit nicht angelegt. Im 19. Jh. entstanden allerdings 14 Forts, die rund um die Innenstadt positioniert wurden. Viele davon sind noch heute erhalten, wenn auch zum Teil als Ruinen.

Der Kölner Oberbürgermeister und erste deutsche Nachkriegs-Kanzler Konrad Adenauer setzte durch, dass die Grüngürtel speziell im äußeren Bereich erhalten blieben und mit zahlreichen Sportstätten versehen wurden. Wir rollen durch den **Äußeren Grüngürtel** und kommen erst am **Adenauerweiher**, dann am **3 Decksteiner Weiher** vorbei. Die Hügel rund um die Weiher entstanden aus dem Aushub. Am Decksteiner Weiher treffen sich die Kölner gerne zum Einkehren und zum Tretbootfahren, rund herum wird Sport zelebriert.

Entspannung am Adenauer-Weiher

Wir folgen dem Ufer des Decksteiner Weihers gegen den Uhrzeigersinn, rollen nach einer Linkskurve am Ende des Sees geradeaus auf das Geißbockheim zu, das wir auch gegen den Uhrzeigersinn umrunden – bitte Vorsicht an dieser Stelle mit dem PKW-Verkehr!

Unsere Tour umrundet das sogenannte **„Geißbockheim"**. Beim Clubhaus des 1. FC Köln können wir vorzüglich einkehren und nebenan mit etwas Glück eine Trainingseinheit der Profis bestaunen.

So grün ist Köln!

*Vor dem Wander-Parkplatz (**Wegepunkt ❷**) nutzen wir rechterhand schiebend (!) die Brücke über den Militärring und radeln dahinter geradeaus weiter, um an einem Kindergarten rechts zunächst der Castellauner und später der Euskirchener Straße zu folgen, die zur Palanterstraße wird. An der querenden Straße Weyertal links und gleich wieder rechts in die Zülpicher Straße, mit der wir den Inneren Grüngürtel erreichen (**Wegepunkt ❸**).*

Auch der **Innere Grüngürtel** gehört zur kraftvollen Lunge der Millionenstadt. Die Zülpicher Straße geleitet uns zudem mitten ins Uni-Viertel, mit den verschiedenen Fakultäten. Die Wiesen des Grüngürtels sind daher bei schönem Wetter mit vielen Studenten bevölkert, die hier lernen, sich sportlich betätigen, grillen oder sich das ein oder andere Kölsch genehmigen. Direkt hinter der Bahnunterführung liegt der **Zülpicher Platz**, der als Innbegriff des studentischen Nachtlebens gilt.

*Weiter geht es von der Zülpicher Straße, die wir nach links (**Wegepunkt** ❸) in den Inneren Grüngürtel verlassen. Auf der Schotterpiste queren wir die Bachemer Straße geradeaus, kurbeln den kleinen Hügel hinauf und zweigen noch vor dem Aachener Weiher links ab. Vom Aachener Weiher geradeaus über die nächste Kreuzung, direkt dahinter links und auf dem Radweg bis zum Clarenbachkanal (**Knotenpunkt** ⑪), dem wir nach links folgen.*

Kulinarik und Kultur am Aachener Weiher

Weitere Informationen über Sehenswertes in der Stadt finden Sie im **Ortsporträt „Köln"** (siehe S. 20).

Auch der **Aachener Weiher** wurde schon 1920 im „Generalplan" konzipiert und mit einer Wasserfläche von rund 40.000 qm realisiert. An einem Ufer erhebt sich ein sehr beliebter Biergarten und auf der anderen Seite das **Museum für Ostasiatische Kunst** mit dem Japanischen Kulturinstitut.

Der Lindenthaler Kanal wurde um 1925 herum eigens auf Wunsch der Anwohner geschaffen, die sich inmitten der hohen Häuser eine Straße mit viel Grün wünschten.

*Die Radschilder Richtung Junkersdorf lassen uns kurz darauf links und wieder rechts abbiegen, einem weiteren Kanal folgen, den Stadtwaldgürtel geradeaus überqueren und leiten uns an Tennisplätzen vorbei durch den nächsten weitläufigen Park, bis wir am Ende eines kleinen Hügels auf die querende Militärringstraße treffen (**Wegepunkt** ❹), der wir nach rechts folgen.*

Am Ende der beiden Kanäle erreichen wir wieder einen großen Park, in dem es einen Wochenend-Markt gibt. Kinder begeistern sich für den Spielplatz oder für eine Bootsfahrt auf dem Kahnweiher. Der **Lindenthaler Tierpark** erfreut Groß und Klein mit Hochlandrindern, Rehen, Pfauen und vielen weiteren Tieren.

Reisemobilstellplätze an oder nahe der Route:

Reisemobilhafen Köln
An der Schanz, Köln-Niehl

*Neben der Militärringstraße entlang queren wir nach wenigen Minuten die Aachener Straße und fahren dahinter geradeaus in den Alten Militärring, dem wir mehrere Kilometer folgen. Nachdem wir die Bahnstrecke gekreuzt haben, geht es im Zick-Zack durch weite Wiesen nach Widdersdorf, das wir links (**Wegepunkt** ❺) hinter der Autobahn geradlinig durchrollen.*

Schon die Römer siedelten auf dem Gebiet des heutigen Widdersdorf, dessen Mitte die **Pfarrkiche St. Jakobus** ziert. Rund um den alten Ortskern wurden weitläufige Wohngebiete erschlossen, so dass Widdersdorf als einer der am schnellsten wachsenden Orte des Rheinlands zählt.

*Mit den örtlichen Radschildern biegen wir rechts ab zur Kirche, fahren links und am Ortsausgang rechts-links (**Wegepunkt 6**), um auf leicht steigender Strecke über Donatus- rechts Bonn- und links Von-Wert-Straße nach Brauweiler zu radeln. Wir verlassen Brauweiler im Linksbogen von der Abtei über Ehrenfried- und im Linksbogen weiter Mathildenstraße. An der Ampelkreuzung rechts und dann auf dem straßenbegleitenden Radweg wieder zurück zum Bahnhof Köln-Weiden West.*

Schon von weitem erblicken wir die 69 m hohen Türme der **4 Abteikirche von Brauweiler**. Bereits seit dem 6.Jh. wird an dieser Stelle eine Abtei unterhalten, die zur Ansiedlung von Benediktinermönchen aus Trier diente. Die heutige Abtei wurde von Mathilde, der Gattin des Pfalzgrafen Ezzo, im Jahre 1024 gegründet. Die Arbeiten an der Kirche und den Nebengebäuden dauerten von 1048 bis 1215, wodurch außer romanischen auch gotische Stilelemente einflossen. Bedingt durch Erneuerungen in den Jahren 1780-84 und 1876 kamen barocke Züge hinzu. Das Prunkstück der Abtei ist die heutige Pfarrkirche. Besonders beachtenswert sind die Malereien, das Chorgestühl (1700), der Marienaltar (1180), die Beichtstühle (1724, im Seitenschiff), der Kreuzgang (1200) sowie die Statuen von Mathilde, Ezzo und des Heiligen Nikolaus.

Weithin sichtbar ist die Abteikirche von Brauweiler

Nachdem wir Brauweiler verlassen haben, tangieren wir den Ort Freimersdorf, der als Vremerstrop im Jahre 1028 erstmals urkundlich genannt wurde. Ein perfekt erhaltener, dörflicher Charme empfängt uns hier, denn rund um den ehemaligen Fronhof der Abtei Brauweiler entstanden weitere Gutshöfe, in denen die Zeit stehen geblieben zu sein scheint. Einige werden noch landwirtschaftlich genutzt, andere bieten wunderbaren Wohnraum.

Auf der anderen Seite der Landstraße erheben sich die Häuser von Köln-Lövenich. Luviniacum hieß das keltische Landgut, aus dem der rasch wachsende Vorort hervorging. Rund um die **romanische Kirche St. Severin** finden wir eine historische Bausubstanz, von der einige Wohnhäuser unter Denkmalschutz gestellt wurden.

Köln

Köln ist nicht nur einer DER Touristen-Magneten Deutschlands: Die Rheinmetropole ist mit rund einer Millionen Bürger die einwohnerstärkste und mit 405,12 qkm die flächenmäßig größte Stadt Nordrhein-Westfalens.

Die Stadtfläche erstreckt sich zu etwa gleichen Teilen beiderseits des Rheins. In einem berühmten Karnevalslied heißt es „86 Veedel – ein Kölsch" – eine Anspielung auf das Lieblingsgetränk der Kölschen und darauf, dass die 9 Stadtbezirke nochmals in Veedel („Viertel") aufgeteilt sind. Auch erstaunlich: Köln besteht zu über 40% aus Grünanlagen (Wälder, Gärten, Felder, etc.), was uns als Radler natürlich ganz besonders erfreut.

Geschichte reicht weit zurück – schon unter den Römern erhielt das 50.000 Einwohner zählende Köln im Jahre 50 n. Chr. die Stadtrechte und 1255 das Stapelrecht, wonach alle rheinfahrenden Schiffe ihre Waren hier zum Verkauf anbieten mussten. Während der Industrialisierung wuchs die Einwohnerzahl bis vor dem 2. Weltkrieg auf fast 500.000 Menschen an. Unmittelbar nach dem Krieg, als über 90% der Häuser zerstört waren, waren es nur noch 40.000. Ganz im Sinne der heimatlichen Verbundenheit der Kölner wurden nur ein Jahr später schon wieder 500.000 Einwohner gezählt, die aus dem Bauschutt eine neue Stadt erschufen.

Ein Mann, dessen Name mit dieser Epoche unzertrennlich verbunden ist, war Konrad Adenauer (1876-1967). Als langjähriger Bürgermeister Kölns wurde er 1949 zum ersten Kanzler der jungen Bundesrepublik Deutschland gewählt.

Nun aber zu den Highlights dieser einmaligen Stadt: Unser Rundgang beginnt am Hauptbahnhof. 1857 hätten wir an dieser Stelle vor einem botanischen Garten gestanden, doch in Zeiten wachsender Industrie wurde ein Großbahnhof für Köln erforderlich, der im Zentrum liegen sollte. Aus jener Zeit ist noch die 250 m lange und 24 m hohe **Bahnsteighalle** vorhanden, die fast so bekannt ist, wie der Dom. Dies kommt nicht zufällig, denn beim Bau der Halle orientierte man sich an der Architektur des Domes.

Nun also zum Wahrzeichen der Stadt: Die Fassade des **Kölner Doms** besticht durch den vollständig hochgotischen Baustil, was nicht selbstverständlich ist bei einer Bauzeit von 632 Jahren. Der erste Dom Kölns stand am Rande der Stadtmauer und wurde schon bald zu klein. So entschloss man sich, an anderer Stelle ein neues Gotteshaus zu bauen, das 820 geweiht wurde. Als dann 1164 die Gebeine der heiligen drei Könige nach Köln überführt wurden, musste ein noch größerer Bau her, der von der Planung her die größte

Beliebt wie eh und je: Der Rheinpark, ehemals Bundesgartenschau-Gelände

Kirche der Welt werden sollte. Die Grundsteinlegung zum neuen (heutigen) Dom erfolgte im Jahre 1248 durch den Erzbischof Konrad von Hochstaden. Zunächst schritt der Bau rasch voran – 1277 wurde die Sakristei, 1322 der Chor fertiggestellt. Bis 1560 dauerte es dann allerdings schon, bis das Langhaus zu einer Höhe von 13,50 Metern gemauert und überdacht war. Nun waren die Finanzen endgültig erschöpft – die Arbeiten wurden für sage und schreibe 263 Jahre eingestellt! 1814 wurden die Original-Baupläne wieder aufgefunden, so dass der Bau des Domes 1842 fortgesetzt werden konnte. Nun leistete man ganze Arbeit - am 15.10.1880 wurde dem Südturm als „krönender Abschluss" der Baumaßnahmen die Kreuzblume aufgesetzt. Seinerzeit hatte Köln den mit 157 Metern höchsten Kirchturm der Welt. Nur 10 Jahre später setzte das Ulmer Münster mit 161,60 m eine neue Höchstmarke.

Alle Details vom Dom bei einem Besuch zu entdecken, wäre aussichtslos. Daher konzentrieren wir uns auf die Höhepunkte wie Dreikönigenschrein (1225), Dombild (1450), Gero-Kreuz (975), Hochaltar (1322), Schatzkammer, Chorgestühl, Fassade und Fenster. Zum Pflichtprogramm der Dombesichtigung gehört auch die Besteigung des **Südturmes** (509 Stufen). Nicht nur die Aussicht

Sicherlich eines der beliebtesten Fotomotive – der Kölner Dom

von der Plattform in 97,25 m Höhe ist atemberaubend, vielmehr hat man auf dem Weg nach oben auch Gelegenheit, in die Glockenstube zu blicken. Die größte ist die Petersglocke von 1923 mit dem erstaunlichen Gewicht von 24 Tonnen!

Die Salzgasse verbindet Rheinufer und Altstadt

Vom Dom gehen wir weiter um den Dom herum und kommen auf den **Roncalliplatz**. Hier befindet sich auch das **Römisch-Germanische Museum**. Nachdem zuvor bereits zahlreiche Stücke gefunden wurden, fanden ab 1914 konsequente Ausgrabungen im Kölner Stadtgebiet statt. Schon bald waren so viele Exponate zusammengetragen, dass 1946 ein Römisch-Germanisches Museum gegründet wurde. Erst 1974 bekam die Sammlung mit dem heute zu sehenden Gebäude einen entsprechenden Rahmen. In lehrreicher Art werden die Exponate der verschiedenen Epochen, beginnend 100.000 v.Chr., präsentiert.

Im direkten Umfeld des Museums befinden sich das nicht minder interessante **Diözesanmuseum**, welches sich überwiegend der Sakralen Kunst seit dem 4.Jh. widmet und das **Museum Ludwig**. Dies wurde 1976 gegründet und basiert auf den Sammlungen des Fabrikanten Peter Ludwig, moderne Kunst mit allen Künstlern, die Rang und Namen haben, wie Picasso, Dalí, Matisse, Chagall, Modigliani Macke, u.v.a.

Vom Roncalliplatz ist es nur ein kurzer Weg zum **Heinzelmännchenbrunnen**: Hier gibt es sie noch, wenn auch in Steinform aus dem Jahre 1899, die Heinzelmännchen, die der Sage nach nachts die Arbeit erledigten, die andere aus Faulheit nicht machten. Glaubt man der Geschichte, so wäre das noch heute der Fall, wenn nicht eine Schneiderfrau Erbsen ausgelegt hätte, um die Heinzelmännchen bei der Arbeit zu beobachten.

Die Fußgängerzone Kölns ist die **Hohe Straße**, der wir nun folgen wollen, denn wir sind hier auf geschichtsträchtigem Terrain: Die Römer hatten hier einen hochwasserfreien Weg ausgemacht, der auch entsprechend mit Toren gesichert war. Nach wenigen Metern verlassen wir die Hohe Straße wieder nach links über die Große Budengasse (später Budengasse) und kommen zum **Alten Markt** mit dem **historischen Rathaus**. Unter den zahlreichen prachtvollen Häusern beachten wir vor allem die Dachrinne von **Haus Nummer 25**: Hier entdecken wir den „Kallendresser". Auch Nicht-Kölnern, die ihn sehen, muss man diesen Begriff nicht näher erläutern. Es wird behauptet, anhand dieser Figur hätten die Kölner Bürger den Patriziern sagen wollen, was die von ihrer Politik halten.

Modernes und Historisches zu Füßen des Doms

Die Mitte des Alten Marktes wird durch den hübschen **Jan-van-Werth-Brunnen** von 1884 markiert, vom dem wir auf den 61 m hohen Turm des Rathauses blicken. Als die Zünfte 1396 über die Patrizier gesiegt hatten, war es höchste Zeit, ein würdevolles Rathaus zu errichten, das 1414 fertiggestellt und danach mehrfach erweitert wurde. Erst später stellte man fest, dass dieser Standort besser nicht hätte sein können - schon die Römer hatten genau hier ihr Praetorium errichtet.

Nun gehen wir vom Alten Markt in Richtung **Rheinufer** und durchstreifen dabei die wunderbare Kölner **Altstadt**. Der Begriff „Altstadt" ist hier wirklich angebracht, denn alles, was Köln heute darstellt, begann hier. Bereits die Römer legten an dieser Stelle einen Hafen an. Im Mittelalter mussten hier die Waren von den Schiffen geladen und zum Verkauf angeboten werden. Kein Wunder also, dass in der sogenannten Rheinvorstadt schnell Lager und Wohnhäuser errichtet wurden, die noch heute so schmuck sind wie damals. Mitten in der Altstadt erhebt sich die **Kirche Groß St. Martin**. Im 10.Jh. wurde vom Erzbischof Bruno an dieser Stelle ein Chorherrenstift eingerichtet, das bald an die Benediktiner überging. Wenig später (1172) entstanden die Kirche und der herrliche **Vierungsturm** (1220).

Die farbenfrohe Alstadt rund um Groß St. Martin

Ein weiteres, wichtiges Gebäude der Altstadt ist der **Gürzenich**. Auch dieser entstand, nachdem die Bürger in Köln das Sagen hatten (1437-1444). Diese benötigten dringend einen großen Bau als Lager- und Kaufhallen und, im OG untergebracht, einen Festsaal, der sogar einige Kaiser seine Gäste nennen durfte. Seit dem 19. Jh. wird der Gürzenich, nachdem er einige Zeit ausschließlich Warenhaus war, wieder als Feierstätte benutzt.

Vom Gürzenich aus kommen wir geradewegs über die gleichnamige Straße zur **Schildergasse**, der zweiten wichtigen Einkaufsstraße Kölns, in der sich einst viele

Schildermaler ansiedelten. Der Straße folgen wir bis zum Ende, um auch den folgenden **Neumarkt** zu passieren. Dort steht die nächste erstaunliche Kirche: **St. Aposteln** ist deutlich weniger frequentiert und gefällt uns durch die herrliche Ruhe und den spannenden Altar. Die großartige, verschachtelte Fassade beherbergt eine mächtige Halle. Unter der Orgelempore verbirgt sich sogar noch ein Teil der Krypta aus dem 11. Jh..

Durch das Hahnentor fuhren einst die „neuen" Könige

Von St. Aposteln erreichen wir über die Mittelstraße den **Rudolfplatz**, der vom **Hahnentor** dominiert wird. Dies war schon zu Zeiten der vollständigen Stadtmauer das am meisten geschmückte Stadttor. Der Grund liegt auf der Hand: Die deutschen Könige wurden in Aachen gekrönt und mussten im Anschluss danach direkt nach Köln reisen, um die Gebeine der heiligen drei Könige zu preisen und um ihren Sitz im Domkapitel wahrzunehmen. Um den „neuen" Königen einen würdevollen Empfang zu bereiten, stattete man das nach Aachen gerichtete Stadttor ganz besonders hübsch aus.

Am Rudolfplatz beginnt die **Aachener Straße**, eine der längsten Straßen der Stadt. Nach rund einem Kilometer tangiert sie den **Aachener Weiher**. Der ist ein Teil der grünen Lunge Kölns – bei schönem Wetter kann man in dem weitläufigen Park um den See herum relaxen oder im Biergarten einkehren. Am Ufer liegt auch das **Museum für Ostasiatische Kunst**, das auf einer Stiftung von Frieda und Adolf Fischer basiert. Die Exponate aus Japan, Korea und China werden hier präsentiert.

Der Aachener Weiher ist ein beliebter Treffpunkt für Jung und Alt

Ansehen müssen wir uns in der Innenstadt auch das **„El-De-Haus"** mit einer tragischen Geschichte: Der Kaufmann Leopold Dahmen ließ dieses Gebäude 1935 errichten, das die Gestapo beschlagnahmte. Im Keller richteten die Nazis eine Folterkammer und ein Gefängnis ein, wo 20 Personen in menschenverachtender Weise auf 9 qm eingesperrt wurden. Die heutige Gedenkstätte zeigt Dokumente aus dieser Zeit und übriggebliebene Wandinschriften der Häftlinge.

Auch der **Kirche St. Andreas** sollten wir uns widmen. Hochgotik und Spätromanik vereinigt dieses Gotteshaus,

das auf einem im 10. Jh. gegründeten Kloster basiert. Im Innern erwarten uns z.B. der goldene Makkabäerschrein (1527), die Rosenkranzmadonna (15.Jh.) oder die Wandmalereien. Besonderes Augenmerk sollten wir auf die Vorhalle legen: Hier steht der Blutbrunnen der heiligen Ursula, in den Ursulas Blut bei ihrem Tod geflossen sein soll.

Etwas außerhalb der Innenstadt liegt der **Botanische Garten**. 1862 beauftragten reiche Kölner Bürger Peter Joseph Lenné damit, einen **Flora-Park** im Stile eines englischen Gartens anzulegen. Der **Kölner Zoo** liegt gleich nebenan. Er bietet uns eine Reise in die Artenvielfalt dieser Welt: Rund 6.000 Tiere aus über 800 Arten tummeln sich artgerecht auf dem Affenfelsen, oder im Lemurenhaus, Insektarium, Aquarium, und in großen Freigehegen.

Vom Zoo aus bietet sich ein Abstecher auf die andere Rheinseite an, was wir sogar mit einer 930 m langen **Seilbahn** erleben können. Es ist übrigens die einzige Stromgondelbahn Europas. Am anderen Ufer liegen die **Claudius Therme** und zu ihren Füßen der **Rheinpark**. Hier werden wir an schönen Sommertagen nicht die einzigen sein, die sich in der grünen Insel am Rheinufer erholen. Immer das tolle Panorama der Stadt vor Augen kann man hier Ruhe und Natur genießen – zu finden sind u.a. Spiel- und Sportplätze, Miniaturbahn, Liegewiesen, Parkbänke und der bunte Rahmen von mehr als 5.000 Pflanzenarten. Der Rheinpark war Standort der Bundesgartenschauen 1957 und 1971.

Etwas rheinaufwärts führen die Stufen des **Rheinboulevards** zum Ufer hinunter. Die noch recht junge Attraktion hat sich schnell zu einem beliebten Treffpunkt gemausert. Kein Wunder: Ein schöneres Panorama auf Dom und Altstadt gibt es nirgendwo!

Für einen tollen Abschluss unserer Stadterkundung bietet sich das Bürohochhaus namens **„Kölntriangel"** an, das direkt an der **Hohenzollernbrücke** emporragt. Hier fahren wir mit dem Fahrstuhl nach oben und genießen in 100 m Höhe einen atemberaubenden Ausblick auf Köln und die Region weit über die Stadtgrenzen hinaus.

Exklusiv Arbeiten oder Wohnen in den Kranhäusern

Mit der Seilbahn über den Rhein schweben

Tour 2

Die Flora: Nicht nur ein Ziel für Pflanzenfreunde

25 km

Regatta oder Reggae?

Streckentour von Köln-Mitte über Köln-Niehl nach Köln-Volkhoven

Diese Tour führt uns auf dem tollen Rhein-Radweg in den Kölner Norden. Kleine beschauliche Veedel wie Niehl oder Merkenich lernen wir dabei genauso kennen, wie die Großindustrie, die hier beiderseits des Rheins präsent ist. Gegen Abschluss der Tour haben wir die Gelegenheit, uns im Fühlinger See abzukühlen. Wenn wir zur rechten Zeit hier sind, können wir eine Regatta beobachten.

Was erwartet mich?

25,3 km, eine ebene Tour ohne Anstiege und Gefälle auf einem Mix von Straßen, asphaltierten Wirtschaftswegen, sowie naturbelassenen, teils befestigten Schotterwegen und Pfaden.

Wie komm' ich hin?

ÖPNV:
S-Bahn bis Köln-Hauptbahnhof, Rückfahrt S-Bahn ab Köln-Volkhoven

Mit dem Auto:
Parkplatz Musical Dome Köln

Was muss ich sehen?

1 **Flora Köln**
2 **Zoo Köln**
3 **Historischer Ortskern Köln-Merkenich**
4 **Fühlinger See** mit Regattastrecke

Wo tank' ich auf?

Colonia Brauhaus
An der Schanz 2, Köln-Niehl

Zum Treppchen
Merkenicher Hauptstraße 136, Köln-Merkenich

Zum Kasselberger Gretchen
Kasselberger Weg 101, Köln-Kasselberg

Kartentipp: **ADFC Regionalkarten Köln/Bonn, Bergisches Land/Köln/Düsseldorf, Niederrhein Süd**

Tourstart

Wir starten auf der Rückseite des Kölner Hauptbahnhofs am Breslauer Platz und zweigen am Kreisel rechts ab in die Goldgasse. Die stark befahrene Rheinuferstraße überqueren wir mittels Ampeln und folgen dem Rheinradweg nach links flussabwärts. Nach wenigen Minuten rollen wir hinter dem ***Knoten*** *98 unter der Zoobrücke her. Dies ist die Gelegenheit, nach links zum* ***Knoten*** *87 abzuzweigen, um der Flora beziehungsweise dem Kölner Zoo einen Besuch abzustatten.*

Tolle Blicke auf den Rhein: Von der Bastei...

Direkt nachdem wir unsere Tour am Rheinufer begonnen haben, kommen wir an der **Bastei** vorbei. Der Kölner Stararchitekt Wilhelm Riphahn zeichnete sich im Jahre 1924 verantwortlich für dieses Bauwerk, das das Rheinufer um 8 m überragt. Die außergewöhnliche Architektur machte es seinerzeit zu einem der beliebtesten Gebäude der ganzen Stadt.

Ein prachtvolles Festhaus, mehrere Gewächshäuser und über 10.000 teils exotische Pflanzen: Das ist die **1 Flora** in Köln. Der **Botanische Garten**, der zum Stadtteil Riehl gehört, bedeckt eine Fläche von 11 Hektar und ist nicht nur für Pflanzenfreunde ein willkommenes Ausflugsziel.

Gleich nebenan liegt Deutschlands dritt ältester Zoo. Der weitläufige **2 Zoologische Garten Köln** wurde 1860 gegründet und begeistert bis heute jedes Jahr mehr als 1,3 Millionen Besucher. Besonders beliebt ist es, sich vor dem Affenfelsen niederzulassen und den Mantelpavianen bei ihrem geselligen Spiel zuzuschauen. Einen kleinen Gruselfaktor bietet das Aquarium, wo es auch Krokodile, Schlangen und Insekten aller Art zu sehen gibt. Regenwaldhaus, Urwaldhaus, Elefantenpark, Hippodrom und vieles mehr lassen auf dem weitläufigen Gelände die Zeit wie im Fluge vergehen. Vermutlich wird nach einem Zoobesuch keine Zeit mehr bleiben, die Radtour fortzusetzen.

...und 46 Etagen höher!

Der Rheinradweg geleitet uns über den ***Knotenpunkt*** *88 vorbei am Jugendgästehaus sowie am perfekt gelegenen Wohnmobilstellplatz der Stadt Köln. Nachdem wir bei* ***Knotenpunkt*** *30 auch die Mülheimer Brücke unterquert haben, rollen wir geradeaus weiter über eine Landzunge, die den Niehler Hafen umschließt.*

Neben uns ragt das **„Coloniahochhaus"** in den Himmel. Das 1970 errichtete Gebäude heißt zwar inzwischen nicht mehr so, war aber bei seiner Erbauung Europas höchstes Wohnhaus. Ein echter Traum ist es, hier in der 46. Etage zu wohnen!

Deutlich preiswerter ist da ein Stellplatz auf dem Wohnmobilstellplatz der Stadt Köln. Besser als hier können Camper kaum übernachten, denn wir stehen hier im Grünen mit bestem Blick auf den Rhein und sind dennoch in wenigen Minuten in der City.

Mit der ganzen Herde im Zoo

Zu unserer rechten Seite haben wir noch viel Grün und den Rhein, während auf der linken Seite die geschäftigen **Hafenanlagen des Niehler Rheinhafens** liegen. Dieser hat sich mit seinen fünf Becken und mehr als 60.000 qm Warenumschlagsflächen zum größten Hafen Kölns entwickelt. Nachdem wir die Brücke passiert haben, können wir einen kleinen Abstecher in den historischen Ortskern von Niehl unternehmen. Das wunderschöne Kölsche Veedel empfängt uns mit vielen beschaulichen Fischerhäusern und versprüht damit noch einen richtig dörflichen Charme. Mittendrin ragt der **Niehler Dom** in die Höhe, der eigentlich **„Alt-St. Katharina"** heißt und 1236 erstmals in den Geschichtsbüchern auftauchte.

Der „Niehler Dom"

Dann wird es für ein paar Minuten etwas unschön: Unser Rheinradweg zweigt vom Rheinufer links in die Geestemünder und nach wenigen Metern hinter den Bahnschienen rechts in die Emdener Straße ab, um uns mitten durch das imposante Fordwerk zu leiten. Kurz vor der Linkskurve zweigen wir rechts ab in den Ivenshofweg und haben nach wenigen Kurbelumdrehungen die Hektik der Fordwerke hinter uns gelassen. Nach links auf der Merkenicher Hauptstraße geht es durch den Kölner Vorort Merkenich.

Der älteste Teil des Ford-Werkes stammt aus dem Jahr 1931. Seinerzeit hatte der Kölner Oberbürgermeister Konrad Adenauer die Manager überzeugen können, dass hier genau der richtige Standort für ein Werk ist. Mehrere 10.000 Menschen finden hier Arbeit.

Die Großindustrie ist auf diesem Streckenabschnitt sehr präsent: Am gegenüberliegenden Rheinufer von Merkenich erstreckt sich das riesige Areal des **Chem-**

parks Leverkusen, in dem auch viele 10.000 Beschäftigte tätig sind. Auf dem Gelände der ehemaligen Bayerwerke haben sich inzwischen viele unterschiedliche Unternehmen angesiedelt. Produziert werden chemische Produkte, aber auch Kunststoffe, Rohgummi, Arzneimittel, Kabel, Grundsubstanzen für Farben und Lacke und vieles mehr.

Deutlich beschaulicher geht es da in 3 **Merkenich** zu, das uns mit kleinen Schiffer- und Fischerhäusern in den Bann zieht. Auch die Backsteinhöfe lassen uns vermuten, dass wir uns eher mitten in der Eifel als vor den Toren Kölns befinden.

*Auf der Merkenicher Hauptstraße unterqueren wir hinter dem **Knotenpunkt** 8 die A 1 und zweigen direkt dahinter rechts ab in die Schlettstadter Straße ab. Bei **Knoten** 3 geht es direkt wieder links in den Kasselberger Weg, ganz entspannt am Campingplatz vorbei und bei **Knotenpunkt** 2 links ab vom Rhein in den Mohlenweg.*

In Niederkassel leuchtet St. Amandus

Auch Kasselberg gehört noch zum Kölner Stadtgebiet. Der Ort ist bekannt für seinen schön gelegenen Campingplatz und berüchtigt für die vielen Überschwemmungen bei Rheinhochwasser. Etwas weiter vom Rheinufer entfernt liegt Rheinkassel auf einer weitgehend hochwassersicheren Anhöhe. Hier müssen wir uns die **Dorfkirche St. Amandus** ansehen, die auf eine Gründung im 9. Jh. zurückgeht.

Nachdem wir die Industriestraße gequert haben, rechts in den Weg „Am Kutzpfädchen“ und direkt links in den Kasseler Weg. An einem kleinen Parkplatz vorbei erreichen wir das Ufer des Fühlinger Sees.

Der Begriff 4 **„Fühlinger See“** ist etwas irreführend, denn genau genommen sind es mehrere, miteinander verbundene Seen, die eine Wasserfläche von rund 100 ha formen. Für den Bau der Bahnstrecken rund um Köln brauchte man ab 1912 viel Kies – und den fand man hier in der Fühlinger Heide. Weil der Rhein sehr nahe ist, füllten sich die Löcher rasch mit Wasser, was in den Sommern der 1930er Jahre bereits die ersten Ausflügler ins Wasser lockte. Ab 1967 wurden die Kiesgruben zu einem **Naherholungsgebiet** umgewidmet. Es entstanden mehrere Sandstrände, ein See zum Jedermann-Paddeln, Rad- und Spazierwege und begrünte Inseln. An heißen Tagen kommen die Menschen hierher, denn das Wasser ist meist recht kühl, weil die Seen zwischen 10 und 20 m tief sind. Gerne besucht wird das Strandbad Blackfoot Beach, wo wir auch einkehren können.

Reisemobilstellplätze an oder nahe der Route:

Reisemobilhafen Köln
An der Schanz, Köln-Niehl

Campingplatz Köln-Kasselberg
Kasselberger Weg 101, Köln-Kasselberg

Blackfoot Beach
Stallagsbergweg 1, Köln-Fühlingen (am See)

Gibt's heute Regatta und Reggae?

Das Schmuckstück ist die 2,3 km lange Regattastrecke mit ihren 6 Bahnen. Mit Startanlagen, Schiedsrichterturm, Tribünen und vielem mehr ist sie perfekt für Wettkämpfe im Rudern und Kanufahren geeignet.

Im Juli ist dann am Fühlinger See der komplette Ausnahmezustand angesagt, denn dann pilgern Fans aus aller Welt zum **Summerjam**. Seit 1986 wird das Festival alljährlich von rund 30.000 besucht, von denen die meisten am Ufer des Fühlinger Sees ihre Zelte aufschlagen. Dabei gelingt es den Veranstaltern immer wieder, internationale Topstars der Reggea-Szene auf die Bühnen zu bringen. Meist sind auch Nachfahren des Reggea-Idols Bob Marly auf dem Line-Up.

Hinweis: Am Festival-Wochenende sind weite Teile des Fühlinger Sees nur für die Fans freigegeben. Es ist also ratsam, an dem entsprechenden Wochenende mitzufeiern oder den See großräumig zu umfahren.

Der kleine Schotterweg führt uns links entlang der Regattastrecke und umrundet den See im Uhrzeigersinn. Hinter dem zweiten großen Parkplatz an der Südspitze des Sees fahren wir links vom Ufer weg und treffen auf die Neusser Landstraße, wo wir rechts und gleich wieder links in den Berberitzenweg abzweigen. Dieser geleitet uns geradeaus an einem Wohngebiet vorbei, kreuzt eine zweispurige Straße und führt dahinter weiter geradeaus bis auf den Volkhovener Weg.

Hier zweigen wir rechts ab und kommen zum Bahnhof Volkhoven, wo unsere Tour endet.

Unsere Tour endet im Ort Volkhoven/Weiler. Die ehemals zwei eigenständigen Dörfer sind inzwischen durch die intensive Bebauung vereint. Das sichtbare Zeichen dafür ist die gemeinsame **Pfarrkirche St. Cosmas und Damian**.

Nichts zu verzollen?

Gut Einkehren am Kloster Knechtsteden

Rundtour von Köln-Worringen über Zons und Kloster Knechtsteden

Wir starten im nördlichsten „Veedel" Kölns und rollen tiefentspannt auf dem perfekt ausgebauten Rhein-Radweg Zons, der alten Zollfestung. Nach diesem Ausflug in die lebendige Geschichte cruisen wir durch die von Baggerseen geprägte Region zum Kloster Knechtsteden, wo wir im Klosterhof vorzüglich einkehren, ehe es wieder zurück nach Worringen geht.

Was erwartet mich?

36 km, eine ebene Tour ohne Anstiege und Gefälle auf einem Mix von Straßen, asphaltierten Wirtschaftswegen, sowie naturbelassenen, teils befestigten Schotterwegen und Pfaden.

Wie komm' ich hin?

ÖPNV: S-Bahn bis Köln-Worringen

Mit dem Auto: Park & Ride – Parkplatz am Bahnhof in Köln-Worringen

Was muss ich sehen?

1. Naturschutzgebiet Worringer Bruch
2. Historische Bausubstanz in Alt-Worringen
3. Historischer Ortskern Zons
4. Kloster Knechtsteden

Wo tank' ich auf?

Hotel-Gasthaus Krone
Sankt-Tönnis-Straße 12, Köln-Worringen

Haus Piwipp
Haus Piwipp, Dormagen

Restaurant Zum Volksgarten
Vor dem Rheintor 3, Dormagen-Zons

Fährhaus Zons
Herrenweg 39, Dormagen-Zons

Gaststätte Manes am Bösch
In Ükerath 81, Dormagen-Nievenheim

Klosterhof Knechtsteden
Klosterallee 1, Dormagen-Knechtsteden

Kartentipp: **ADFC Regionalkarten Köln/Bonn, Bergisches Land/Köln/Düsseldorf, Niederrhein Süd**

Tourstart

Wir starten am Bahnhof Köln-Worringen, den wir über den kleinen Weg zum grünen Worringer Bruch hin verlassen, um am Querweg links und vor der querenden Straße sofort wieder links in die Brombeergasse abzubiegen.

Der Rhein formte den Worringer Bruch

Direkt an unseren Bahnhof grenzt das **1 Naturschutzgebiet Worringer Bruch**. Bevor sich hier die Römer niederließen, floss der Rhein durch das heutige Schutzgebiet - also weitab von seinem heutigen Verlauf. Ein Blick auf die Karte reicht, um festzustellen, dass der Rhein hier einst einen großen Bogen vollzog.

Am Ende der Brombeergasse fahren wir rechts auf die Alte Neusser Landstraße, sofort links in den Weg „Am Fronweiher", wieder links in den Langeler Weg und dann rechts in den Werthweg, der uns unter der B9 her zum Langeler Damm bringt.

Links neben uns liegt **2 Alt-Worringen**, das auf eine sehr lange Geschichte zurückblicken kann. Die ersten Siedler kamen vermutlich schon 500 v.Chr., bevor die Ubier und dann die Römer hierher kamen. Letztere ließen sich sogar stattliche Gutshöfe erbauen. Auch in den nachfolgenden Jahrhunderten machte der Ort von sich Reden, denn er war der größte zwischen Köln und Neuss: Der Kölner Erzbischof erkannte die Bedeutung und ließ eine Burg zur Verteidigung bauen. Doch 1288 verloren die Truppen des Erzbischofs gegen ein Bündnis aus Bürgern und Fürsten – dies ging als „Schlacht von Worringen" in die Bücher ein. Vor der Kirche erinnert ein Denkmal an dieses Ereignis.

Seinerzeit wurde die Burg zerstört und nie wieder aufgebaut. Auch die danach erbauten Stadttore konnten nicht über die Zeit gerettet werden. So bleiben uns heute die Blicke auf das **Alte Rathaus,** auf die ehemalige **Korn- und Ölmühle** und einige **historische Wohnhäuser**, die teils mit Fachwerk geschmückt sind.

*Am Langeler Damm treffen wir am **Knotenpunkt** 6 auf den Rhein-Radweg, dem wir nach links folgen, bevor wir wenige Minuten an der lärmenden Bundesstraße entlang radeln müssen. Am **Knoten** 43 queren wir nach rechts die B9 und fahren links auf dem Rheindamm nach Zons.*

Knechtsteden ist ein beliebtes Ausflugsziel

Die Passage entlang der B9 ist recht laut und unschön zu fahren. Dabei radeln wir auch am **Chempark Worringen** entlang, was wir nicht nur an den Chemie- und Verwaltungsgebäuden links von uns, sondern auch an den Hafenanlagen sehen, durch die wir fahren. Der Chempark gibt mehr als 10.000 Beschäftigen eine sichere Arbeitsstelle. Hergestellt werden z.B. Kautschuke, Kunststoffe und verschiedene chemische Produkte.

Kaum haben wir die Chemieanlagen hinter uns gelassen, kommen wir am nördlichsten Punkt Kölns vorbei – er liegt genau an der Stelle, wo wir die B9 nach rechts verlassen. Gleich in der Nähe erstreckt sich ein ruhiger Park und in seiner Mitte die **Römer Therme**. Vor allem „echte Schwimmer" schätzen dieses Freibad, denn hier können sie auf 50-m-Bahnen ausgiebig trainieren.

Wer mag, kann einen Abstecher ins Zentrum von **Dormagen** unternehmen. Dazu folgen wir der Neusser Landstraße ein Stückchen weiter und biegen links ab in die Kölner Straße, die uns ins Zentrum von Dormagen bringt.

Alles gut beschildert

Nero Claudius Drusus Germanicus, der Stiefsohn des römischen Kaisers Augustus war es, unter dem von 13 bis 9 v.Chr. an dieser Stelle ein römisches Kastell geführt wurde. Das damalige Durnomagus war ein Kastell des niedergermanischen Limes und eine Garnisonsstadt. Später, im Erzbistum Köln wurde Dormagen zu einer jüdischen Enklave. Leider deutet heute nur noch wenig in Dormagen auf diese reichhaltige Geschichte zurück – die Stadt ist modern mit einigen historischen, aber wenig spektakulären Gebäuden, so dass der Abstecher eher für eine Rast in einem der Restaurants geeignet ist.

Beim ***Knotenpunkt*** *34 haben wir Zons erreicht und es geht geradeaus in den Weg „Alter Flügeldeich". Am Ende biegen wir links in die Deichstraße und später rechts in die Stürzelberger Straße ein.*

In Zons wurde einst Zoll eingetrieben

Vom Rheindamm aus haben wir schon einen guten Eindruck von **Zons**, dieser Perle am Niederrhein, bekommen. Der ehemalige Fronhof des Erzbistums Köln wurde mit der wuchtigen Wehrmauer versehen, als man 1372 das Rheinzollamt von Neuss nach Zons verlegte. Und dies aus gutem Grund, denn der Zoll, der damals den auf dem Rhein transportierten Waren auferlegt wurde, war weit mehr als ein Taschengeld - zwischen 2 % und 10% des Warenwertes mussten entrichtet werden! Die Kölner Erzbischöfe bedankten sich sehr darüber, denn rund die Hälfte ihres Etats stammte aus diesen Geldern.

Ab dem 16.Jh. bahnte sich jedoch der Niedergang Zons' an – die Wirren der zahlreichen Kriege, die Verlegung des Rheinarms und der Wegfall des Zolls im Jahre 1796 machten die Feste überflüssig.

Zum Glück konnte die meiste Bausubstanz aber über die Jahrhunderte hinweg trotz einiger Brände erhalten bzw. wiederaufgebaut werden, so dass uns heute ein herrliches 3 **mittelalterliches Stadtbild** empfängt. Die wichtigsten Sehenswürdigkeiten sind der **Rheinturm**, der **Krötschenturm**, die **Häuser an der Rheingasse**, das ehemalige **Herrenhaus mit dem Kreismuseum** (Heimatgeschichte und Martinskirche (1879) und der **Juddeturm**. Interessant sind auch die Vorstellungen auf der Freilichtbühne von Zons.

Mitten im Ort links in die Straße Saarwerden und sofort schräg rechts in die Nievenheimer Straße, auf der wir auch am Ortsende geradeaus bleiben.

Nachdem wir Zons verlassen haben, tauchen wir ein in ruhige Natur und kommen vorbei am **Martinsee**. Er entstand, wie auch der nahegelegene Golderberger und Straberg-Nievenheimer See, durch die Gewinnung von Gesteinen und Sanden.

Die B9 queren wir geradeaus, hinter der Autobahn rechts-links-rechts, beim ***Knotenpunkt*** *39 links und bei* ***Knoten*** *45 geradeaus.*

Nievenheim war bereits in der Eisenzeit besiedelt. Ansehen müssen wir uns die **Pfarrkirche St. Pankratius**, denn im Innern verbirgt sie gleich drei prunkvolle Altäre aus der Zeit des Barock.

*Vom **Knotenpunkt** 45 folgen wir den Schildern zum **Knoten** 51, hier rechts und bei 52 links. Und schon wenige Minuten später erreichen wir hinter dem **Knoten** 53 das Kloster Knechtsteden.*

4 **Kloster Knechtsteden** ist nach Zons ohne Frage der zweite Höhepunkt unserer Rad-Runde. Im 12. Jh. wurde das Kloster als Prämonstratenserabtei gegründet. Die „Missionsgemeinschaft vom Heiligen Geist unter dem Schutz des Unbefleckten Herzen Mariens" übernahm die Anlage im Jahre 1896 – der Männerorden, der noch 20 Brüder zählt, wird kurz auch als Spiritanerorden bezeichnet.

Mitten in einem weitläufigen **Naturschutzgebiet**, das sich in einer Senke ausbreitet, erhebt sich die eindrucksvolle und raumgreifende Klosteranlage, die uns echte sakrale Raritäten präsentiert. Dazu gehört die dreischiffige Basilika mit einem Kreuzgratgewölbe und einem außergewöhnlichen Vierungsturm. Auch die Fresken verdienen eine genauere Betrachtung, denn wertvolle Malereien waren viele hundert Jahre lang nicht sichtbar weil man sie einfach übermalt hatte. Erst seit 1869 strahlen sie wieder in ihrem farbenfrohen Glanz.

Das Kloster wird heute zur Ausbildung von Missionaren genutzt, dient aber auch als einmaliges Ambiente für verschiedene, auch musikalische, Veranstaltungen. Auch einkaufen können wir hier, denn es gibt einen gut sortierten Klosterladen mit fair gehandelten Produkten, eine Fundgrube mit einem „Kloster-Trödelmarkt" und ein Kleiderstübchen, in dem gebrauchte Kleidung verlauft, aber auch gerne entgegen genommen wird.

Überregionaler Beliebtheit erfreut sich der **Klosterhof Knechtsteden**, der schon optisch ein Leckerbissen ist. 1898 wurde das Gebäude als Gästehaus errichtet. Heute können wir hier vorzüglich speisen und dabei das besondere Knechtstedener Schwarzbier probieren.

*Vom Kloster Knechtsteden radeln wir über den **Knotenpunkt** 54 nach 55 und weiter via **Knoten** 27 und 32 zur 7.*

In **Roggendorf/Thenhoven** rollen wir wieder auf Kölner Stadtgebiet. Nur gut 300 Einwohner, die vielfach auf weit verteilten Höfen leben, fühlen sich hier wohl. So freuen wir uns über einen richtig idyllischen, ländlichen Eindruck und über die schöne **Kirche St. Johann Baptist**.

*Vom **Knoten** 7 biegen wir rechts ab und folgen den Schildern der Deutschen Fußball-Route dem **Knotenpunkt** 6 im Zickzack retour zum Bahnhof Köln-Worringen.*

Sakrale Raritäten

Reisemobilstellplätze an oder nahe der Route:

Campingplatz Köln-Kasselberg
Kasselberger Weg 101,
Köln-Kasselberg

Wohnmobilstellplatz am Zonser Deich
Herrenweg 1,
Dormagen

Campingplatz Rheinblick
(mit der Fähre auf der anderen Rheinseite)
Urdenbacher Weg,
Monheim a.R.

Ortsporträt

Schön und „edel": Die Düsseldorfer „Kö"

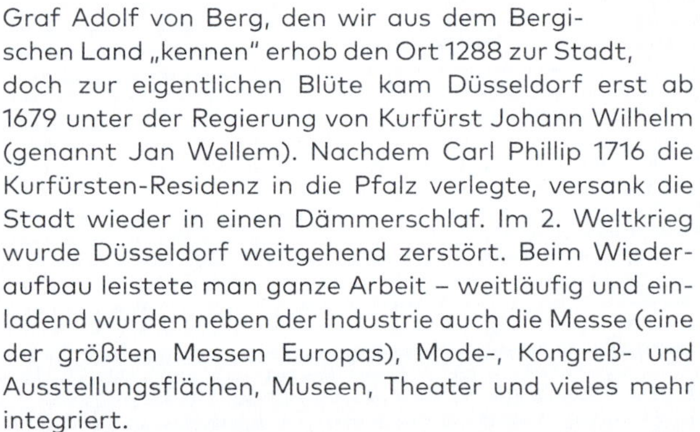

Düsseldorf

Düsseldorf ist seit 1946 die Hauptstadt des seinerzeit neu gegründeten Bundeslandes Nordrhein-Westfalen. So alt, wie man es bei einer Landeshauptstadt vermutet, ist Düsseldorfs Geschichte nicht. Erst 1135 wurde an der Mündung der Düssel in den Rhein ein „Düsseldorp" erwähnt.

Graf Adolf von Berg, den wir aus dem Bergischen Land „kennen" erhob den Ort 1288 zur Stadt, doch zur eigentlichen Blüte kam Düsseldorf erst ab 1679 unter der Regierung von Kurfürst Johann Wilhelm (genannt Jan Wellem). Nachdem Carl Phillip 1716 die Kurfürsten-Residenz in die Pfalz verlegte, versank die Stadt wieder in einen Dämmerschlaf. Im 2. Weltkrieg wurde Düsseldorf weitgehend zerstört. Beim Wiederaufbau leistete man ganze Arbeit – weitläufig und einladend wurden neben der Industrie auch die Messe (eine der größten Messen Europas), Mode-, Kongreß- und Ausstellungsflächen, Museen, Theater und vieles mehr integriert.

Der Höhepunkt der Stadt ist ohne Frage die **Altstadt**: Auf rund einem Quadratkilometer sind über **260 gastronomische** Betriebe versammelt, die vom Feinschmeckerlokal bis zur „längsten Theke der Welt" alle Facetten zu bieten hat. An den teils engen Gassen erheben sich viele Häuser, die unter Denkmalschutz gestellt wurden. Besonders schön ist der Bereich, der sich mit einem weiten Blick auf den Rhein hin öffnet. Hier treffen sich zu jeder Tages- und Nachtzeit die Besucher, um dieses ganz besondere Flair zu genießen.

Die **Kirche St. Lambertus** wacht am **Stiftsplatz** darüber, dass hier in der Altstadt alles so gesittet wie möglich abläuft, was leider bei den Party-People nicht immer selbstverständlich erscheint. Die Schilder der „Waffenverbotszone" sprechen leider eine eindeutige Sprache. Das soll uns aber nicht davon abhalten, uns die Highlights der Düsseldorfer Altstadt „munden" zu lassen. Zu denen gehört auch das **Löwenhaus** – es wurde genau 1288 erbaut, als Düsseldorf zur Stadt erkoren wurde. Gar nicht weit entfernt steht seit dem 16. Jh. das **Rathaus** mit seinem eindrucksvollen Turm. Die ältesten Teile des Rathauses stammen von 1570-73, allerdings wurde das Gebäude bis 1960 ständig erneuert und erweitert. Den Marktlatz zu Füßen des Rathauses ziert das imposante **Jan-Wellem-Denkmal** aus dem Jahre 1703.

Natürlich gibt es in Düsseldorf auch zahlreiche Gotteshäuser zu entdecken. Eines der interessantesten ist die **Kirche St. Andreas**, die 1622-29 nach einem bayerischen Vorbild (Neuburg/Donau) erbaut wurde. Im reich verzierten Innern befinden sich das Mausoleum von Jan Wellem sowie sieben Sarkophage von Pfalzgrafen und Kurfürsten. Das **Ratinger Tor** markiert das fließende Ende der Altstadt – es ist das letzte der Stadttore, das die Jahrhunderte überdauern konnte. Sehr schick sind die beiden Gebäudeteile mit den strahlend weißen Säulen.

St. Lambertus wacht über die Altstadt

Triton passt auf, dass wir nicht zuviel Geld ausgeben an der „Kö“

Internationales Flair hingegen erwartet uns an der **Königsallee**, die auf eine spannende Geschichte zurückblicken kann: 1804 legte man zu beiden Seiten des begradigten Stadtgrabens, der vorher Teil der Stadtbefestigung war, eine Promenadenstraße an. Diese hat sich gemeinsam mit der benachbarten Schadowstraße zu einer der beliebtesten und umsatzstärksten Einkaufsmeilen Europas entwickelt. Auf einer Seite der sogenannten „Kö“ leuchten uns die berühmtesten Namen der Modewelt entgegen. Zwischen den Modesalons haben sich einladende Restaurants, Cafés und Galerien etabliert, in denen sich die Prominenz gerne ein Stelldichein gibt. Den Höhepunkt findet das illustre Treiben in der **Kö-Galerie**, die unter einer 28 m hohen Glaskuppel nicht nur architektonische und modische Highlights, sondern auch Gaumenfreuden zu bieten hat.

Interessant ist, dass die rund einen Kilometer lange und bis zu 85 m breite Königsallee bis 1848 noch Kastanienallee hieß und damals keinesfalls so fein war. Damals wurde nämlich Friedrich Wilhelm IV. von seinen enttäuschten Bürgern mit Äpfeln bergischer Pferde beworfen. Das Nordende der Königsallee wird von einem wasserspeienden Triton markiert, den Fritz Coubillier 1902 schuf.

Ganz in der Nähe findet man die **Kunsthalle** und das **Kom(m)ödchen**. Von der alten Kunsthalle sind heute nur noch die 4 Giebelfiguren übriggeblieben. In der Ausstellung sind Werke zeitgenössischer Kunst zu sehen. Im Untergeschoß befindet sich mit dem „Kommödchen" ein 1947 gegründetes Kabarett. Es wurde von Kay und Lore Lorentz gegründet und gilt als eines der ältesten politisch ambitionierten Kabaretts des Landes.

Gleich gegenüber der Kunsthalle liegt die **Kunstsammlung Nordrhein-Westfalen**. 88 Werke von Paul Klee bilden die Basis der Ausstellung, die durch zahlreiche Exponate namhafter Künstler wie Picasso, Dalí, Magritte, Warhol und vielen anderen ergänzt wird.

Wir sind auf unterhaltsamem Terrain angekommen: In unmittelbarer Nähe befinden sich der 1770 angelegte **Hofgarten**, an dem sich wichtige Gebäude wie das **Schauspielhaus**, das **Opernhaus**, das **Schloss Jägerhof** (Jagdschloss von 1750, heute drittgrößtes Goethe-Museum) oder das **Ratinger Tor** (1811/14 Ersatz für das ehemalige Stadttor), aneinanderreihen.

An die ehemalige Pracht des **Burgplatzes** erinnert der **Schlossturm**, der aus dem 13. Jh. stammt und vor-

Viel Glas am Hofgarten

Düsseldorf

Der Schlossturm widmet sich der Rheinschifffahrt

mals zum Schloss gehörte, das 1872 niederbrannte. Im Turm ist heute das **Schisffahrts-museum** untergebracht. Die **Kirche St. Lambertus** wurde mit einem imposanten 72 m hohen Turm versehen. Obwohl schon 1288-1394 errichtet, verfügt die Kirche über ein sehenswertes barockes Inneres, das u.a. das Grab der Gräfin von Berg beherbergt.

Etwas außerhalb der Stadt wurde das **Löbbecke-Museum** mit dem Aquazoo angesiedelt. Es geht zurück auf eine Sammlung des Apothekers und Gelehrten Theodor Löbbecke, der im 19. Jh. viele Exponate vor allem zur Meeresbiologie zusammentrug. Seit 1987 ist die Sammlung, die seine Witwe der Stadt Düsseldorf übergab, zusammen mit dem sogenannten **Aquazoo** in einem neuen Haus untergebracht.

Hier wird bis tief in die Nacht gefeiert

Topmodern präsentiert sich der Medienhafen

Hier tauchen wir ein in „Lebensraum Korallenriff", „Lebensraum Süßwasser", „Tropenufer" und in viele andere lebensechte Darstellungen von echten Meeresbewohnern).

Weitere besuchenswerte Museen Düsseldorfs sind das **Filmmuseum des Filminstituts Düsseldorf** und, im gleichen Haus, das **Hetjens-Museum/Deutsches Keramikmuseum**. Letzteres ist eines der wichtigsten seiner Art und zeigt anhand zahlreicher Exponate die Geschichte der Keramikkunst von 6.000 v.Chr. bis in die Gegenwart.

Wer noch einen „krönenden Abschluss" des Düsseldorf-Besuchs sucht, fährt hinauf zum 234 m hohen und 1982 fertiggestellten **Rheinturm**. Der Besuch auf der Aussichtsplattform bringt einen tollen Blick über Düsseldorf und das weite Rheinland.

Tour 4

52 km

Hautevolee und Industriehäfen

Schloss Benrath beeindruckt alle

Rundtour von Neuss über Düsseldorf und Zons

Der Titel verrät es bereits: Diese Tour sorgt für echte Gegensätze auf kurzer Distanz: Gleich zu Beginn blicken wir auf die Hafenanlagen von Neuss. Kaum haben wir die andere Rheinseite erreicht, präsentiert sich die Düsseldorfer Innenstadt mit seiner schicken „Kö". Danach sind es wieder nur wenige Pedalumdrehungen, die uns am modernen „Medienhafen" in die weite Natur beiderseits des Rheins bringen.

Was erwartet mich?

52 km (Verkürzung möglich), eine ebene Tour ohne Anstiege und Gefälle auf einem Mix von Straßen, asphaltierten Wirtschaftswegen, sowie naturbelassenen, teils befestigten Schotterwegen und Pfaden.

Wie komm' ich hin?

ÖPNV: S-Bahn bis Bahnhof Neuss „Am Kaiser"

Mit dem Auto:
Park & Ride- Parkplatz am Bahnhof Neuss „Am Kaiser", Heerdterbuschstraße 2B, Neuss

Was muss ich sehen?

1 **Altstadt Düsseldorf** mit der Königsallee

2 **Medienhafen** Düsseldorf

3 **Schloss Benrath**

4 **St. Quirinus-Münster** in Neuss

Wo tank' ich auf?

"Die längste Theke der Welt"
260 Restaurants, Kneipen und Bars in der Düssldorfer Altstadt

Altes Fischerhaus
Am Alten Rhein 83, Düsseldorf-Benrath

Rheinterrasse Uedesheim
Deichstraße 16, Neuss-Uedesheim

„Restaurant am Rhein"
Grimlinghauserbrücke 54, Neuss-Grimmlinghausen

Marktcafé Neuss
Markt 32, Neuss

Kartentipp: **ADFC Regionalkarten Bergisches Land/Köln/Düsseldorf, Niederrhein Süd**

Shoppingziel Düsseldorf

Tollkühne Archtitektur...

Tourstart

Wir starten am Bahnhof Neuss „Am Kaiser", den wir hinter den Bahnschienen im Bogen, links um die Park & Ride-Parkplätze herum, auf dem Rhein-Radweg bzw. entlang der Heerdterbuschstraße verlassen. Wir unterqueren die breite Straße über uns und rollen durch das Hafengelände.

Gleich zu Beginn unserer Tour rollen wir am Neusser Hafen entlang, der ab 1835 entstand, als sich Unternehmen an einem alten Seitenarm des Rheins ansiedelten.

Der Rhein-Radweg bleibt straßenbegleitend, wir folgen den Straßen „Am Hochofen" und „Rheinallee" und können diese schräg rechts auf dem Radweg am Rheinufer verlassen.

Rasch vorbeigerollt sind wir am **Anker-Denkmal** für die Treidelschiffer. Gleich in der Nähe liegt der 2,5 ha. große **Rheinpark Heerdt**. 1961 wurde die Grünanlage angelegt, die direkt an die Rheinauen grenzt.

Die Rheinkniebrücke unterqueren wir auf dem Radweg und erreichen die Oberkasseler Brücke, mit der wir den Rhein nach rechts überqueren. Auf der anderen Seite kehren wir mit einer Schleife ans Ufer zurück und folgen diesem flussaufwärts.

Gleich links von uns erstreckt sich die 1 **Düsseldorfer Altstadt**. Hier finden wir eine große Anzahl historischer Gebäude und eine nicht minder große Anzahl an Einkehrmöglichkeiten – nicht umsonst wird hier die „längste Theke der Welt" besungen. Die Rheinuferpromenade ist zu jeder Tages- und Jahreszeit ein beliebter Treffpunkt.

Weitere Informationen über Sehenswertes in der Stadt finden Sie im **Ortsporträt Düsseldorf** (siehe S. 38).

Direkt am Ufer entlang rollen wir auf dem Rhein-Radweg am NRW-Landtag und am Rheinturm vorbei, ehe wir die Einfahrt zum Hafenbecken mit einer kleinen Brücke überqueren.

Neben uns erhebt sich das Gebäude des **NRW-Landtags**. Noch höher, nämlich 240,5 m. reckt sich der **Rheinturm** nach oben. Im Dunkeln wird hier die größte digitale Uhr der Welt an die Fassade projiziert. Die Planungen für den Turm waren übrigens alles andere als bescheiden: Der Deutsche Stahlwerksverband wollte ein „Wunderwerk deutscher Eisenindustrie" verwirklichen und eine Stahlkonstruktion erreichen, die 500 m hoch werden sollte – also 200 m höher als der als Vorbild geltende Eiffelturm.

Unsere Tour gestaltet sich immer eindrucksvoller: Eine kühne Brückenkonstruktion bringt uns über die Einfahrt zum Düsseldorfer Hafen. Auch den 2 **„Medienhafen"** haben wir von hier im Blick. Aus dem einst eher unschönen Industriehafen entwickelte sich an dieser Stelle eines der gefragtesten Viertel Deutschlands für die Medienbranche. Große Ausstellungsflächen, Design- und Modeunternehmen, eine Großdiskothek, ein Multiplex-Kino, Lounges, Restaurants und vieles mehr ziehen Besucher von Nah und Fern an. Dazu entstanden diverse Gebäude mit futuristischer Architektur wie der „neue Zollhof", der nach dem Architekten auch als „Gehry-Bauten" bekannt ist. Durch diese Symbiose entwickelte sich ein ganz besonderes Flair, was es so an keinem anderen Ort des Rheinlandes gibt.

...wohin man am Medienhafen auch sieht

Nach so viel Kultur, moderner Architektur und Geschichte freuen wir uns auf ein Picknick am **„Paradiesstrand Düsseldorfer Hafen"**. Kaum zu glauben, aber wir finden inmitten dieses Ballungsraumes von Düsseldorf und Neuss eine echte Oase der Ruhe mit reichlich Grün um uns herum direkt am Rheinufer.

Unser Rhein-Radweg geleitet uns hinter der Brücke mit einem Zaun von der Straße getrennt in einem weiten Bogen unter der Hammer Eisenbahnbrücke her zur Josef-Kardinal-Frings-Brücke, unter der wir auch her radeln.

Einfach herrlich: Links neben uns liegen weitläufige Wiesen, rechts der Rhein und wir rollen auf einer perfekten autofreien Trasse. Der Rheinstrand scheint gar nicht mehr zu enden und lockt immer wieder zur Rast. Er zieht sich bis zum Strand unterhalb der **Kardinal Frings Brücke**. Die Anfang der 1950er Jahre erbaute Brücke trägt den Namen des Kölner Erzbischofs Joseph Kardinal Frings. Er ging nach dem Zweiten Weltkrieg in die Geschichte ein, als er in einem bitterkalten Winter billigte, dass die Armen der Bevölkerung Kohle stahlen, um zu überleben. Noch heute spricht man daher vom „fringsen".

Wir tangieren das Gelände des Düsseldorfer Segel-Vereins, unterqueren die Fleher Brücke und kommen auf dem Fleher Deich vor die Münchner Straße, vor der wir rechts auf die Himmelgeister Landstraße abbiegen.

Tolles Gästehaus!

Der Fleher Deich sorgt seit Jahren dafür, dass die umliegenden Ortschaften vom Rheinhochwasser verschont bleiben.

*Die Schilder des Rhein-Radwegs weisen uns über den **Knoten** 12 den Weg an Schloss Mickeln vorbei nach Benrath.*

Schloss Mickeln ist mehr als nur ein Vorgeschmack auf das, was uns in Benrath erwartet: Auf einem exakt 19,55 m großen quadratischen Grundriss entstand diese stolze Sommerresidenz. Inzwischen nutzt die Düsseldorfer Universität das Gebäude als Gästehaus und Tagungszentrum. Da möchte man doch glatt noch einmal studieren!

Auch einen genaueren Blick wert ist die etwas verschachtelt wirkende **Pfarrkirche St. Nikolaus**, die ab dem 12. Jh. immer wieder erweitert wurde.

Der Ort **Benrath** war einst eigenständig und gehört inzwischen zu Düsseldorf. In dem tollen Ortskern entdecken wir rund um den Marktplatz viele Gebäude aus der Jugendstilzeit. Besonders gut ist das Rathaus gelungen, das 1906 im Stile der Weserrenaissance errichtet wurde. Überregional bekannt ist Benrath als Wallfahrtsort: In der **Pfarrkirche St. Cäcilia** verehren Pilger das „Gnadenbild der Schwarzen Muttergottes von Benrath". Einst haben die Benrather Bürger Gesänge aus dem Wald gehört und eine Marienerscheinung wahrgenommen.

Das wichtigste Ziel am Ort ist 3 **Schloss Benrath**. Kurfürst Karl Theodor ließ sich dieses Jagd- und Lustschloss im prachtvollen Stil des Rokoko erbauen. Später wurde die Anlage sogar ein preußisches Königsschloss. Die farbenfrohen Gebäude gruppieren sich malerisch um den großzügigen See und bieten heute Platz für verschiedene Museen. Hinter dem Hauptgebäude flanieren wir durch einen nicht enden wollenden Park.

*Hinter Benrath müssen wir ein Stück neben einer Straße radeln und kehren dann hinter dem **Knoten** 1 rechts ans Ufer zurück, bis wir beim **Knotenpunkt** 67 die Fähre erreichen.*

Der großartige Rhein-Radweg führt uns vorbei an Urdenbach, einem Düsseldorfer Vorort mit rund 10.000 Einwohnern. Ob sich der Ortsname nun vom keltischen

*Tipp: Wer die Tour verkürzen möchte, nutzt beim **Knoten** 68 die nahe gelegene Fähre und hat am anderen Ufer wieder Anschluss an diese Tour.*

Reisemobilstellplätze an oder nahe der Route:

Wohnmobilstellplatz Rennbahn Park Neuss
Stresemannallee, Neuss

Wohnmobilstellplatz Rheinterrasse / Tonhalle
Robert-Lehr-Ufer 1, Düsseldorf

Camping Strandterrasse
Grind 1, Dormagen

Begriff für Sumpfland oder vom Bach ableitet, der durch den Ort fließt, bleibt ungeklärt. In der Ortsmitte sehen wir uns schöne alte Gebäude an, wie das 1535 im Fachwerkstil erbaute **Alte Gerichtsgebäude**.

Mit der Fähre setzen wir über nach Zons, wo wir auf den diesseitigen Rhein-Radweg treffen. Diesem folgen wir schräg rechts über Herrenweg, Deich- und Oberstraße aus Zons hinaus.

Die Schönheiten der Schlossfeste Zons sollten wir uns nicht entgehen lassen. Die Beschreibungen dazu sind unter Tour 3 zu finden.

*Fast geradeaus durch Stürzelberg rollend treffen wir am **Knoten** 83 auf die Düsseldorfer Straße, der wir ein Stückchen nach rechts, über den **Knoten** 83 hinweg, folgen.*

Auch in **Stürzelberg** finden wir ein Denkmal, das an die Tradition des Treidelns erinnert. Dabei wurden Lastkähne stromaufwärts mit Pferden gezogen, die auf den Treidelpfäden liefen.

Ganz schön verschachtelt: Das Quirinus-Münster

*Nachdem wir mit den Schildern des Rheinradweges rechts von der Düsseldorfer Straße abgebogen sind, müssen wir die Radwegschilder genau beachten, denn es geht mit mehrfachem Abbiegen durch Uedesheim und Grimmlinghausen. Unterwegs treffen wir auf den **Knoten** 81. Am **Knotenpunkt** 1 geht es geradeaus, wenig später bei **Knoten** 30 links.*

Uedesheim war einst berühmt und gefürchtet zugleich als Stellung für die Artillerie, als hier 1794 der Krieg tobte. Wer genau hinsieht, findet noch Überreste aus dieser Zeit, an die auch eine Bronzetafel erinnert, die mit „Die Alte Batterie bei Uedesheim" beschriftet ist.

*Die Schilder des Rhein-Radwegs weisen uns den Weg über die **Knoten** 33 und 35 in die Neusser Innenstadt und am Hauptbahnhof vorbei.*

Weitere Informationen über Sehenswertes (wie z.B. das 4 **St. Quirinus Münster**) in der Stadt finden Sie im **Ortsporträt Neuss** (siehe S. 50).

*Ab dem Hauptbahnhof bleiben wir neben der Düsseldorfer Straße (Richtung **Knoten** 25), um zurück zum Bahnhof Neuss „Am Kaiser" zu gelangen, wo unsere Rad-Runde endet.*

Neuss

Rund 150.000 Einwohner zählt die Großstadt Neuss, die gleich gegenüber von Düsseldorf am Rheinufer liegt. Die Geschichte von Neuss ist aber deutlich älter, als die ihres Pendants gegenüber: Die Römer errichteten schon im Jahre 16 v.Chr. eine erste Befestigung, die später als Legionslager ausgebaut wurde. Bis zu 6.500 Soldaten fanden in den aus Stein gefertigten Gebäuden Platz, während drum herum eine Stadt heranwuchs in der sich die Angehörigen der Soldaten, aber auch Handwerker, Gastwirte oder Händler ansiedelten.

Damit ist Neuss eine der ältesten Städte Deutschlands, die auch zum Niedergermanischen Limes gehörte. Den unermüdlichen Arbeiten der Archäologen ist es zu verdanken, dass wir heute im Neusser Ortsteil **Gnadental** auf den Spuren der Römer wandeln können. Als Bodendenkmal wurde es in die Liste des UNESCO-Weltkulturerbes aufgenommen. Die zahllosen Fundstücke werden in verschiedenen Museen, darunter im **Clemens-Sels-Museum**, präsentiert.

Der Märthyrer Quirinus blickt wachsam auf Neuss

Auf römischer Spurensuche im Clemens-Seis-Museum

Neuss

Auch die folgenden Jahrhunderte blieben bewegt, denn die Kölner Erzbischöfe machten Neuss zu einer Zollstätte und zu einem wichtigen Handelsort. Klar, dass die Innenstadt auch schon früh geschützt werden musste. So entstand ab 1200 eine wuchtige **Stadtmauer**, von der noch heute Reste erhalten sind wie z.B. der wuchtige, runde **Blutturm** am **Neuen Stadtgarten** oder Fragmente des **Hamtores**. Das **Obertor** ist leider das einzige der ehemals sechs Stadttore, das es noch gibt. Beachten müssen wir hier die **Obertorkapelle**, denn genau hier wurde 1475 ein Friedens-Gelöbnis abgelegt.

Innerhalb der Stadtbefestigung entwickelte sich eine wohlhabende Stadt. Das wichtigste Bauwerk ist zugleich das Wahrzeichen von Neuss: Das **Quirinus-Münster** wurde im 13. Jh. errichtet und mit einem einzigartigen, kuppelgekrönten Ostturm versehen. Schon von Außen offenbart uns das Gotteshaus spektakuläre Details, die sich im Innern fortsetzen und mit der **Orgel** ihren Höhepunkt finden. Diese wurde von Ernst Seifert im Jahre 1907 geschaffen, der seinerzeit einer der bedeutendsten Orgelbauer Europas war.

Wer genau hinsieht, entdeckt auch Fachwerk...

...das Obertor hingegen ist nicht zu übersehen!

Der Binnenhafen war ein alter Rheinarm

Rund um das Münster finden wir weitere, historische Gebäude, unter ihnen das 1597 erbaute **Vogthaus „Zu den Heiligen Drei Königen"**, das **Gasthaus „Zum Schwatte Päd"** („zum schwarzen Pferd"), das als ältestes Gasthaus des Niederrheins gilt, oder Das **„Alte Kaffeehaus"**, das 1571 errichtet wurde und damit das älteste Haus der Stadt ist.

Von überregionaler Bedeutung ist der **Neusser Hafen**, der sich ab 1835 entwickelte, als ein alter Rheinarm ausgebaut wurde. Der Hafen hat natürlich die geringste Bevölkerungsdichte in Neuss, bietet aber reichlich Arbeitsplätze bei bekannten Arbeitgebern wie Knauf mit seiner Gipsproduktion, Thomy mit Feinkostherstellung, Tempo mit der Herstellung von Taschentüchern oder mehreren Ölmühlen und Industriebetrieben.

Wie es im Rheinland üblich ist, wird auch in Neuss gerne gefeiert. Am letzten Wochenende im August findet das **Neusser Bürger-Schützenfest** mit mehr als 7.700 Mitwirkenden statt. Damit gilt es als das größte Schützenfest der Welt, das nur von einem einzigen Verein ausgetragen wird. Das **Hansefest** im September erinnert daran, dass Neuss einst zur Hanse gehörte. Neben einem Handwerkermarkt gibt es hier besondere Einkaufsmöglichkeiten.

Tour 5

38 km

Hochgenuss auf der NiederRheinroute

Ländliche Idylle

Rundtour von Kaarst über Meerbusch und Osterath

Die Radwegeschilder der NiederRheinroute weisen uns zuverlässig den Weg durch kleine und große Orte, die uns immer wieder mit historischen Zentren, Schlössen, Gutshäusern und Burgen begeistern. Und dann kommt noch eine schöne Zugabe obendrauf: Auf diesen Wegen sind nur wenige Radler unterwegs und die Route läuft meist abseits des Straßenverkehrs.

Was erwartet mich?

38,5 km, eine ebene Tour ohne Anstiege und Gefälle auf einem Mix von Straßen, asphaltierten Wirtschaftswegen, sowie naturbelassenen, teils befestigten Schotterwegen und Pfaden.

Wie komm' ich hin?

ÖPNV: S-Bahn bis Bahnhof Kaarst

Mit dem Auto:
Parkplatz Nordkanalallee 2, Kaarst

Was muss ich sehen?

1 Lauvenburg
2 Schloss Dyckhof
3 Historische Ortsmitte Lank-Latum
4 Schloss Pesch
5 Kollenburg

Wo tank' ich auf?

Casa Portuguesa Kaarst
Matthias-Claudius-Straße 25-27, Kaarst

Gut Dyckhoff Hotel & Restaurant
Am Dyckhof 3, Meerbusch

Café la Pähd
Fronhofstraße 12, Meerbusch-Lank-Latum

Hotel und Restaurant Osterather Hof
Kirchplatz 30, Meerbusch-Osterath

Kartentipp: **ADFC Regionalkarte Niederrhein Süd**

Tourstart

*Wir starten am Bahnhof Kaarst, den wir nach links verlassen, um die Bahnschienen zu überqueren, nach rechts zu fahren und an der nächsten S-Bahn-Station am **Knotenpunkt** 45 links abzubiegen. Am **Knoten** 49 im Kreisel geht es rechts, direkt links und auf der Kampstraße über die A57 hinweg. Im Feld fahren wir links zum **Knotenpunkt** 22 und mit mehrfachem Abbiegen über die A52 hinweg zum **Knoten** 21.*

Märchenhaftes Schloss Lauvenburg…

Wunderschön ist sie, die 1 **Lauvenburg**, auch gerne als Haus oder **Schloss Lauvenburg** bezeichnet. Alle Begriffe umschreiben ein stattliches Gutshaus, das auf ein Landgut aus dem Jahre 1299 zurückgeht. Die Herren von Lauvenburg erkoren die Anlage zu ihrem Stammsitz. Um 1600 herum gönnte sich der damalige Burgherr einen Neubau, der um etwa 1900 nochmals komplett erneuert wurde.

Und so entstand eine prachtvolle Villa mit Tuffstein-Sockel, deren Hauptgebäude mit einer großen Eingangshalle, Balkonen, Türmchen und Erkern versehen wurde. Schön anzusehen ist auch das Torhaus mit seinen drei Flügeln – im Stile der Neorenaissance erhielt das Torhaus auch Fachwerk-Elemente.

Die Lauvenburg und deren angrenzende Ländereien werden heute als Wohnhaus und als überregional bekanntes Gestüt genutzt. Hier werden wertvolle Pferde gezüchtet und von renommierten Trainern Pferde ausgebildet.

*Wir verlassen die Lauvenburg am **Knotenpunkt** 21 und folgen den Schildern der NiederRheinroute kreuz und quer durch die teils weite Natur. So tangieren wir Niederdonk, wo wir noch bei den ersten Häusern links abbiegen, den Hof umfahren und am **Knoten** 20 links abbiegen.*

Auch bei Niederdonk empfängt uns ein prachtvoller Gutshof. 2 **Schloss Dyckhof** wurde 1666 als Wasserburg erbaut und später zu einem barocken Herrenhaus erweitert. Nach einigen Besitzerwechseln wurde Schloss Dyckhoff von der Familie Verhülsdonk erworben. Die sorgte dafür, dass die Gebäude umfangreich saniert wurden. Und so können wir hier in einem schicken Hotel übernachten oder uns im Restaurant für die weitere Tour stärken.

Die beschilderte NiederRheinroute geleitet uns mit mehrfachem Abbiegen durch die Orte Necklenbroich und Gasse an der Randbebauung von Meerbusch entlang zum ***Knoten*** ***12***.

Meerbusch gilt als „Stadt der Millionäre". Diesen Titel bekam Meerbusch, weil es nirgendwo sonst in Nordrhein-Westfalen ein so hohes Durchschnittseinkommen gibt, wie hier. So gut ging es den Menschen vermutlich nicht, als die Römer hier im Jahre 70 n. Chr. ihren Limes bauten. In nachfolgenden Jahrhunderten gab es immer wieder wechselnde Besitzer der Gebiete in und um das heutige Meerbusch und auch der Zweite Weltkrieg hinterließ hier seine Spuren. Nach dem Krieg wurden Flüchtlinge und Vertriebene in den Schulgebäuden von Osterath und Büderich untergebracht, bevor ab 1960 neue Gewerbegebiete erschlossen wurden. 1969 war ein weiterer wichtiger Meilenstein in der Geschichte, denn die Räte der umliegenden Gemeinden beschlossen einen Gebietsänderungsvertrag, der im Landtag als sogenanntes Kempen-Krefeld-gesetz verabschiedet wurde und somit entstand am 1.1.1970 die neue Stadt Meerbusch – benannt nach einem nahegelegenen Waldstück.

...und barockes Schloss Dyckhoff

Zurück zum Beginn unserer Vorstellung der Stadt Meerbusch: Wo finanzstarke Einwohner zu finden sind, entwickelt sich auch immer eine Kulturszene. Und die ist hier sehr breit aufgestellt: Künstler der Musikschule Meerbusch streben oftmals zu internationalen Karrieren auf, mehrere Karnevals- und Schützenvereine sorgen für ein lebendiges Brauchtum und einmal im Jahr (Weihnachten) treten Nachwuchskünstler an beim Festival **„Rock am Turm"**. Etwas am Rande der Stadt liegt Haus Meer, das im 12. Jh. durch Gräfin Hildegundis von Meer als Kloster gegründet wurde. Später wurde die Anlage als Schloss ausgebaut, aber leider im 2. Weltkrieg weitgehend zerstört, so dass wir heute nur noch die Wirtschaftsgebäude bestaunen können.

Auch hinter Meerbusch bzw. ***Knoten 12*** *folgen wir den Schildern der NiederRheinroute über den* ***Knotenpunkt*** ***4*** *zum* ***Knoten 3*** *und treffen auf die Orte Ilverich und Lank-Latum.*

Bei **Lank-Latum** lohnt sich ein kurzer Abstecher in die **3 Ortsmitte**, denn dort erheben sich die **Pfarrkirche St. Stephanus** und der 1912 errichtete **Wasserturm** über den Dächern. Das Wasser wurde einst von den hier ansässigen Celluloidwerken benötigt, die aber in den 1980er Jahren den Betrieb einstellten. Ein schönes Fotomotiv bietet auch die sogenannte **Teloy-Mühle**, in der einst Trass, Getreide und Ölsaaten gemahlen wurden.

Das Staunen geht weiter: Haus Gripswald...

*Am **Knoten** 3 fahren wir rechts und folgen den Schildern zu **Punkt** 2. Hier geradeaus und in Ossum links nach Haus Gripswald*

Auch **Haus Gripswald**, das direkt an unserem Wegesrand liegt, war einst eine Wasserburg. Genau geklärt wurde dies genauso wenig wie eine genaue Epoche, in der es die Burg gegeben haben soll – vermutlich stand sie im 12. Jh. hier. Später gab es an dieser Stelle ein kurkölnisches Lehnsgut, das lange Zeit der Kirche gehörte. Die Adeligen von Arenberg trugen sich dann in die Besitzbücher ein – zu der Zeit gehörte ihnen auch das benachbarte Schloss Pesch. Haus Gripswald empfängt uns heute mit stattlichen vier Flügeln und einem imposanten Turm. Alles wurde aus Backsteinen gefertigt und befindet sich nach wie vor in Privathand, so dass uns ein Zutritt verwehrt bleibt.

...und Schloss Pesch

Nur einige wenige Pedalumdrehungen führen uns zu **4 Schloss Pesch**, einem prachtvollen Jagdschloss. In einem weiten Park gelegen, sehen wir auf den ersten Blick unglaublich viele Fenster – teils auf gelber Fassade, teils als Erker im Dach ausgeführt. Die Historie reicht bis 1311 zurück, als es erst einen „Peschhof" hier gab. Heute bleibt uns der Zutritt verwehrt, denn im Innern sind, genau wie in der ehemaligen Kapelle, inzwischen luxuriöse Wohnungen untergebracht.

*Hinter Haus Gripswald folgen wir weiter den Schildern der NiederRheinroute Richtung **Knotenpunkt** 75, queren die A57 und rollen am Rand von Bösinghoven entlang. Von der Bösinghovener Straße links in die Fischel-*

ner Straße. Die Niederrheinroute lässt uns auch auf den nächsten Kilometern mehrfach rechts und links abbiegen, überquert die A 44 und führt uns durch die Orte Görgesheide, Schweinheim und Bommershöfe an den Rand von Osterath.

Erst Wind, dann Dampf und später Kunst für die Mühle

Auch in Osterath entdecken wir eine prachtvolle, wenngleich stillgelegte **Holländerwindmühle**. Nachdem die Windmühle zuerst mit Wind, dann mit Dampf betrieben wurde, erfolgte im Jahr 14918 die Stilllegung. Der Künstler Will Brüll rettete das Bauwerk vor dem kompletten Verfall – bis 1966 ließ er es umfangreich sanieren, so dass er hier bis zu seinem Ableben im Jahr 2019 wohnen und zugleich seine Werkstatt unterhalten konnte. Rund um die Mühle können wir einige seiner Werke bewundern.

Einen Blick wert ist auch der **Osterather Bahnhof**, denn dem Empfangsgebäude wurde eine hübsche Fassade aus Holzpaneelen spendiert, die uns schon fast an Skandinavien erinnert.

*Auch Osterath tangieren wir nur am Ortsrand und zweigen rechts auf den Kollenburger Weg ab. Dieser führt uns geradewegs durch die Moosheide zum **Knotenpunkt** 75, wo wir links und wenig später bei der Kollenburg wieder links abbiegen.*

Unsere Reise in die Historie geht weiter: Die 5 **Kollenburg** wurde einst als Kastell errichtet und diente später als Adelssitz. Nach vielen Querelen und Belagerungen wurde die Burg geplündert ehe der ganze Bau verfiel.

*Die Ritterstraße führt uns zum **Knotenpunkt** 18. Hier links und wenig später rechts über die A 52 hinweg zum **Knoten** 50 an der Neersener Straße. Hier links, bei 47 geradeaus und zurück zum Kaarster Bahnhof, wo unsere Tour endet.*

Gegen Ende der Tour können wir uns im **Kaarster See** abkühlen. Eigentlich sind es gleich zwei Seen, die hier aus dem Abbau von Kies entstanden und sich inzwischen zu einem beliebten **Naherholungsgebiet** entwickelt haben.

Wem nach den vielen historischen Gebäuden der Sinn nach etwas Modernem steht, besucht die Ortsmitte von Kaarst, denn hier entdecken wir rund um einen kleinen See viele ansehnliche Glasfassaden verschiedener Verwaltungen.

Reisemobilstellplätze an oder nahe der Route:

Wohnmobilstellplatz Rennbahn Park Neuss
Stresemannstraße,
Neuss

Zwischen Kunst und kaltem Krieg

Die Auen- und Parklandschaft von Hombroich

Rundtour von Grevenbroich-Kapellen über Neuss-Hombroich und Schloss Dyck

„Das geht ja schon gut los" – und zwar im wahrsten Sinne des Wortes, denn auf dieser Tour ballen sich die Sehenswürdigkeiten: Kloster Langwaden, Schloss Hülchrath, Museum Insel Hombroich, Raketenstation Hombroich... es liegen immer nur wenige Minuten zwischen diesen Highlights. Damit es auf der restlichen Strecke nicht „langweilig" wird, legen wir noch einen Abstecher bei Schloss Dyck ein.

Was erwartet mich?

24,2 km, eine ebene Tour ohne Anstiege und Gefälle auf einem Mix von Straßen, asphaltierten Wirtschaftswegen, sowie naturbelassenen, teils befestigten Schotterwegen und Pfaden.

Wie komm' ich hin?

ÖPNV: S-Bahn bis Kapellen-Wevelinghoven

Mit dem Auto:
Parken in der Industriestraße am Bahnhof Grevenbroich-Kapellen-Wevelinghoven

Was muss ich sehen?

1 **Kloster Langwaden**
2 **Schloss Hülchrath**
3 **Museum Insel Hombroich**
4 **Raketenstation Hombroich**
5 **Schloss Dyck**

Wo tank' ich auf?

Ratsschenke
Friedrichstraße 33, Grevenbroich-Kapellen

Restaurant im Kloster Landwaden
Kloster Langwaden 1, Grevenbroich

Caféteria Museum Insel Hombroich
Minkel 2, Neuss-Hombroich

Restaurant in der alten Remise
Schloss Dyck, Jüchen

Kartentipp: **ADFC Regionalkarten Köln/Bonn, Niederrhein Süd**

Tourstart

*Die Tour beginnt am Bahnhof Kapellen-Wevelinghofen, den wir links über die Talstraße und am **Knotenpunkt** 13 geradeaus („An der Untermühle") nach Wevenlinghoven verlassen. Zunächst verläuft unser Radweg parallel der Straße, bis wir auf die Querstraße am Wehr treffen. Hier zweigen wir links ab und verlassen nach wenigen Minuten den Ort. Im Wald biegen wir rechts ab und gelangen zum **Knoten** 31 am Kloster Langwaden.*

Kloster Langwaden mit einer bewegten Geschichte

Schon nach wenigen Minuten gibt es auf unserer Tour den ersten Grund, von den Rädern zu steigen, denn die Strecke führt uns direkt nach 1 **Kloster Langwaden**. Schon 1145 wurde hier durch Graf Christian von Wevelinghofen ein Prämonstratenserinnenkloster gegründet. Es sollte der Beginn einer wechselvollen Geschichte werden: Im Glanze des Barock erfolgte 1683 eine Umgestaltung, 1802 die Aufhebung im Rahmen der Säkularisation und wenig später der Verkauf an einen französischen Diplomaten. Der ließ die Anlage teils umbauen und die Kapelle abreißen. Unter den Nazis dienten die Gebäude als Arbeitslager und nach dem Krieg als Flüchtlingsheim. 1962 kam es zu einem Vertrag mit dem Zisterzienserorden, woraufhin erneut umgebaut wurde, so dass die Mönche 1970 hier einziehen konnten. So wurde das Kloster zu „einem Gut für Leib und Seele". Wer nach einer Auszeit sucht, kann hier im Gästehaus wohnen und in der Zurückgezogenheit neue Kraft tanken. Wer „nur" gut Essen möchte, kehrt im Restaurant mit Biergarten ein.

*Am **Knotenpunkt** 31 verlassen wir Kloster Langwaden auf der Straße links und zweigen wenige Meter später links in den Weg namens Degenhof ab. Am **Knoten** 95 erreichen wir Schloss Hülchrath.*

Zweimal abgebogen, und schon kommen wir am 2 **Schloss Hülchrath** vorbei. Die Anfänge der ehemaligen kurkölnischen Landesburg lassen sich bis ins 12. Jh.

zurückverfolgen, als hier bereits eine Burg stand. Heute stehen wir vor einem prachtvollen Wasserschloss, das mehrere Baustile in sich vereint. Da sich die Anlage in Privathand befindet, bleibt uns der Zutritt verwehrt, doch auch der Blick aus der Ferne ist sehr imposant.

*Bei Schloss Hülchrath rechts und weiter auf der Niederrheinroute. Wir können uns auch an den Schildern Erftradweg bzw. denen der Deutschen Fußball Route orientieren. Bei **Knotenpunkt** 94 geradeaus, beim **Knoten** 92 links und gleich wieder rechts in den Heckenweg. Im Ort Helpenstein am **Knoten** 93 links, über die Erft hinweg und hinter der Brücke direkt links. Dann rechts an den Parkplätzen des Museums Insel Hombroich vorbei.*

Eleganter Zugang zu Schloss Hülchrath

Das 3 **Museum Insel Hombroich** ist schon vom Äußeren her etwas Besonderes, denn am Nordufer der Erft streifen wir durch eine große **Auen- und Parklandschaft**, die teils unter Naturschutz gestellt wurde. Mittendrin finden wir mehrere Pavillons, in denen wir uns vollständig dem Kunstgenuss ergeben können. Es war im Jahre 1982, als Karl-Heinrich Müller die Insel an der Erft kaufte, die komplett verwildert war. Seine Vision war es, Ausstellungen zu erschaffen, die Kunst und Natur vereinen sollten. So entstanden Gebäude, die mal ganz eckig in die Bäume kuscheln, sich mal mit filigranen Stelen im Wasser spiegeln oder mal mit Glas viel Licht in den Raum lassen. Präsentiert werden auf diese Weise völlig unterschiedliche Exponate, die teils von renommierten, teils von weniger bekannten Künstlern stammen. Lassen wir uns also für eine gewisse Zeit entführen in die Welt der Kunst!

Übrigens: Um auch die Kinder für Kunst zu begeistern, wurde für sie die „**Kinder Insel Hombroich"** erschaffen. Die Kids können hier jeden Tag in der Kindertagesstätte eine Symbiose aus Kunst, Kultur und Natur hautnah erleben.

Raketen oder Kunst?

*Das Museum Insel Homburg verlassen wir an den Parkplätzen vorbei, folgen der querenden Landstraße ein paar Meter nach links und zweigen beim Radschild zum **Knotenpunkt** 64 links ab. Mit dem leicht ansteigenden Bergerweg queren wir die Bahnstrecke und umkurven die ehemalige Raketenstation Hombroich. Hinter der eingezäunten Anlage links und gleich wieder rechts, um die A 46 zu überqueren.*

Moderne Architektur für moderne Kunst

Kaum zu glauben, aber hier, mitten in einer der am dichtesten besiedelten Regionen Deutschlands, waren einst Raketen der NATO stationiert, darunter auch Nike-Hercules-Raketen mit Nuklearsprengkopf. 1967 wurde die 4 **Raketenstation Hombroich** nach rund zweijähriger Bauzeit in Betrieb genommen. Etwa 300 belgische Soldaten sorgten dafür, dass alles Intakt gehalten wurde. In den 1980er Jahren nahm die Friedensbewegung in Deutschland Fahrt auf. Neben den berühmten Ostermärschen kam es seinerzeit auch immer wieder zu einzelnen Aktionen. Hier vor der Raketenstation fanden mehrere Sitzblockaden statt. Nicht ohne Erfolg: Im Rahmen der Abrüstung und mit dem Ende des Kalten Kriegs stellte auch diese Raketenstation 1990 den Dienst ein.

Karl-Heinrich Müller, den wir schon von der Museum Insel Hombroich „kennen", kaufte den Grund im Jahre 1994 und ließ die Bauten umgestalten. Statt Raketen gibt es heute hier Kunst und statt Soldaten wohnen hier Wissenschaftler, Künstler, Schriftsteller und Komponisten.

Übrigens: Bei der ehemaligen Raketenstation Hombroich finden wir auch einen **Aussichtspunkt** auf 64 Meter Höhe. Von hier blicken wir nicht etwa auf ein Monster, sondern erblicken in der Ferne die Außenhülle der Skihallte Neuss.

*Direkt hinter der Autobahnbrücke links und beim **Knoten** 65 geradeaus zur 11.*

*Geradeaus über die **Knotenpunkte** 10 und 9 bzw. den Schildern der Niederrheinroute folgend unternehmen wir einen Abstecher zum Schloss Dyck (**Knotenpunkt** 3) oder zum Nikolauskloster (rechts).*

Der Abstecher bringt uns nach 5 **Schloss Dyck**. Es sind nur 3 km hin und wieder retour, daher sollten wir uns das auf keinen Fall entgehen lassen: Schloss Dyck ist ohne Frage eines der schönsten Wasserschlösser des gesamten Rheinlandes. Schon im Jahre 1064 gab es an dieser Stelle eine erste Burg, auf die eine wechselvolle Geschichte warten sollte. Um 1383 wurde sie belagert und schließlich zerstört – der Grund war eindeutig: Der Besitzer, Gerhard von Dyck, soll als Raubritter ein Unwesen getrieben haben. Durch mehrfache Erbfolge wurde Ernst Salentin von Salm-Reifferscheidt-Dyck Inhaber der Ländereien. Auf sein Geheiß hin wurde ein stattliches Schloss errichtet, das später barocke Züge und einen Park erhielt. Der im Stile eines herrlichen englischen Landschaftsgartens angelegte **Park** diente sogar 2002 als Teil der NRW-Landesgartenschau.

Inmitten des Parks werden Träume war: Ein dreifaches Grabensystem schützt seit jeher die Anlage. Durch eine äußere und eine innere Vorburg erreichen wir das Hauptgebäude. Wenn wir im quadratischen Innenhof der aus vier Flügeln bestehenden Anlage stehen, verstehen wir bestens, warum hier immer wieder Serien und Filme gedreht werden. Natürlich bietet das Wasserschloss auch immer wieder ein würdiges Ambiente für Veranstaltungen. Wenn wir gerade nicht zur rechten Zeit für ein Event hier sind, müssen wir aber auf alle Fälle im Restaurant in der alten Remise einkehren, denn in dieser Umgebung schmeckt es besonders gut.

Schloss Dyck müssen wir gesehen haben!

Bei der Rückfahrt können wir noch einen kleinen Schlenker einlegen und dem **Nikolauskloster** einen Besuch abstatten, das im Jahre 1403 durch einen Laienorden namens Franziskaner-Tertiaren gegründet wurde. Nachdem rund 50 Jahre eine missionarische Ordensgemeinschaft hier lebte, dient das Kloster seit 1953 als Abendschule.

*Nach dem Abstecher kehren wir zurück zum **Knotenpunkt** 9. Über **Knoten** 10 fahren wir zum **Knotenpunkt** 11, wo wir rechts abbiegen und die A46 erneut queren. Am **Knoten** 12 vorbei gelangen wir zurück zum Bahnhof Kapellen-Wevelinghoven, wo die Tour endet.*

Wir kommen zurück in unseren Start-Ort **Kapellen**, dem zweitgrößten Stadtteil von Grevenbroich. In den Geschichtsbüchern tauchte der Ort 1155 zum ersten Mal auf. Die Wirtschaft blühte auf, als hier ab 1885 Ziegel produziert wurden. Doch schon 1922 war Schluss mit der Fabrik und die bis zu 60 Beschäftigten mussten gehen. An sie erinnert heute die Skulptur **„Der Ziegelträger“**, die wir im Ort entdecken können. Einmal im Jahr steht ganz Kapellen Kopf, denn im Juni steigt dann das Schützen- und Heimatfest.

Reisemobilstellplätze an oder nahe der Route:

Wohnmobilstellplatz Korschenbroich
An der Tränke,
Korschenbroich

Tour 7

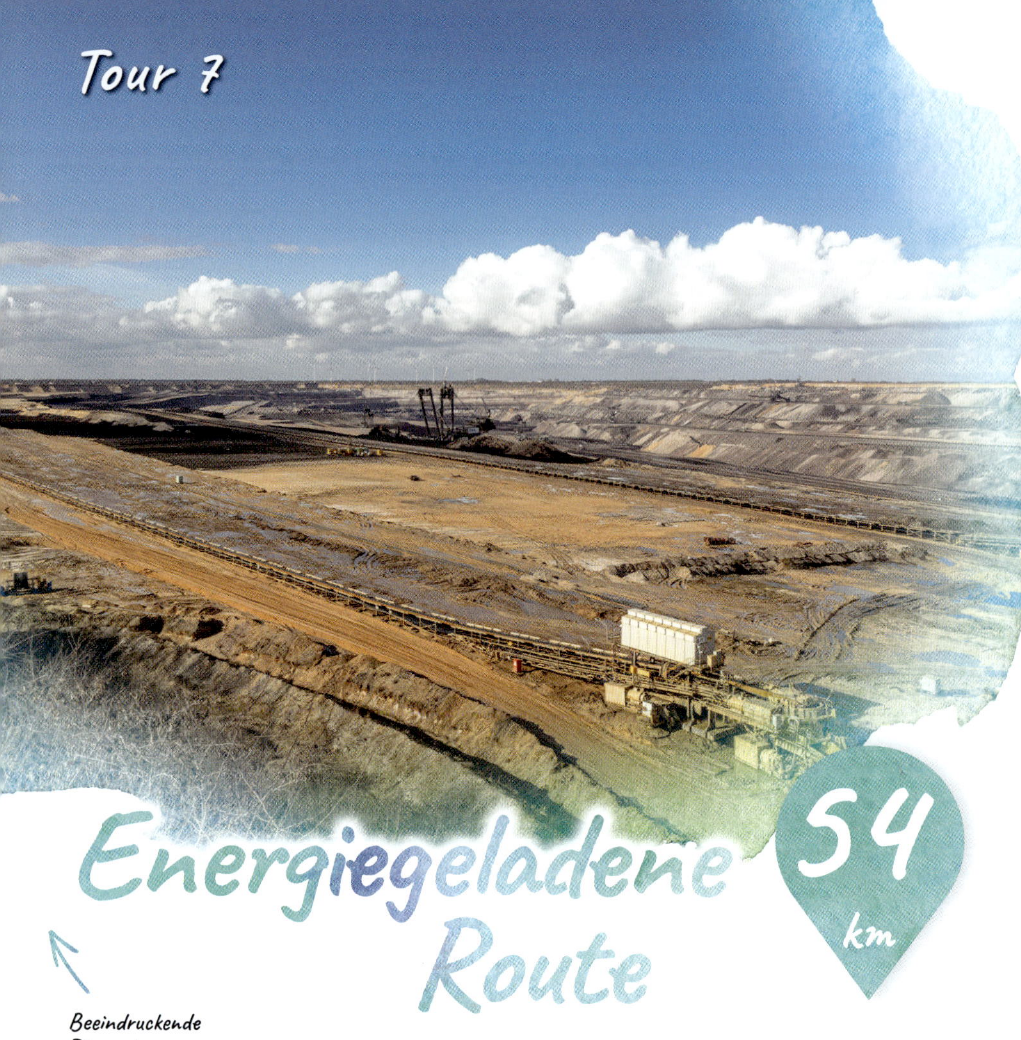

Energiegeladene Route

54 km

Beeindruckende Dimensionen am Tagebau

Rundtour von Grevenbroich über Jüchen und Bedburg

Die Energiewende ist auf dieser Tour so sichtbar, wie an kaum einem anderen Ort in Deutschland: Wir rollen in einem großen Bogen um den Tagebau Garzweiler und erblicken die Kühltürme der Kraftwerke, in denen die Braunkohle „verstromt" wird. Aber wir kommen auch an unzähligen Photovoltaik Anlagen und Windrädern vorbei, die dafür sorgen werden, dass unsere Nachfahren eine lebenswerte Umwelt haben.

Was erwartet mich?

54 km, leicht hügelige Tour ohne größere Anstiege und Gefälle auf einem Mix von Straßen, asphaltierten Wirtschaftswegen, sowie naturbelassenen, teils befestigten Schotterwegen und Pfaden.

Wie komm' ich hin?

ÖPNV: S-Bahn bis Bahnhof Grevenbroich

Mit dem Auto:
Park & Ride-Parkplatz am Bahnhof Grevenbroich, Von-Goldammer-Straße 11, Grevenbroich

Was muss ich sehen?

1. **Haus Keyenberg**
2. **Aussichtspunkt „Skywalk"** am Tagebau Garzweiler
3. **Historischer Ortskern von Kaster**
4. **Villa Erckens** mit Museum und Stadtpark

Wo tank' ich auf?

Trattoria Pizzeria La Romantica
In den Weiden 1, Jüchen

Bäckerei & Café Boveleth
Sankt-Rochus-Straße 24, Bedburg-Kaster

Restaurant Kreta im Erlenhof in Gustorf
Erlenstraße 96A, Grevenbroich-Gustorf

Café Vintage 47
Kölner Straße 47, Grevenbroich

Kartentipp: **ADFC Regionalkarte Niederrhein Süd**

Tourstart

Wir starten am Bahnhof Grevenbroich, den wir nach links über den Vorplatz und die Dechant-Schütz-Straße verlassen, um an der nächsten Ecke rechts in die Rheydter Straße einzubiegen. Ab hier folgen wir den Schildern zum ***Knotenpunkt*** *20 über rechts Düsseldorfer Straße und wenig später in der Kurve links Gierather Weg. Wir fahren weiter geradeaus, bei 21 rechts, über die Autobahn und die querende Landstraße hinweg zum* ***Knoten*** *22.*

Die neugotische Kirche St. Jakobus

Auf unserer Tour „umkreisen" wir den Ort **Gierath**, der von der spitz aufragenden Kirche St. Martinus dominiert wird.

Am ***Knoten*** *22 biegen wir links ab und kommen durch Herberath zum* ***Knotenpunkt*** *23 in Jüchen.*

Der Marktplatz gilt mit der evangelischen Hofkirche als „gute Stube" von **Jüchen**. Fränkische Gräber zeugen davon, dass bereits im 6. Jh. die ersten Menschen hier siedelten. Einige schöne Backsteinhäuser gruppieren sich rund um die neugotische **Pfarrkirche St. Jakobus** der Ältere. Obwohl bereits mehrere Jüchener Dörfer den Braunkohle-Baggern zum Opfer fielen, zählt die Stadt 28 Ortsteile.

Weiter geradeaus erreichen wir über den ***Knotenpunkt*** *15, hinter der A44 den* ***Knoten*** *18, an dem wir links auf die Gartenstraße einbiegen und durch Hochneukirch fahren.*

Die nahen Autobahnen sind kaum zu überhören bzw. zu übersehen. Durch die „Wanderung" der Tagebaue mussten die Trassen mehrfach verlegt werden. So freuen wir uns, wenn wir nach Hochneukirch kommen, das uns mit einem ruhigen Marktplatz empfängt. Schon im Jahre 1312 wurde der Ort erstmals erwähnt.

Wir verlassen die Stadt über die Straßen Am Graben Wanloer Straße, über die A46 zum ***Knotenpunkt*** *48. Hier links und wir gesellen uns an die Kante des Tagebaus, der wir bis nach Keyenberg (****Knoten*** *88) folgen.*

Der Ort **Keyenberg** kann auf eine ganz besonders wechselhafte Geschichte zurückblicken: Nachdem sich verschiedene Adelsgeschlechter in die Besitzurkunden eingetragen hatten, gehörte der Ort eine Zeit zu Frankreich, dann zu Preußen und noch im Zweiten Weltkrieg wurde er von den Amerikanern eingenommen. Alles das war aber Nichts im Vergleich zur jüngeren Vergangenheit: Ab 2016 wurden die Bewohner umgesiedelt, um dem Tagebau Platz zu schaffen, was zu zahlreichen Protest-

Erst entspannen am Haus Keyenberg …

aktionen führte. Im Oktober 2022 beschloss der Tagebau-Betreiber RWE Power, aufgrund der Energiewende, die Häuser doch nicht abzureißen. Von diesem neuen Plan profitiert auch das sicherlich schönste Gebäude am Ort, das altehrwürdige 1 **Haus Keyenberg**.

*Vom **Knoten** 88 fahren wir ein Stück geradeaus und folgen dann links der Holzweilerstraße bis Holzweiler. Unsere Tour führt geradeaus durch den Ort und hinter dem **Knoten** 89 links auf der NiederRheinroute nach Jackerath, wo wir hinter dem Kreisel mit der Kasterstraße die A44 kreuzen und Kirchherten erreichen.*

Rund um **Jackerath** geht die wechselhafte Geschichte der Dörfer weiter: Königshoven und Immerath wurden bereits abgebaggert, andere Orte werden wohl bleiben.

Einen kleinen Abstecher zum Aussichtspunkt Jackerath am **Tagebau Garzweiler** sollten wir uns nicht entgehen lassen. Eine tollkühne Stahlkonstruktion, genannt 2 **„Skywalk"**, lässt uns weit in den Tagebau hinein blicken.

Gar nicht weit entfernt von unserem Radweg liegt die **Kapelle St. Irmundus**. Der Schutzpatron Irmund von Jülich wird hier als Behüter des Viehs verehrt – ihm zu Ehren wurde neben dem Hahnerhof eine kleine Kapelle erbaut.

… dann Nervenkitzel am Skywalk

In Kirchherten links und auf der Wasserburgenroute über die A61 hinweg. Direkt danach rechts. Im Weiler Hohenholz zweigen wir links und im Feld rechts ab, um Kaster zu erreichen.

In Kaster ist vieles „Alt"...

Der Ortsname „Kirchherten" lässt es schon erahnen: Es erwartet uns eine großartige, neugotische Kirche. Die **Pfarrkirche St. Martinus** wurde zu weiten Teilen bis 1861 fertiggestellt, wobei der Westturm deutlich älter ist. Sehr farbenfroh hingegen präsentiert sich die **evangelische Hauskirche**. Der Begriff deutet darauf hin, dass die Predigerwohnung und der Raum für den Gottesdienst baulich nicht voneinander getrennt wurden.

...natürlich auch die Stadtmauer

Keinesfalls entgehen lassen dürfen wir uns den 3 **historischen Ortskern von Kaster**, denn der ist etwas ganz Besonderes: Eine Stadtmauer umgab einst das ganze Dorf – bis heute sind davon einige Teile erhalten wie das Erfttor oder einige Wohnhäuser, die wie mit der Mauer verschmolzen wirken. Im Kern erwarten uns viele alte Häuser, die meist nach 1624 entstanden. Seinerzeit wütete ein Großbrand in Kaster, der fast alles zunichte machte. Beim Neuaufbau wurden aber die alten Grundstücke belassen, so dass die Häuser bis heute nicht in Reih´ und Glied stehen, sondern herrlich vermischt.

Der Fluss namens Kasterer Mühlenerft schmiegt sich nördlich des Ortskerns um die Ruine von **Burg Kaster**, deren Überreste teils aus dem Jahr 1278 stammen. Als Witwensitz wurde die Burg lange Zeit genutzt, bevor sie die kaiserlichen Truppen 1648 zerstörten.

Der **Kasterer See** hat sich zu einem beliebten **Naherholungsgebiet** entwickelt. Kaum zu glauben, dass diese grüne Oase einst zum Tagebau Frimmersdorf gehörte. Im Zuge der Renaturierung wurde dieser 5,2 m tiefe und bis zu 1 km lange See angelegt. Einige Uferbereiche wurden zu Feuchtbiotopen mit einem Refugium für Wasservögel. Dieser Bereich ist für den Menschen natürlich tabu.

Wenn die Zeit reicht, steigen wir von den Fahrrädern ab und begeben uns per pedes auf den **Werwolf-Wanderweg**. Der rund 10 km lange Rundweg folgt den Orten, an denen der „Werwolf von Epprath" einst sein Unwesen trieb. Unterwegs entdecken wir Infotafeln, die uns mehr über das Mysterium des Bauers Peter Stump erzählen. „Stubbe", wie er genannt wurde, soll im 16. Jh. die Region als Werwolf heimgesucht haben.

*Kaster verlassen wir auf der Wasserburgen-Route entlang der Mühlenerft, um an der Flussgabelung mit der Erft links abzubiegen. Wir sind nun auf dem Erft-Radweg. Diesem folgen wir vorbei an Frimmersdorf, rollen bei **Knoten** 29 geradeaus und später bei **Knoten** 25 rechts.*

Oskar Erckens „Einfamilienhaus"

Frimmersdorf war viele Jahrzehnte wegen seines unübersehbaren Braunkohle-Kraftwerks bekannt. Inzwischen können wir die Energiewende hier mit eigenen Augen entdecken: Drei Windparks mit zahlreichen Windrädern und eine große Photovoltaik-Anlage sorgen heute für „grünen Strom".

*Der Erft-Radweg quert die Gleise und geleitet uns in die City von Grevenbroich. An **Knotenpunkt** 6 links und dann den Schildern folgend zurück zum Bahnhof, wo unsere Tour endet.*

Gar nicht weit entfernt vom Bahnhof (beim **Knoten** 6 geradeaus weiter zum **Knoten** 1) liegt der weitläufige **Stadtpark von Grevenbroich**, der einst Schauplatz der Landesgartenschau war. Inmitten des idyllischen Grüns erhebt sich die knallgelbe 4 **Villa Erckens**. Der Unternehmer Oskar Erckens gönnte sich dieses „nette Einfamilienhaus" im Jahre 1887, als seine Bauwollspinnerei und -weberei ausgezeichnet lief. Inzwischen beherbergt dieses herrliche Gebäude das **„Museum der Niederrheinischen Seele"**. Verschiedene Exponate bringen uns hier die Mentalität und die Kultur dieser Region näher.

Zum Abschluss der Tour widmen wir uns der Grevenbroicher Innenstadt, die uns mit vielen Geschäften und Gaststätten zu einem längeren Aufenthalt verführt. Einst führte eine Römerstraße vom Rhein zur Maas – Grund genug für die Grafen von Kessel, diese sumpfige Region bewohnbar zu machen. Das efeubewachsene Alte Rathaus bildet den Mittelpunkt der größtenteils modernen City.

Reisemobilstellplätze an oder nahe der Route:

Reisemobilstellplatz Schlosspark Wickrath
Schloss Wickrath,
Mönchengladbach

Tour 8

Rennrad kann, aber muss nicht sein am Speedway

32 km

High Speed am ehemaligen Kohlenband

Rundtour von Bedburg über Elsdorf und Bergheim

Diese Tour ist etwas ganz Besonderes, denn einige der Radwege, die wir genießen, gab es vor einigen Jahren noch gar nicht. Der Abbau von Braunkohle polarisiert seit Jahrzehnten – an den Diskussionen wollen wir uns hier nicht beteiligen. Vielmehr machen wir uns mit den Bikes auf eine Strecke mit endlos geradeaus verlaufenden und perfekt ausgebauten Trassen.

Was erwartet mich?

31,6 km, Tour ohne Anstiege oder Gefällstrecken auf einem Mix von überwiegend asphaltierten Wirtschaftswegen, Straßen, sowie naturbelassenen, teils befestigten Schotterwegen und Pfaden.

Wie komm' ich hin?

ÖPNV: S-Bahn bis Bahnhof Bedburg

Mit dem Auto:
Parkplatz am Bahnhof Bedburg, Adolf-Silverberg-Straße 19A, Bedburg

Was muss ich sehen?

1. **Schloss Bedburg**
2. **Aussichtspunkt :terra nova** in den Tagebau Hambach
3. **Burg Stammeln**
4. **Schloss Paffendorf**

Wo tank' ich auf?

Hotel Restaurant Haus Hubertus
Gladbacher Straße 124, Elsdorf

Eventgastronomie Forum:terra nova
Nordrandweg
Am Kreisverkehr, Elsdorf

Brasserie Schloss Paffendorf
Burggasse 1,
Bergheim-Paffendorf

Bürgerhaus Bedburg-
Bahnstraße 8, Bedburg

Kartentipp: **ADFC Regionalkarten Köln/Bonn, Niederrhein Süd**

Schloss Bedburg liegt in einem weitläufigen Park

Tourstart

Wir starten am Bahnhof von Bedburg, den wir auf der Seite des P & R-Parkplatzes am Kreisel nach rechts auf der Bahnstraße verlassen. Nach etwa 500 m an der Ampel schräg links in die Straße „Am Finkelbach" und sofort wieder schräg links in die Bruchstraße.

Erfürchtiger Blick auf St. Lambertus

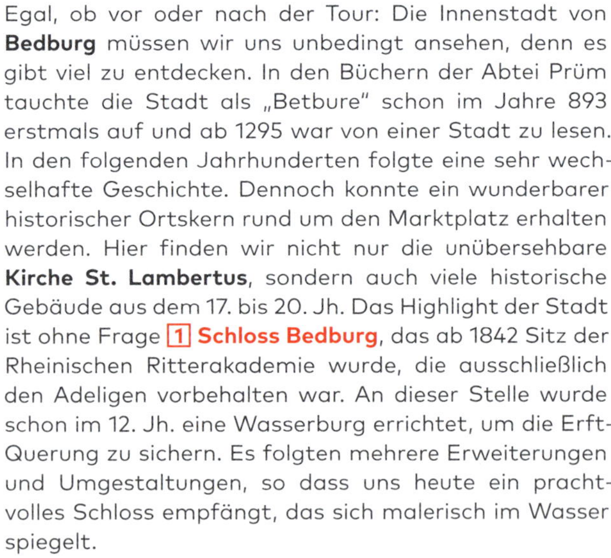

Egal, ob vor oder nach der Tour: Die Innenstadt von **Bedburg** müssen wir uns unbedingt ansehen, denn es gibt viel zu entdecken. In den Büchern der Abtei Prüm tauchte die Stadt als „Betbure" schon im Jahre 893 erstmals auf und ab 1295 war von einer Stadt zu lesen. In den folgenden Jahrhunderten folgte eine sehr wechselhafte Geschichte. Dennoch konnte ein wunderbarer historischer Ortskern rund um den Marktplatz erhalten werden. Hier finden wir nicht nur die unübersehbare **Kirche St. Lambertus**, sondern auch viele historische Gebäude aus dem 17. bis 20. Jh. Das Highlight der Stadt ist ohne Frage **1 Schloss Bedburg**, das ab 1842 Sitz der Rheinischen Ritterakademie wurde, die ausschließlich den Adeligen vorbehalten war. An dieser Stelle wurde schon im 12. Jh. eine Wasserburg errichtet, um die Erft-Querung zu sichern. Es folgten mehrere Erweiterungen und Umgestaltungen, so dass uns heute ein prachtvolles Schloss empfängt, das sich malerisch im Wasser spiegelt.

*Vor der Erftbrücke zweigen wir rechts ab und rollen für ein paar Minuten auf dem Erft-Radweg weiter. Am **Knotenpunkt** 13 rechts, dann sind wir auf dem schnurgeraden*

Radweg, der auf der Trasse des alten Kohlenbandes verläuft.

Der Erft-Radweg sorgt auf unserer Tour für ein entspanntes Radel-Vergnügen, denn die meisten seiner 110 Kilometer verlaufen weitgehend autofrei. Natürlich beginnt der Radweg an der Quelle in der Eifel und folgt dem Fluss bis zu seiner Mündung in den Rhein bei Neuss.

*Unser High-Speed-Radweg läuft an Kirdorf vorbei. Wir lassen den **Knotenpunkt** 12 rechts liegen und fahren ebenfalls beim **Knoten** 10 weiter geradeaus.*

Was für eine grandiose Idee: Aus der Trasse, wo einst das Kohleband zwischen den Tagebauen Hambach und Bergheim lief, wurde ein Radweg gestaltet. **„Speedway :terra nova"** – selten passt der Name eines Radweges so gut wie hier, denn auf 14 km geht es komplett kreuzungsfrei immer Schnurgeradeaus. Auf unserer Tour folgen wir einem guten Stück des insgesamt 34 km langen Rundkurses.

:terra nova – beste Aussichten...

Vor dem Tagebau vollzieht unser Radweg einen Linksknick und folgt auf den nächsten Kilometern der Kante des Tagebaus, meist auf einer breiten eigenen Fahrbahn neben der Straße.

Wir erreichen die Kante des **Tagebaus Garzweiler** und stehen fasziniert und erschrocken gleichzeitig vor einem riesigen „Loch". Nicht nur seit der Klimakrise wird der Braunkohle-Tagebau kontrovers diskutiert: Sichere Arbeitsplätze und Energie auf der einen Seite, Emissionen und Eingriffe in die Landschaft auf der anderen Seite. An diesen politischen Diskussionen beteiligen wir uns nicht, sondern liefern die nüchternen Zahlen: Auf einer Fläche von mehr als 30 qkm sollen hier von etwa 1.700 Beschäftigten bis zu 40 Millionen Tonnen Kohle pro Jahr gefördert werden. Das Ende der Auskohlung ist für 2030 geplant, danach erfolgt die Rekultivierung. In diesem Zuge werden komplett neue Landschaften mit Feldern, Hügeln, Wäldern, Seen etc. geschaffen.

...und beste Einkehr

Ein kleiner Abstecher führt in die Ortsmitte von **Elsdorf** mit seiner **Pfarrkirche St. Mariä Geburt**, deren Turm von 1225 stammt. Noch auffälliger ist die Zuckerfabrik am Rande der Stadt, die vom Unternehmen Pfeifer und Langen, besser bekannt als „Köln Zucker",

Liegt am Weg: Das Aachener Tor von Bergheim

betrieben wird. Emil und Valtin Pfeifer gründeten mit Eugen Langen 1870 die erste Zuckerfabrik – es erstaunt also nicht, dass auf den Feldern der Region viele Zuckerrüben angebaut werden.

Der Radweg führt uns zu einem Kreisel, wo wir eine Rast einlegen, am „:terra nova".

Egal, ob wir mit „Highspeed" oder eher gemächlich unterwegs waren: Eine Rast am 2 **Aussichts- und Besucherforum** gehört zum Pflichtprogramm. Hier können wir uns im Restaurant stärken, auf Liegestühlen Platz nehmen und die riesigen Bagger und Absetzer entdecken, die in diesem Loch wie Spielzeuge aussehen.

Den Kreisel am :terra nova verlassen wir geradeaus, dann folgen wir der schräg nach links führenden Straße. Über die Querstraße geradeaus, in der nächsten Rechts-Kurve und an der Burg jeweils erneut geradeaus.

Nur wenig ist über die Geschichte von 3 **Burg Stammeln** bekannt. Also geben wir uns mit einem Blick auf diese prachtvolle Anlage zufrieden, die zum Teil als Reiterhof genutzt wird, während in der Vorburg Wohnungen entstanden.

Am Ende der Stammelner Straße treffen wir auf eine querende Landstraße, deren Radweg wir nach rechts folgen, um wenig später links in die Hansaremsgasse abzubiegen. Es geht schnurgerade durch Felder, am Kreisel geradeaus und durch den Ort Ahe.

Der kleine Ort **Ahe** gefällt uns mit seinem dörflichen Charme und den gut erhaltenen Backsteihäusern. Der Ortsname stammt vom Begriff „Aha" wie „Bach" – passt also bestens zur Erft, die wir bald wieder erreichen.

Hinter Ahe auf der Straße „In den Benden" über die nächste Kreuzung geradeaus und über die A61 hinweg. Hinter der Brücke „kreiseln" wir uns hinunter zum Erft-Radweg, dem wir flussabwärts folgen.

Der Erft-Radweg folgt zunächst dem Flussufer, knickt dann aber an der Erich-Kästner-Hauptschule mehrfach ab – also müssen wir die Schilder hier genau beachten! So kommen wir in die Innenstadt von Bergheim, wo wir den Kreisel vor dem Aachener Tor nach links verlassen.

Die Stadt **Bergheim** wuchs durch die NRW-Gebietsreform 1975 mächtig an, als mehrere zuvor eigenständige Gemeinden zusammengefasst wurden. Das Wahrzeichen liegt direkt an unserem Wegesrand: Das **Aachener**

Reisemobilstellplätze an oder nahe der Route:

Wohnmobilstellplatz Paffendorf
Königsstraße 15,
Bergheim-Paffendorf

Tor stammt zu einigen Teilen aus dem 14. Jh. und gehörte zur Stadtmauer, die Bergheim im Mittelalter gegen Eindringlinge schützen sollte. Es lohnt sich, durch das Tor in die Fußgängerzonen zu rollen, denn hier finden wir eine sehenswerte Altstadt und schöne Einkehrmöglichkeiten.

Hinter dem Kreisel geradeaus über die Straße „Am Knüchelsdamm" in die Kennedystraße hinein. Wenig später links in den Birkenweg, dann vor der Erft rechts. Der Erft-Radweg folgt ab Bergheim wieder dem Verlauf des Flusses. Am ***Knotenpunkt*** *14 geht es geradeaus.*

Schloss Paffendorf ist einfach herrlich

Am **Knotenpunkt** 14 müssen wir einen kleinen Abstecher nach links einlegen, denn nach wenigen Kurbelumdrehungen erreichen wir 4 **Schloss Paffendorf** mit seinen weitläufigen Parkanlagen. Die prachtvolle Anlage geht auf eine Vogtei zurück, die es hier im Jahre 1230 gab. Später entstand eine Wasserburg, die durch Heirat an die Freiherren von Bongart überging. Unglaublich: Bis 1916 blieb Burg Paffendorf im Familienbesitz derer von Bongart. Marietta Freifrau von Bongart verkaufte das Anwesen 1958 an ein Energieunternehmen namens Rheinbraun, die heutige RWE Power AG. Der Grund lag schon fast auf der Hand: Der Tagebau Fortuna-Garzdorf erreichte die Grenze des weitläufigen Schlossparks. Dieser wurde übrigens von den Gärtnern des Unternehmens gestaltet. In den Räumen finden wir ein Info-Zentrum, in dem wir mehr über die Rheinische Braunkohle erfahren.

Der Erft-Radweg geleitet uns zuverlässig wieder Richtung Bedburg. An ***Knotenpunkt*** *13 geradeaus und auf derselben Strecke wieder zurück zum Bahnhof von Bedburg, die wir für den Hinweg nutzten.*

Nur wenige Minuten von unserem Bahnhof entfernt liegt der Ortsteil **Altkaster**. Hier scheint die Zeit stehen geblieben zu sein, denn fast alle Gebäude wurden um 1624 errichtet. Der Grund: Zuvor hatte eine Feuersbrunst fast alles dahingerafft. So entdecken wir unter anderem eine hervorragend erhaltene **Stadtmauer**, die zum Teil in die Wohngebäude integriert wurde, das repräsentative **Agathator**, das **Erfttor**, oder den **Eulenturm** als Rest einer einstigen Hauptburg.

Tour 9

60 km

400 Jahre Papiergeschichte

Eingebettet in weite Natur: Schloss Merode

Rundtour von Jülich über Inden und Düren

Es fällt schwer, sich auf die Bikes zu schwingen und loszuradeln, denn Jülich bezaubert uns mit seiner berühmten Zitadelle und einer einladenden Innenstadt. Haben wir uns erstmal aufgerafft, werden wir von guten Radwegen verwöhnt, die uns durch große und kleine Ortschaften nach Düren mit seiner Papierhistorie geleiten. Für die Rückfahrt nutzen wir den tollen Flussradweg entlang der Rur.

Was erwartet mich?

60 km, hügelige Tour mit einigen kleinen Steigungen und Gefällstrecken, auf einem Mix von Straßen, asphaltierten Wirtschaftswegen, sowie naturbelassenen, teils befestigten Schotterwegen und Pfaden.

Wie komm' ich hin?

ÖPNV: S-Bahn bis Bahnhof Jülich

Mit dem Auto:
Parkplatz Bahnhof Jülich, Dürener Straße 3B, Jülich

Was muss ich sehen?

1 **Zitadelle** Jülich

2 **Museum Bergmannshaus** in Aldenhoven

3 **Schloss Merode**

4 **Papiermuseum** Düren

Wo tank' ich auf?

LEOs Café Bremen
Frauenrather Straße 10, Aldenhoven

Seehaus 53
Zum Blaustein-See 53. Eschweiler

Wirtshaus Anna
Markt 7, Düren

Café Nobis Printen e.K.
Kölnstraße 21, Jülich

Kartentipp: **ADFC Regionalkarte Aachen/Dreiländereck**

Tour 9

Tourstart

Wir starten am Bahnhof von Jülich, den wir nach links über die Bahnhofstraße verlassen, um rechts in die Adolf-Fischer-Straße einzubiegen. Diese wird erst zur Brockmüllerstraße, dann zur Von-Reuschenberg-Straße – es geht weiter geradeaus bis zur Rur.

Bis zu 10 m tiefe Gräben schützen die Zitadelle

Die Stadt **Jülich** wurde schon früh mit beeindruckenden Festungsanlagen geschützt. Im Jahre 1547 entstanden die ersten Wehranlagen, von denen bis heute weite Teile erhalten werden konnten. Damit gilt die **Festung Jülich** als eine der ältesten Festungen von ganz Europa. Mitten in der Stadt ragt der älteste Teil in die Höhe: Die **1 Zitadelle**. 1545 wollte man im Zeitalter der Renaissance eine „Idealstadt" errichten, zu der auch diese Festung zählte. Der Grundriss umschließt ein Bollwerk mit rund 1.200 m Länge. Geschützt wird es von 20 – 230 m breiten und bis zu 10 m tiefen Gräben – staunend stehen wir davor und fragen uns, wie man dies seinerzeit so bauen konnte.

Zum gleichen Komplex gehört das 1549 errichtete Schloss. Da es in der Region nur wenige Steinbrüche gab, mauerte man das Gebäude aus Ziegeln.

Ebenfalls bis in die heutige Zeit erhalten werden konnte der Brückenkopf. 800 x 300 groß und bis zu 10 m hoch ist diese beeindruckende Verteidigungsanlage, die mit Bastionen ergänzt wurde und Geschützen und anderen Waffen bestückt werden konnte.

Nach so viel Historie genießen wir den Bummel durch die Fußgängerzone der Innenstadt, wo wir bestens shoppen und einkehren, oder rund um den Schwanenteich entspannen können. Und „langweilig" wird es hier bestimmt nicht, denn der **Hexenturm**, das **Aachener Tor** und die **Probsteikirche St. Mariä Himmelfahrt** sorgen für weitere kulturelle Höhepunkte.

Wir folgen nun dem RurUfer-Radweg bzw. der Grünroute nach links und queren später die B56.

Zu Beginn unserer Tour verläuft unser Radweg auf einer alten Bahntrasse. Daran erinnern uns der schön gestaltete Rastplatz namens **„Alter Bahnhof Kirchberg"** und kurz darauf der **„Fahrradhighway-Rastplatz"**.

*Mit der Brücke überqueren wir rechts die Rur und rollen auf einem alten Bahntrassenradweg nach **Aldenhoven**.*

„Glück Auf" in Aldenhoven

Die Rad-Runde führt uns einmal um den **Braunkohle-Tagebau Inden** herum, der überregional kontrovers diskutiert wurde und daher entsprechend bekannt ist. Weniger bekannt ist, dass es in Aldenhoven einst die Grube Emil Mayrisch gab, in der ab 1952 insgesamt 40 Jahre lang Steinkohle unter Tage abgebaut wurde. Heute sind noch das Verwaltungsgebäude und die Berghalde erhalten. Wer mehr über die Bergbautradition erfahren möchte, besucht das 2 **Bergbaumuseum**, das auf 800 qm Exponate aus der Welt der Stein- und Braunkohle zeigt. Seit Herbst 2005 gibt es ganz in der Nähe eine **„Film + Test Location"**, wo auf einem nachgebauten Autobahnabschnitt Filmaufnahmen gedreht werden.

*Aldenhoven verlassen wir auf unserem Bahntrassenradweg, der die A44 kreuzt. Am **Knotenpunkt** 34 links und weiter zum **Knoten** 35. Hier geradeaus in Richtung **Knoten** 68. Wir biegen aber nicht nach links sondern nach rechts ab und erreichen nach einem Linksknick den **Knoten** 67. Geradeaus weiter erreichen wir den Blausteinsee.*

Abkühlung am Blausteinsee

Der **Blausteinsee** ist eine willkommene Unterbrechung unserer Radtour. Rund 100 ha. misst die Wasserfläche des Sees, den man mit einem attraktiven Freizeitzentrum zu einem wahren Besuchermagneten gestaltet hat. In dieser Region ist es wenig überraschend, dass der Blausteinsee als Rekultivierungsmaßnahme eines Tagebaus entstand. Erst 1994 wurde mit der Befüllung des großen „Lochs" begonnen. Bis zu 46 m ist der See tief, so dass es auch im Sommer garantierte Abkühlung gibt.

Doch nicht nur für uns Menschen wurde etwas bei der Renaturierung getan: Die meisten Ufer bestehen aus einem Grüngürtel, der zwischen 80 und 130 breit ist. Der gesamte nordöstliche See steht seit 2008 unter Naturschutz, um die hier entstandene, teils seltene Flora und Fauna zu erhalten.

*Den Blausteinsee umrunden wir gegen den Uhrzeigersinn, kommen beim **Knoten** 82 am Großparkplatz vorbei und treffen auf den **Knotenpunkt** 84, wo wir geradeaus auf der Grünroute durch Fronhoven radeln. Später mit mehrfachem Abbiegen durch die Felder erreichen wir den Rand des Tagebaus.*

Ein **Aussichtspunkt** gewährt uns einen Überblick über den Tagebau Inden. Mit Wiesen, Bäumen, Bänken und einer Kapelle ist dies der ideale Punkt für eine Rast.

*Am Rand des Tagebaus bzw. an der Inde entlang erreichen wir **Lamersdorf**. Hier bei **Knotenpunkt** 39 geradeaus, später bei **Knoten** 41 rechts. Nachdem wir über die A4 hinweg und durch Luchem hindurch gerollt sind, erreichen wir **Langerwehe**.*

In Langerwehe schauen wir uns das **Haus Merberich** und das interessante **Töpfereimuseum** an, ehe es weitergeht.

*Langerwehe verlassen wir am Kreisel nach links über die Bahnschienen und radeln bei **Knoten** 42 links auf der Wasserburgenroute weiter nach Schlich.*

Schloss Merode -- auch aus der Nähe eindrucksvoll

Sind wir in Frankreich? Das fragen wir uns, wenn wir vor 3 **Schloss Merode** stehen, denn dieses prachtvolle Anwesen würden wir eher an der Loire vermuten. Im 12. Jh. entstand hier das erste Gebäude, das später zu einem der schönsten Wasserschlösser des Rheinlands ausgebaut wurde. Übrigens: Feldmarschall Jean Philippe Eugéne de Merode-Westerloo war an der Gestaltung maßgeblich beteiligt – unsere Assoziation nach Frankreich ist also völlig richtig!

Der **Dürener Badesee** hat sich an warmen Sommertagen zu einem beliebten Ausflugsziel entwickelt. Zwischen 1941 und 1956 wurde an dieser Stelle Braunkohle angebaut. Das entstandene Loch wurde teils mit Kies verfüllt und dann geflutet. So entstand eine rund 35 ha. große Wasserfläche mit 11 m Tiefe, die hier auch gerne „Dürener Adria" genannt wird.

*Schlich verlassen wir auf der Paradies- und dann links Weierstraße und zweigen hinter dem Ortsausgang rechts ab. An den **Knotenpunkten** 44 und 45 jeweils geradeaus, dann durch Gürzenich zum **Knoten** 9 ins Herz von Düren.*

Das Skelett „Lilith" wurde auf einem Gräberfeld im Stadtgebiet von **Düren** ausgegraben. Es stammt aus einer Siedlung mit rund 40 Häusern, die es vermutlich bereits in der Jungsteinzeit hier gab. Litlith ist also eines der ältesten Skelette, die jemals in NRW gefunden wurden. In der Folgezeit kamen weitere Siedler in die Region, auch die Römer verewigten sich hier. Im Mittelalter wurde die bis dahin entstandene Stadt mit einer Wehrmauer versehen, was wir noch heute am **Dicken Turm** nachvollziehen können. Mehr über die Geschichte Dürens erfahren wir im **Stadtmuseum**, das es erst seit 2009 gibt. Deutlich weiter reichen die Exponate im **Leopold-Hoesch-Museum** zurück. Schon von außen ist das Gebäude im Stile des Neobarock eine nähere Betrachtung wert. Im Innern erwartet uns eine Mischung aus zeitgenössischer Kunst.

Ein Besuch des 4 **Papiermuseums Düren** dürfen wir nicht verpassen, denn in der Region wird nachweislich schon seit 1576 Papier hergestellt. Bis heute ist die Papierindustrie für den Kreis Düren von elementarer Bedeutung. Allein entlang der Rur waren zur besten Zeit 68 Papierfabriken angesiedelt. Das Museum spannt für uns den weiten Bogen von der handwerklichen Herstellung von Papier als Papyrus oder Pergament bis zur heutigen Zeit. In modernen Papierfabriken werden auf bis zu 200 m langen und mehrere Etagen hohen Maschinen 75 t schwere Rollen gewickelt und das bei Geschwindigkeiten bis zu 170 km/h – beeindruckend!

*Düren verlassen wir beim **Knotenpunkt** 9 nach links und folgen ab hier dem RurUfer-Radweg bzw. der Wasserburgenroute. Am **Knoten** 10 geradeaus, ebenso einige Zeit später bei **Knoten** 11.*

Der Fluss mit dem Namen **Rur** wird gerne verwechselt mit seinem berühmten Pendant, das sich mit „h" schreibt. Dabei könnten die beiden Flüsse unterschiedlicher kaum sein, denn die hiesige Rur erweist sich als echte Europäerin, entspringt sie doch im Naturschutzgebiet Hohes Venn auf belgischem Grund und Boden. Auf ihrer Reise legt sie 80 km auf deutscher Seite zurück, bevor sie den Namen in „Roer" wechselt und in der berühmten Stadt Roermond nach 165 km in die Maas zu münden.

Ganz in der Nähe unserer Route liegt das **Forschungszentrum Jülich**. Auch die unübersehbare Zuckerfabrik von Pfeiffer und Langen („Köln-Zucker") liegt am Wegesrand.

Die Schilder der Wasserburgenroute bzw. des RurUfer-Radwegs geleiten uns zuverlässig zurück ins Herz von Jülich, wo unsere Radtour am Bahnhof endet.

Die ganze Geschichte des Papiers in nur einem Museum

Reisemobilstellplätze an oder nahe der Route:

Wohnmobilstellplatz Brückenkopf Park
Rurauenstraße 11,
Jülich

Wohnmobilstellplatz
Rurstraße 118,
Düren

Tour 10

32 km

Die vielleicht besterhaltene Wasserburg des Rheinlands

Burg Satzvey lässt jeden Besucher erstaunen

Rundtour von Euskirchen über Mechernich und Satzvey

Ein abwechslungsreicher Ausflug in längst vergangene Zeiten erwartet uns auf dieser Rundtour. Nachdem wir die alte „Tuchstadt" Euskirchen verlassen haben, rollen wir Richtung Eifel. Das Freilichtmuseum Kommern vermittelt uns, wie einst die Menschen hier lebten. Mehre Burgen säumen unseren Weg, die mit Burg Satzvey, der besterhaltenen Wasserburg des Rheinlandes ihren Höhepunkt finden.

Was erwartet mich?

32,4 km, in der ersten Hälfte permanent leichte Steigung mit insgesamt 140 Hm, in der zweiten Hälfte ausschließlich sanftes Gefälle, auf einem Mix von Straßen, asphaltierten Wirtschaftswegen, sowie naturbelassenen, teils befestigten Schotterwegen und Pfaden.

Wie komm' ich hin?

ÖPNV: S-Bahn bis Bahnhof Euskirchen

Mit dem Auto: Parkplatz P4 Nähe Bahnhof Euskirchen, An der Vogelrute 13, Euskirchen

Was muss ich sehen?

1. **Museum Tuchfabrik Müller**
2. **Rheinisches Freilichtmuseum** Kommern
3. **Katzensteine** bei Katzvey
4. **Burg Satzvey**

Wo tank' ich auf?

Gastwirtschaft zur Post im Freilichtmuseum Kommern
Eickser Straße, Mechernich

Nirvana Restaurant
Ernst-Becker-Weg 1, Mechernich-Kommern

Gasthaus Zur Post Al-Amani
Gartzemer Straße 24, Mechernich-Satzvey

Café Albert Kramer
Bahnhofstraße 15, Euskirchen

Kartentipp: **ADFC Regionalkarte Köln/Bonn**

Tourstart

Wir starten am Bahnhof von Euskirchen, den wir nach links über die Alleestraße verlassen. Am Kreisel fahren wir geradeaus in den Weg, treffen auf die Route D7 und folgen den Schildern zum ***Knotenpunkt*** *29.*

Der Dicke Turm schützte einst Euskirchen

Die Region rund um **Euskirchen** war bereits um 3.000 v.Chr. besiedelt, danach wechselten sich die Kelten, die Römer, die Eburonen, die Ubier, die Franken und andere Völker hier ab. Schon im Jahre 1302 erhielt Euskirchen seine Stadtrechte, was dazu führte, dass der Ort schon bald von einer Wehranlage beschützt wurde. Bis heute können wir viele Überreste dieser Stadtmauer und mehrere Türme entdecken. Besonders eindrucksvoll ist der **„Dicke Turm"**, an den sich ein Teil **Stadtmauer** direkt anschließt. In der Mitte der Stadt erstreckt sich der Alte Markt, von dem aus die Fußgängerzone zum Shoppen einlädt.

Für großen Wohlstand und viele Arbeitsplätze sorgte in Euskirchen vor 100 Jahren die Tuchindustrie. Die ehemalige **1 Tuchfabrik Müller** erzählt uns als **LVR-Industriemuseum** mehr zu dieser Geschichte. Direkt daneben finden wir die **Mottenburg** mit einem Museumsgästehaus das unter dem Motto „lernen, wohnen, treffen, tagen, feiern" steht. Die Tuchfabrik gehört zur „Europäischen Route der Industriekultur" und zugleich zur sogenannten „Wollroute", die mehrere Städte in der Euregio „Maas-Rhein" umschließt. Die Fabrik selbst wurde 1961 geschlossen und die vielen Maschinen aus der aktiven Zeit können wir heute bestaunen: Dampfmaschine, Färberei, Vorgarnherstellung, Tuchpresse, Weberei, Spinnerei – hier wird schnell klar, wie beschwerlich die Arbeit einst hier gewesen sein muss.

100 Jahre Tuchindustrie

Im Gewerbegebiet rollen wir am ***Knotenpunkt*** *29 geradeaus. Der Radweg führt uns durch Euenheim und Wißkirchen, dann neben der B266 her und über die A1 hinweg.*

Die älteste Urkunde, in der Wißkirchen und das benachbarte Euenheim erwähnt werden, stammt aus der Abtei Michelsberg in Siegburg, der an dieser Stelle Ländereien gehörte. Die markante Kirche, die wir erblicken wurde als St. Medardus geweiht.

Hinter der Autobahn werden wir von den Radwegeschildern links von der B266 weggelotst und hinter den ***Knoten*** *86 und 3 mit Steigung erst durch Obergartzem, danach durch Firmenich geleitet.*

Das Freilichtmuseum ist zurecht ein Ausflugsmagnet

Auf der rechten Seite etwas oberhalb unseres Radweges liegt das ehemalige **Kloster Antonigartzem**. Das strahlend weiß getünchte Gebäude wird zwar nicht mehr wie einst als Wohnung für Klausnerinnen genutzt, ist aber dennoch schön anzusehen.

Direkt am Wegesrand die **Eifel-Therme Zikkurat** GmbH. Auf 13.000 qm werden ein Erlebnisbad mit viel Action für die Kids, aber auch eine Saunalandschaft mit viel Ruhe für die Eltern präsentiert.

Die Route D4 bzw. D7 führt am Ortseingang von Kommern links und am Kreisel rechts – so gelangen wir in die Mitte von Kommern, das wir auf der Kölner Straße durchradeln.

Der Ort Obergartzem empfängt uns mit der hoch aufragenden **Kirche St. Hubertus**. Unweit der Kirche liegen die ehemalige Grube Karl und der Krewelshof Eifel. Hier kommen Groß und Klein auf ihre Kosten, denn während die Eltern sich um frisches Obst und Gemüse kümmern, können die Kinder sich in der Spielscheune austoben. Für schöne Fotomotive sorgen in der Herbstzeit die liebevoll als Tiere arrangierten Kürbisse.

Das 2 **Rheinisches Freilichtmuseum** Kommern ist einer der Ausflugsmagneten der Region. Es ist aber auch einfach toll, wenn wir uns auf der weitläufigen Fläche die 78 historischen Gebäude ansehen. Schule, Windmühlen, Zehntscheune, Kapelle, Tanzsaal, Bauernhöfe und viele weitere Häuser wurden andernorts im Rheinland angetragen und hier sorgfältig wieder aufgebaut, so dass wir uns bestens in diese längst vergangene Zeit zurückversetzen können. Wer es lieber etwas spektakulärer mag, saust auf der benachbarten **Sommerrodelbahn** zu Tale.

Am Ortsende von Kommern gesellen wir uns nach links kurz neben die Bundesstraße, um am Kreisel bei den Parkplätzen links mit deutlicherer Steigung auf den Radweg an der Straße „Elisabethhütte" abzuzweigen. Am nächsten Kreisel

*(**Knoten** 88) links und immer den Schienen entlang nach Mechernich (**Knoten** 87).*

Die Gemeinde **Mechernich** verteilt sich auf 44 Ortsteile und gilt als **„Tor zur Eifel"**. Das wussten schon die Römer und errichteten hier eines der längsten Aquädukte des Reiches, um das Wasser aus der Eifel nach Köln zu leiten. Wer genau hinsieht, erkennt einen Teil des entsprechenden Nachbaus. Besser zu finden sind die schmucken Fachwerkhäuser, die sich vor allem rund um die Turmhofstraße gruppieren.

*In Mechernich wechseln wir beim **Knotenpunkt** 87 auf die andere Schienenseite und folgen dem Verlauf der Gleise.*

Etwas südlich unserer Route liegt das **Bergbaumuseum Mechernich**. Teile der Grube Günnersdorf werden uns präsentiert und dabei erklärt, dass hier das größte Vorkommen an Blei in ganz Europa gefunden wurde. Leider war der Abbau irgendwann unrentabel, so dass das Bergwerk 1957 geschlossen werden musste.

Wer findet die Katze?

Am Feybach entlang weisen uns die Schilder des Tälerradwegs die Strecke vorbei an den Katzensteinen nach Satzvey.

Beim Ort **Katzvey** können wir einen kleinen Abstecher auf die andere Straßenseite unternehmen. Dort entdecken wir die sogenannten 3 **Katzensteine**. Dann schauen wir einmal, wer in den roten Felsformationen die Katze entdeckt!

Nun wird es Zeit für den Höhepunkt unserer Rad-Runde: Wir erreichen den Ort **Satzvey**, wo sich rund um die **Pfarrkirche St. Pantaleon** wunderschöne Fachwerkhäuser gesellen.

Mittendrin steht 4 **Burg Satzvey** in einem riesigen Park. Die ältesten Teile der Anlage reichen bis ins 12. Jh. zurück, doch viele der heute zu sehenden Substanz wurde später ergänzt. Allein das Torhaus mit seinen Doppeltürmen ist eine Augenweide, dahinter eröffnet sich uns der Blick auf den Burghof mit seiner Vorburg, dem Haupthaus, dem Wirtschaftsgebäude, den Marställen und den weiteren Gebäuden. Heute gilt Burg Satzvey unter Experten als die am besten erhaltene Wasserburg des Rheinlandes.

Und eine sehr lebendige dazu, denn in der prachtvollen Anlage finden über das ganze Jahr hinweg Events statt, wie z.B. Ritterspiele, Mittelalterfeste, Ostermarkt, Kinderritter, Hexenfest, Halloween, Burgweihnacht, Aufführungen, Konzerte usw.

Reisemobilstellplätze an oder nahe der Route:

Wohnmobilstellplatz an der Therme Euskirchen
Thermenallee 1,
Euskirchen

Wohnmobilstellplatz AlpacaCamping
Zur Tomberger Mühle 1,
Euskirchen

*Satzvey verlassen wir links entlang der Gartzemer Straße und folgen den Schildern der Wasserburgenroute bzw. des Tälerradwegs nach Obergartzem (**Knoten** 86).*

Der Innenhof von Burg Satzvey ist nicht immer so leer

Genau an der Stelle, wo wir wieder auf unseren Hinweg treffen, steht **Burg Veynau**. Direkt am Veybach, der uns auf den letzten Kilometern begleitet hat, steht diese stolze mittelalterliche Wasserburg mit Palas und Kernburg. Schon seit 1340 gibt es an dieser Stelle eine Burg, die im 19. Jh. zu einem Landgut „verkam" und später sogar dem Verfall preisgegeben wurde. Harald Freiherr von Elmenhoff erwarb das Anwesen im Jahre 1988 und ließ sie teils mit Landesmitteln restaurieren.

In Obergartzem biegen wir rechts ab auf den Radweg entlang der Bundesstraße und rollen auf genau derselben Strecke zum Euskirchener Bahnhof retour, auf der wir herkamen.

Zum Abschluss totale Entspannung in der Therme

Den krönenden Abschluss der Rundtour liefert uns die **Therme Euskirchen**. Vor den Toren der Stadt finden wir die 18.000 qm große und 2015 eröffnete Wellness-Oase, die nun wirklich keine Wünsche offen lässt: 500 echte Palmen säumen die Lagune, in der uns das 33°C warme Wasser erwartet. Bei warmem, sonnigem Wetter wird das Paradies zum Cabriolet, denn dann öffnet sich das Panoramadach und lässt unsere Gedanken in die Südsee entgleiten. Wem es dann noch nicht warm genug ist, der besucht die Vitaltherme mit angeschlossener Sauna. Schwebebecken, Callablüten-Dusche, Spa-Bereich und viele mehr verwöhnen alle unsere Sinne.

Tour 11

38 km

Burgen und Schlösser in Hülle und Fülle

In der Landesburg residierten die Bischöfe

Streckentour von Weilerswist über Erftstadt nach Hürth

Bei dieser Tour wird es ganz bestimmt nicht langweilig, denn direkt am Wegesrand liegen prachtvolle Wasserburgen, Schlösser, Herrenhäuser und bezaubernde historische Ortskerne. Das Ganze verbinden wir mit dem Wasserburgen-Radweg, der seinem Namen alle Ehre macht. Sportler kommen auf ihre Kosten, denn es gibt eine Steigung in der zweiten Hälfte, die aber nicht die Gene einer Bergziege erfordern.

Was erwartet mich?

38,4 km, meist abfallende Tour mit jeweils einer Steigung- und Gefällstrecke, auf einem Mix von Straßen und Radwegen.

Wie komm' ich hin?

Start: S-Bahnhof Weilerswist

Ziel: S-Bahnhof Hürth-Kalscheuren

Parken: Parkplatz am Bahnhof, Günter-Rose-Straße, Weilerswist

Was muss ich sehen?

1 Burg Kühlseggen

2 Historische Ortsmitte von Lechenich

3 Schloss Türnich

4 Burg Gleuel

Wo tank' ich auf?

Will-kommen
Markt 19, Erftstadt-Lechenich

Café Schloss Türnich – 100% Bio
Schloss Türnich, Kerpen

Goodbeef Hürth
Ernst-Reuter-Straße 28, Hürth-Gleuel

Café Goldig
Friedrich-Ebert-Straße 38, Hürth

Kartentipp: **ADFC Regionalkarte Köln/Bonn**

Tourstart

Wir starten am Bahnhof Weilerswist, den wir nach rechts über die Bahnhofsallee verlassen, um an deren Ende links in die Bonner Straße einzubiegen. An der nächsten Ecke rechts in die Theodor-Heuss-Allee, die erst schräg rechts, dann schräg links abknickt und später nach einer Linkskurve auf die Kölner Straße trifft.

Burg Kühlseggen ist in Privatbesitz

Die rund 18.000 Einwohner der Gemeinde **Weilerswist** verteilen sich auf 15 Ortsteile. Das markanteste Bauwerk von Weilerswist ist der **Swister Turm**, der etwas außerhalb des Ortes in aussichtsreicher Lage auf dem gleichnamigen Berg steht. Er ist der Überrest einer alten Wallfahrtskirche. Und obwohl es die Kirche nicht mehr gibt, findet jedes Jahr zu Pfingsten eine Wallfahrt hierher statt.

Der Kölner Straße folgen wir nach rechts. Nachdem wir die A61 unterquert haben, links in den Weg, der direkt nochmals links, dann rechts abknickt und kurz vor der Landstraße beim ***Knotenpunkt*** *62 auf den Erft-Radweg bzw. auf die Wasserburgenroute trifft. Hier folgen wir den Routen nach rechts.*

Wir kommen direkt an 1 **Burg Kühlseggen** vorbei, die den perfekten Auftakt zu unserer Radtour bildet. Wunderschön ragt die stolze Wasserburg aus dem umgebenden Graben empor und bietet uns mit den tollen rot-weißen Fensterläden ein perfektes Fotomotiv. Vermutlich gab es an dieser Stelle schon im Jahre 1312 einen ersten Herrensitz, der 1368 als Burg erwähnt wurde. Nach vielen Besitzerwechseln kam die Anlage 1836 zur Familie Clemens Wenzelslaus von Eltz-Rübenach, die bis heute in der Burg residiert.

Die Schilder der Wasserburgenroute geleiten uns über die ***Knotenpunkte*** *63 und 64 durch Bliesheim nach Blessem. Hier links - so rollen wir ins Zentrum von Lechenich (****Knoten*** *60).*

Rechterhand liegt **Haus Buschfeld**, ein dunkelrot getünchtes Herrenhaus, das auch gerne als Wasserschloss bezeichnet wird, da die gesamte Anlage teilweise von einem bis zu 13 m breiten Wassergraben umgeben ist. Sogar von der alten Mühle überdauerten ein Gebäude und das Mühlrad.

Ein Stück weiter rechts steht **Schloss Gracht**, ein weiteres Wasserschloss, das inmitten eines weitläufigen Parks in die Höhe ragt. Interessant ist, dass Schloss Gracht eigentlich nicht als Rittersitz, sondern als Nebenhof des soeben erwähnten Haus Buschfeld geplant wurde.

Unsere Radtour führt uns geradewegs in den wunderschönen **2 Ortskern von Lechenich**, dessen Mitte vom **Historischen Rathaus** und dem davor liegenden Marktplatz markiert wird. Rund um den Ortskern ziehen sich noch heute Stadtgräben und –bäche, während die teils engen Gassen von bestens erhaltenen historischen Gebäuden gesäumt werden. Viele der Häuser begeistern uns mit filigranem Fachwerk.

Am Rande der Innenstadt entdecken wir die **Landesburg Lechenich**. Sie wurde im 14. und 15. Jh. als Residenz der Kölner Erzbischöfe genutzt. Die Wasserburg befindet sich, wie so viele andere Burgen in dieser Region, in Privatbesitz und ist damit nicht zu besichtigen.

*In Lechenich überqueren wir bei **Knoten 60** nach rechts den Stadtgraben und biegen dahinter mehrfach rechts und links ab, um entlang der Frenzenstraße links am Schlosspark vorbei aus dem Ort hinaus zu radeln.*

Kaum haben wir Lechenich verlassen, gibt es bei **Burg Konradsheim** schon wieder einen Anlass, von den Rädern zu steigen. Ritter Arnold von Buschfeld ließ sich an dieser Stelle bereits im 14. Jh. eine Burg errichten, die in den folgenden Jahrhunderten von verschiedenen Adelsgeschlechtern bewohnt wurde. Ab dem 17. Jh. wurde die Burg längere Zeit nicht mehr bewohnt, was zu einem starken Verfall der Anlage führte, bei dem auch der Eckturm einstürzte. Der Vorgänger des heutigen Landschaftsverbands Rheinland erwarb 1933 die Burg und sorgte für eine Sanierung, die 1976 an Familie Neisse verkauft wurde, die bereits Teile der Grundstücke und den Burghof besaß.

*Hinter Konradsheim (noch vor der Burg) rechts und darauf links. Nach einer Weile durch die Felder queren wir wieder die A61, treffen an der Erft wieder den Erft-Radweg und zweigen hinter dem Fluss links ab. Am **Knotenpunkt 59** geht es weiter geradeaus.*

Das Häusermeer von Lechenich

Burg Konradsheim war einst Ritterburg

Ein Stückchen links von unserem Radweg steht **Schloss Gymnich**, die nächste Wasserburg auf unserer kurzen Reise durch die Geschichte. Über viele Jahrhunderte wurde das Anwesen, zu dem ein mehrere Hektar großer Park gehört, durch das gleichnamige Rittergeschlecht bewohnt. Zwischen 1970 und 1990 wurde Schloss Gymnich als Gästehaus der Bundesregierung genutzt, wobei sich sogar Erich Honecker in die Gästeliste eintrug. 1989 fand an dieser Stelle ein Geheimtreffen zwischen Bundeskanzler Kohl und dem ungarischem Ministerpräsidenten Nemeth statt. In der Folge durften die deutschen DDR-Geflüchteten aus der Botschaft in Ungarn ausreisen – der Rest ist deutsche Geschichte. Zwischenzeitlich gehörte Schloss Gymnich übrigens der Musikgruppe „Kelly Family" und diente danach als Schauplatz einer Fernsehserie. Durch eine Zwangsversteigerung kam das Anwesen in Privatbesitz.

Schloss Türnich: Eine Augenweide...

...und ein Gaumenschmaus im Hofcafé

Wir fahren schnurgerade an der Erft entlang und biegen noch vor der nächsten Brücke am Wäldchen rechts ab nach Türnich. Hier rollen wir um das gleichnamige Schloss herum.

3 Schloss Türnich empfängt uns mit einem fast schon verwunschen aussehenden Park und einem spätbarocken Wasserschloss. Nach einer sehr wechselhaften Geschichte kam das Herrenhaus 1979 in den Besitz von Godehard Fraf zu Hoensbach, der einige Teile der Anlage mit seiner Familie selbst bewohnt. Der prachtvolle Adelssitz mit seinen Wassergräben wurde bereits aufwändig saniert und bietet immer wieder Platz für gesellige Veranstaltungen. Im **Hofcafé** können wir gesunde und ökologisch produzierte Speisen und Getränke genießen, bevor wir uns die **Schlosskapelle** näher ansehen.

Schloss Türnich verlassen wir durch den Schlosspark. An der Querstraße geradeaus, kurz darauf rechts in die Graf-Hoensbroech-Straße. Den Kreisel verlassen wir nach links auf der Ursfelder Straße, an deren Ende wir geradeaus auf dem Weg weiterradeln. Nun wird es anstrengender, denn es geht deutlich bergauf.

Die rund 1.100 ha umfassende, sogenannte **„Berrenrather Börde"**, durch die wir radeln, ist ein Rekultivierungsgebiet. Nachdem die Region „ausgekohlt" war, sorgte man, wie überall hier im Rheinischen Braunkohlerevier dafür, dass die Natur wieder in den Vordergrund rückt.

*An der querenden Straße rechts und sofort wieder links durch ein Waldstück. Am Ende biegen wir links ab und fahren in einem Rechtsbogen um das Feld herum. An deren Ende folgen wir nach links den Schildern zum **Knoten** 40. Dabei unterqueren wird die A1, fahren im Zick-Zack durch die Wohnsiedlung in Berrenrath und biegen von der Wendelinusstraße, links ab nach Gleuel. Am **Knoten** 40 geht es weiter auf der Hermühlheimer Straße.*

Wasserburg Gleuel versteckt sich im Wald

Die stolze 4 **Wasserburg Gleuel** ist die letzte Wasserburg auf unserer Tour und verdient nicht nur deshalb eine ausgiebige Betrachtung. Das Kölner Domstift ließ Burg und Park bereits 1449 anlegen. Nachdem die letzte Inhaberin der Burg verstorben war, kaufte die Gemeinde Hürth das Gelände, um die Burg weiter zu erhalten. Umgeben wird Burg Gleuel von einem allgemein zugänglichen Park und mehreren Wassergräben. Hinter dem Burgtor erstreckt sich ein weitläufiger Burghof, zu Füßen eines strahlend weißen Haupthauses, zu dem uns der Zutritt allerdings verwehrt bleibt.

*Wir folgen nun den Schildern zum **Knotenpunkt** 71. Dabei bringt uns der Radweg an der Hermühlheimer Straße nach Altstädten-Burbach und folgt dort einer Linkskurve. An der großen Ampel geradeaus, wenig später am Kreisel rechts und am nächsten Kreisel geradeaus auf der Bonnstraße durch Hürth.*

Rechterhand liegt der **Hürthpark**, ein großes Einkaufszentrum, das sowohl überdachte, als auch Freiluftbereiche miteinander verknüpft. Auch ein großes Kino ist in dieser Anlage untergebracht.

*Am großen Kreisverkehr weiter geradeaus auf der Bonnstraße erreichen wir hinter dem nächsten Kreisel an der großen Kreuzung den **Knoten** 71. Unsere Tour führt weiter geradeaus, mit einem Schlenker geht es über die B265n hinweg und dann ein Stück parallel der Bahnschienen. Wir fahren links über die Bahnschienen hinweg, am Kreisel geradeaus und dann auf der Ursulastraße bis zum Bahnhof Hürth-Kalscheuren, wo die Tour endet.*

Reisemobilstellplätze an oder nahe der Route:

Campingplatz Liblarer See
Liblarer See, Erftstadt

Campingplatz Heider Bergsee
Heider Bergsee, Brühl

Tour 12

40 km

Villeseen – die will ich sehen!

Ob die Fische beißen?

Streckentour von Erftstadt über Heimerzheim nach Rheinbach

„Wasserburgenroute" – diese Schilder begleiten einen Teil unserer Streckentour. Schließlich sind wir in der wasserburgenreichsten Region Europas unterwegs! Die ersten Kilometer zeichnen ein ganz anderes Bild: Dichte Wälder und glasklare Seen wohin das Auge sieht: Die sogenannte „Ville" verzaubert uns mit fast schon urwüchsiger Natur – und das, obwohl die Landschaft vom Menschen modelliert wurde!

Was erwartet mich?

39,6 km, eine hügelige Tour ohne allzu große Anstiege und Gefälle auf einem Mix von Straßen, asphaltierten Wirtschaftswegen, sowie naturbelassenen, teils befestigten Schotterwegen und Pfaden.

Wie komm' ich hin?

Start: S-Bahnhof Erftstadt

Ziel: S-Bahnhof Meckenheim

Parken:
Park & Ride Erftstadt Bahnhof, Bahnhofstraße, Erftstadt

Was muss ich sehen?

1 Liblarer See
2 Wasserskianlage am Bleibtreusee
3 Schloss Roesberg
4 Burg Kriegshoven

Wo tank' ich auf?

Seeterrasse Liblar
Liblarer See 1, Erftstadt

Sonnendeck
Bleibtreuseeweg 1, Hürth

Kartentipp: **ADFC Regionalkarte Köln/Bonn**

Tour 12

Schloss Gracht mit klaren Linien

Tourstart

*Wir starten am Bahnhof Erftstadt, den wir nach rechts über die Parkplätze hinweg verlassen und weiter geradeaus der Wasserburgenroute zum **Knoten** 69 folgen. Wir folgen der Wassersportallee im Rechtsbogen und hinter dem Parkplatz nach links.*

Das heute rund 50.000 Einwohner zählende **Erftstadt** wurde erst 1969 ins Leben gerufen, als man mehrere Orte zusammenführte. Das bedeutendste Bauwerk am Ort ist **Schloss Gracht**. Klare Linien hat der Architekt seinerzeit verfolgt und damit ein prachtvolles Wasserschloss geschaffen – der ideale Auftakt also für unsere Radtour, die uns auch über die Wasserburgenroute führen wird.

*Mit einer kleinen Steigung erreichen wir das Ufer des Liblarer Sees, den wir gegen den Uhrzeigersinn umrunden. Auch den Karauschenweiher, den Campingplatz und den großen Parkplatz umkurven wir, um am **Knoten** 65 rechts abzubiegen.*

Wir rollen am Ufer des **1 Liblarer Sees** entlang, der mit einer Wasserfläche von mehr als 52 ha einer der größeren Villeseen ist. Das gilt auch für den Karauschenweiher, an dem wir ebenfalls vorbeiradeln. Der große Campingplatz macht deutlich, dass sich hier eine echte Oase der Naherholung vor den Toren Kölns entwickelt hat. Es ist aber auch wunderschön hier: Scheinbar unendlich viele Seen und dichte Wälder durchziehen die in sanften Schwüngen modellierte Region. Kaum zu glauben, dass diese Idylle einst durch Menschenhand erschaffen wurde. Im 19. und 20 Jh. wurde hier, im sogenannten Rheinischen Revier, Braunkohle abgebaut. Anschließend erfolgte eine groß angelegte Rekultivierung auf einer Fläche von rund 75 qkm. Insgesamt entstanden 40 Weiher und Seen und in den Wäldern sind inzwischen Pflanzen und Tiere heimisch, die andernorts selten wurden.

Das renaturierte Gebiet gehört zur sogenannten **Ville**, die sich als ursprünglich natürlicher Höhenzug von hier bis hinauf nach Pulheim und Grevenbroich zieht. Einige Abschnitte wurden durch die Tagebaue nachhaltig verändert, andere blieben erhalten. Auch die Nutzung ist ganz unterschiedlich: Die meisten Flächen werden wie hier als Naturräume genutzt, auf anderen Flächen wurden neue Siedlungen oder Industriegebiete angelegt. Übrigens: Ein Stück hinter der nahen Bahntrasse liegt rechterhand gleich der nächste See – es ist der **Franziskussee**.

*Wir folgen nun den Schildern zum **Knotenpunkt** 67, queren dabei die B265 und erreichen den Bleibtreusee.*

Unsere Route führt uns direkt am Ufer des **Bleibtreusees** vorbei, der vor allem bei Wassersportlern und Sonnenanbetern eine feste Größe ist: Die einen vollführen waghalsige Sprünge auf der 2 **Wasserskianlage**, andere starten mit ihren Brettern am Brühler Surfclub und gleiten lautlos über´s Wasser und die gemütlicheren Naturen liegen am Sandstrand und genießen das Angebot der Strandbar „Sonnendeck".

Wasserski-Action am Bleibtreusee

*Den Bleibtreusee umrunden wir im Uhrzeigersinn, achten gut auf den Verkehr der parkplatzsuchenden Autos und überqueren die B256 wieder geradeaus. Am **Knoten** 67 links, dann gegen den Uhrzeigersinn um den Heider Bergsee herum. Der Radweg führt uns zwischen Heider Bergsee und Schluchtsee her.*

Auch der **Heider Bergsee** zählt zu den besonders beliebten Ausflugszielen der Städter. Viele haben den schönen See so sehr ins Herz geschlossen, dass sie sich auf dem Campingplatz ein dauerhaftes Wochenendheim einrichteten.

Wir folgen dem Linksknick des Weges und biegen wenige Meter später rechts in den Rodderweg. Am Ende links und auf hügeliger Strecke vorbei am Entenweiher. Am

Ende fahren wir rechts in den Schlunkweg und am Ende des Sees links in den Schnacke Jagdweg, der unter der A553 her führt.

Am Wegesrand liegen der Entenweiher und das **Villenhofer Maar**, zwei eher kleinere und weniger bekannte Gewässer. Immer noch fällt es uns schwer, das zu glauben: Einst wurden in diesem Gebiet über 500 Millionen Tonnen Braunkohle im Tagebau abgebaut, wodurch tiefe Kerben in die Natur geschlagen wurden. 1959 entschloss man sich, die „Löcher" mit dem Abraum der Tagebaue aufzufüllen. So wurden 76.305 Mio. Kubikmeter Erde und Gestein bewegt, flüssiger Löß (Bodenerde) aufgebracht und somit eine riesige Fläche neu gestaltet.

An der querenden Landstraße rechts und sofort wieder links.

Schloss Rösberg gibt sich farbenfroh…

Die querende Landstraße ist oftmals stark befahren. Das liegt daran, dass wir ganz in der Nähe vom **Phantasialand** sind, das alljährlich ein Vielfaches der Besucher von Augustusberg anzieht. Auf rund 300.000 qm wird alles geboten, was Alt und Jung Vergnügen bereitet: Achter- und Wildwasserbahnen, Black Mamba, Mystery Castle, Freefall-Tower, Kinos, Shows, Piratenschiff, Chinatown, Westernstadt und vieles mehr macht diesen Vergnügungspark zu einem der interessantesten von ganz Europa. Der Eintrittspreis lohnt sich allerdings nur, wenn man auch mindestens einen halben Tag im Park verweilt.

*Schnurgerade rollen wir durch den Wald, bis wir nach einer leichten Linkskurve und rechts abknicken die Straße Theisenkreuzweg erreichen. Wir biegen links ab und radeln nach Rösberg zum **Knotenpunkt** 68.*

Willkommen im Zeitalter des Barock: Inder Nähe unseres Weges liegt 3 **Schloss Rösberg** am Rande des Ortes Merten. Die Grafen von Are bewohnten einst eine Burg in dieser Gegend, die allerdings zerstört wurde. Bis 1731 entstand das heutige Gebäude im Stile des westfälischen Barocks.

*Vom **Knoten** 68 biegen wir rechts ab und an der querenden Metternicher Straße geradeaus, genauso später am Zweigrabenweg. An der Rheinbacher Straße biegen wir rechts ab und folgen den Schildern der Apfelroute. Am*

Knoten 10 rechts und direkt wieder links. Es geht etwas bergauf nach Heimerzheim – zum Knoten 16.

Eine von Kastanien gebildete Allee führt nach 4 **Burg Kriegshoven**, das weniger wie eine Burg als ein Renaissance-Schloss wirkt. Obwohl ein Teil der Gräben zugeschüttet wurde, spiegelt sich die Fassade bis heute im Wasser. Die Familie von Scherenberg ist Eigentümer der Anlage, deren Zutritt uns daher verwehrt ist.

Nur wenige Pedalumdrehungen sind es bis **Burg Heimerzheim**, in der heute Tagungen und andere Events stattfinden. Die prachtvolle Wasserburg geht auf eine Gründung im 13. Jh. zurück, wobei die Besitzer im Verlaufe der Jahrhunderte oft wechselten.

...und Burg Kriegshoven eher elegant

*In Heimerzheim biegen wir am **Knoten** 16 links in die Bachstraße ab. Die Schilder der Apfelroute und des Wasserburgenradwegs führen uns über den **Knoten** 15 am Swistbach entlang. Am **Knoten** 86 fahren wir weiter geradeaus nach Morenhoven.*

Weiter geht unsere Reise in die Vergangenheit: Wir kommen vorbei am **Gut Vershoven** und an **Burg Morenhoven**. Spätestens jetzt ist klar: „Wasserburgenroute" – das passt wirklich! Burg Morenhoven ist genau genommen sogar eine zweigeteilte Anlage, die ihren Ursprung vermutlich schon im 9. Jh. hatte. Heute ist sie in privater Hand und bietet Platz für Veranstaltungen.

An der Burg Morenhoven geht es links und dann immer auf dem Radweg entlang der Straße ins Herz von Rheinbach. Hier steuern wir direkt auf den Bahnhof zu, wo unsere Radtour endet.

Rheinbach war schon zu römischer Zeit von großer Bedeutung, denn hier verlief die Wasserleitung aus der Eifel nach Köln. Reste davon können wir an der Pützstraße entdecken. Nach einer unrühmlichen Zeit während der Hexenprozesse, von denen der Hexenturm bis heute berichtet, kam eine sehr bewegte Epoche, die nicht immer ohne Zerstörungen ablief. Dennoch finden wir in Rheinbach viele historische Gebäude, unter ihnen den **Wasemer Turm**, den **Windmühlenturm**, den **Himmeroder Hof** oder mehrere Fachwerkhäuser. Zum Abschluss der Tour polieren wir noch unser Allgemeinwissen auf und besuchen das **Naturpark-Informationszentrum** und das **Glasmuseum**. Besonders bei klarem Wetter lohnt sich ein kleiner Abstecher Richtung Wormersdorf zur **Tomburg**. Wenn wir hier auf dem 309 m hohen **Tomberg** stehen, können wir bis zum Kölner Dom blicken – phantastisch!

Reisemobilstellplätze an oder nahe der Route:

Campingplatz Liblarer See
Liblarer See, Erftstadt

Campingplatz Heider Bergsee
Heider Bergsee, Brühl

Tour 13

12 km

Käffchen am Bundesbüdchen

Hier wurde schon Politikgeschichte geschrieben

Rundtour von Bonn-Regierungsviertel über Rheinaue und Bad Godesberg

Es sind zwar nur 12 km, doch diese Rundtour quillt über an Sehenswertem: Zunächst radeln wir durch das ehemalige Regierungsviertel, bei dem wir in die Zeiten der ehemaligen Bundeshauptstadt entführt werden und schlürfen unseren Kaffee dort, wo dies vor uns schon Schmidt oder Strauß gemacht haben. Zur Entspannung dienen einige Kilometer auf dem Rhein-Radweg, der uns an der Rheinaue entlang führt.

Was erwartet mich?

12 km, keine Steigungen oder Gefälle, auf einem Mix von Straßen und Radwegen.

Wie komm' ich hin?

Start: Bahnhof Bonn UN Campus

Mit dem Auto: B+B Parkhaus (keine Dachträger!), Emil-Nolde-Straße 11, Bonn

Was muss ich sehen?

1 Bundesbüdchen
2 Altes Wasserwerk
3 Rheinaue
4 Museumsmeile Bonn

Wo tank' ich auf?

Bundesbüdchen
Heussallee 13, Bonn

Kiosk am Langen Eugen
Charles-de-Gaulle-Straße, Bonn

Bastei Restaurant
Von-Sand-Ufer 1, Bonn-Bad Godesberg

Restaurant rheinzeit
Rheinallee 25C, Bonn-Bad Godesberg

Kartentipp: **ADFC Regionalkarte Köln/Bonn, Berg. Land/Köln/Düsseldorf**

Tourstart

Wir starten am Bahnhof Bonn UN Campus, den wir geradeaus über die Genscherallee verlassen. Die mehrspurige Helmut-Kohl-Allee überqueren wir geradeaus, um in der Heussallee weiter zu radeln.

Der Platz der Vereinten Nationen

Zwischen 1930 und 1933 erbaute man hier in **Bonn** eine „Lehrerbildungsanstalt", die am 01.09.1948 vom Bundesrat als Amtssitz unter dem frisch gebackenen Bundeskanzler Adenauer übernommen wurde. Zunächst war dies nur als eine Übergangslösung geplant, doch ein Jahr später, am 03.11.1949 wurde entschieden, Bonn zur Bundeshauptstadt zu küren - 33 Parlamentarier stimmten für Bonn, 29 für Frankfurt. So wurde aus der pädagogischen Akademie endgültig der **Sitz der Bundesregierung**. Nachdem die Arbeitsbedingungen unzumutbar geworden waren, mussten die Landesväter und -mütter ins Wasserwerk umziehen und auf einen Neubau warten. Dieser wurde 1988 beschlossen - interessanterweise kurz vor der Wiedervereinigung, durch die eine Vergrößerung erforderlich wurde.

Das Bundeskanzleramt war einst Sitz der wichtigsten Person Deutschlands. Zwischen 1973 und 1976 bezahlte man 104 Mio. DM für den modernen, aber doch unspektakulären Bau, der den mehr als 400 Mitarbeitenden des Kanzlers einen Arbeitsplatz bot. Hinter dem Bundeskanzleramt steht das 1858 bis 1860 erbaute Palais Schaumburg, das bis 1976 als Kanzleramt, ab dann zu Repräsentationszwecken diente. Im 10 ha großen, nicht zugänglichen Garten liegt der Kanzlerbungalow, der einst Wohnsitz des Regierungschefs war.

Ebenfalls zum Regierungsviertel gehören das ehemalige Bundespräsidialamt und die (nicht gut sichtbare) Villa Hammerschmidt. Das 1863-65 errichtete „weiße Haus" war ab 1950 Sitz des Deutsches Bundespräsidenten.

*Am Rechtsknick (**Bundesbüdchen**) biegen wir links ab, rollen über den Platz der Vereinten Nationen und rechts hinunter zum Rheinufer, wo wir erneut rechts abbiegen.*

Kaum zu glauben, dass ein 1 **Kiosk** einmal so berühmt werden sollte: Im Jahre 1957 wurde im Regierungsviertel der noch jungen Bundeshauptstadt Bonn ein kleines, ovales Verkaufshäuschen aufgestellt. Die Lage war ideal: Die vielen neuen Bundesbediensteten kamen aus den umliegenden Regierungsgebäuden hierher, um sich mit Zeitungen, Kaffee („Käffchen") und mehr oder minder Nahrhaftem einzudecken. Auch Politiker wie Schmidt, Wehner oder Strauß gaben sich hier ein Stelldichein und dem

Perfektes Radeln am Bonner Rheinufer

Vernehmen nach sollen hier wichtige Entscheidungen für Deutschland und Europa auf „informeller Ebene" gefallen sein. Der unvergessene Norbert Blüm sagte einmal zum **„Bundesbüdchen"**: „In keinem Regierungsviertel der Welt gibt es einen solchen unprätentiösen Ort für die spontane Kommunikation ohne Tagesordnung wie damals in Bonn."

Bis 2006 wurden die Kunden von Familie Rausch – am Ende in zweiter Generation – bedient, bis dann leider Schluss war, denn es begannen die Bauarbeiten zum „World Conference Center Bonn (WCCB)". Das Bundesbüdchen wurde per Tieflader nach Hersel gebracht und konserviert, bis man es 2020 an der heutigen Stelle frisch saniert wieder aufstellte.

Mit dem **World Conference Center Bonn** (WCCB) entstand ein modernes Kongresszentrum, in dem Teile des alten Bundeshauses wie der Plenarsaal einbezogen wurde. Der „Platz der Vereinten Nationen" ist genau an dieser Stelle natürlich von großer Aussagekraft – ob es aber jemals Frieden auf der Welt geben wird, bleibt leider fraglich.

Wir sind nun auf dem Rheinradweg, dem wir direkt am Ufer entlang flussaufwärts folgen. Dabei unterqueren wir die Brücke der A 562 und rollen direkt an der Rheinaue vorbei.

Unmittelbar am Rheinradweg steht das ehemalige 2 **Wasserwerk**, das Schauplatz hitziger Bundestagsdebatten war, wenn die übrigen Regierungsgebäude gerade wegen Renovierungsarbeiten geschlossen waren. Wir können durch den Zaun einen Blick auf das Gebäude erhaschen.

In der Rheinaue ist immer 'was los

Ein Stück weiter liegt am Wegesrand der „Kiosk Am Langen Eugen". Direkt daneben reckt sich genau der besagte **„Lange Eugen"** in die Höhe, der als das Hochhaus für die Abgeordneten errichtet wurde. Der Lange Eugen wurde 1969 fertiggestellt und war seinerzeit mit 114 m bzw. 29 Etagen seinerzeit Bonns höchstes Gebäude. Seit 2002 wird er vom 163 m hohen Posttower überragt. Die Zentrale der Deutschen Post AG ist damit das höchste Hochhaus der Republik außerhalb Frankfurts.

Gleich in der Nähe liegt der ehemalige **„Schürmann-Bau"**, der in den 1990er Jahren Aufsehen erweckte, als der angeblich hochwassersichere Erweiterungsbau für den Bundestag bereits in der Rohbauphase vom Rhein überflutet wurde. Er gilt als einer der teuersten Nachkriegs-Bauten Deutschlands.

Im Jahre 1979 war Bonn Schauplatz der **Bundesgartenschau**. Die damalige Bundeshauptstadt wollte sich nicht lumpen lassen und stellte ein Areal von 160 ha. zur Schau, welches damit nur unwesentlich kleiner war als die Innenstadt Bonns. Der größere Teil lag mit 125 ha. auf „unserer" Rheinseite. Neben der 6 km langen Rheinpromenade gibt es 39 km Wege, auf denen sich Fußgänger, Radfahrer, Rollschuhfahrer und viele andere vergnügen. Unter den künstlichen Hügeln gibt es Blumen, Wiesen, Spielplätze, einen Japanischen Garten, einen Blindengarten, einen 15 ha großen See mit Brücken, verschiedene Kunstwerke und viel Platz zum Ausspannen. Die **3 Rheinaue** ist immer wieder Schauplatz von Events, darunter große **Trödelmärkte**, **Feuerwerk** und **Konzerte**.

Einen längeren Stopp lohnt das **Baseball-Stadion**, das direkt an unserem Radweg liegt. Wenn wir Glück haben, läuft gerade ein Spiel, so dass wir erstklassigen Sport erleben können. Die Bonn Capitals waren von den Schülern über die Damen- bis zur Bundesliga-Mannschaft schon öfters Deutscher Meister.

Reisemobilstellplätze an oder nahe der Route:

Wohnmobilstellplatz der Stadt Bonn
Ludwig-Erhard-Allee, Bonn

Wohnmobilstellplatz am Sportplatz
Hauptstraße, Königswinter-Niederdollendorf

*Am **Knotenpunkt** 3 zweigen wir rechts ab und kommen mit einem kleinen links-rechts Schwenk auf die Rheinallee, der wir immer geradeaus durch den Vorort Rüngsdorf folgen.*

Das **Rheinhotel Dreesen** ist sicherlich die bekannteste Adresse in Rüngsdorf, denn hier stiegen schon bedeutende Personen aus Politik und Schauspiel ab. Nicht minder schön anzusehen sind im Ort das **Schloss Deichmannsaue** und der **Alte Kirchturm**, der einst zu einem inzwischen abgerissenen Gotteshaus gehörte.

Die Rheinallee bringt uns zum Bahnhof Bad Godesberg, wo wir hinter dem Bahnhof rechts in die Moltkestraße abbiegen.

Die Godesburg blickt auf Bad Godesberg...

Unweit des Bahnhofs liegt die Innenstadt von **Bad Godesberg**, der wir unbedingt einen Besuch abstatten müssen. Seit die Politiker nach Berlin umgezogen sind, ist das internationale Flair zwar etwas verlorengegangen, aber dafür haben wir viel mehr Platz in der einladenden Fußgängerzone. Rund herum finden wir Kultur „satt", wie beim **Haus an der Redoute**, dem ehemaligen Kurfürstlichen Theater. Oder im **Schauspielhaus Bad Godesberg**, im **Kleinen Theater am Park** oder in der **kleinen Beethovenhalle**, die im Ortsteil Muffendorf steht.

Über das Geschehen hinweg blickt die **Ruine der Godesburg**. Sie liegt hoch über der Stadt auf einem Berg, der einst als Vulkan entstand. Schon die Römer siedelten hier oben, später gab es eine ubische Kultstätte. Ab 1210 wurde eine neue Höhenburg angelegt, die 1583 erobert und gesprengt wurde. Die Reste wurden inzwischen modernisiert und bieten Platz für ein Restaurant mit phänomenaler Weitsicht.

...und wir auf unser Stück Kuchen

Von der Moltkestraße biegen wir rechts ab auf die Bonner Straße. Unser Radweg verläuft erst rechts, dann links der Straße und gesellt sich dann neben die Godesberger Straße. Die Godesberger Straße wird zum Kleinefeldsweg, der weiter dem Verlauf der Gleise folgt und die Schienen nach rechts quert. Direkt nach der Querung links und dann auf dem Radweg parallel zur Bahnlinie, bis wir schließlich wieder zum Bahnhof Bonn UN Campus kommen, wo unsere Tour begann.

Mehrere Abstecher führen z.B. zur 4 **„Museumsmeile"**, zum Schloss oder in die Stadtmitte von Bonn. Weitere Informationen dazu finden Sie im **Ortsporträt Bonn** (siehe S. 108).

Ortsporträt

Bonn

Die glorreichste Zeit erlebte Bonn zwischen 1949 und 1990, denn da war sie Hauptstadt der Bundesrepublik Deutschland. Am 29.11.1949 fiel die Entscheidung, den Regierungssitz Westdeutschlands nicht nach Frankfurt an den Main, sondern nach Bonn an den Rhein zu verlegen. Nach den Entbehrungen des Zweiten Weltkriegs kamen damit gewichtige Persönlichkeiten und finanzielle Mittel in die Kleinstadt, denn auch die Botschaften anderer Länder sollten im Umfeld der Bundesregierung sitzen.

Von der Anwesenheit der Prominenz profitierte die gesamte Stadt: Es entstanden eine ideale Infrastruktur, eine schmucke Fußgängerzone mit perfekten Shopping- und Einkehrmöglichkeiten, ein strahlendes Regierungsviertel und vieles mehr. Am 20.06.1991 beschloss der Bundestag per Gesetz die „Vollendung der Vereinigung Deutschlands" und veranlasste einen Umzug der Regierung nach Berlin. Zum Glück wurden in der Folge bedeutende, auch internationale Behörden in Bonn angesiedelt, so dass vom einstigen Flair noch viel erhalten werden konnte.

Die Geschichte Bonns reicht natürlich noch viel weiter zurück: Bereits die Römer unterhielten hier 12. n.Ch. ein Lager, nachdem an dieser Stelle schon die Ubier gesiedelt hatten. Als die Römer ihr Reich in der Varusschlacht verteidigen mussten, wuchs die Anzahl der Menschen rund um Bonn rasch an, denn hier wurde gleich eine ganze Legion stationiert, die von Handwerkern unterstützt werden musste.

Die Bonner **Innenstadt** empfängt uns mit einer Fülle an Sehenswertem. Die Stadterkundung beginnen wir am **Bonner Münster**. Bereits um 300 n.Chr. soll es hier eine Zelle gegeben haben, aus der 400 eine kleine Kirche entstand. Auch in den nächsten Jahrhunderten wurde das Gotteshaus ständig erweitert, bis es im 11./12.Jh. weitestgehend das heutige Aussehen erhielt. Neben der außergewöhnlichen Architektur beachten wir im Innern vor allem den Hochaltar, die kleineren Altäre und den Chor.

Vor dem Münster erstreckt sich der **Münsterplatz**, der im Mittelalter als Gerichtsplatz diente und natürlich auch einen Pranger besaß. Die Mitte des Platzes markiert das 1845 eingeweihte **Beethoven-Denkmal**, hinter dem sich das ehemalige **Palais Radermacher**, ein barockes Kanonikerhaus, befindet.

Durch die schicke Fußgängerzone ist der **Marktplatz** rasch erreicht. Hier laden zahlreiche Cafés und Kneipen zum Verweilen ein, in der Mitte plätschert der

Bonn präsentiert sich elitär am Markt...

...und am Münsterplatz

Marktbrunnen aus dem 18.Jh. und am Ende des Platzes posiert das wunderschöne, 1737-38 erbaute **Rathaus**. Besonders interessant ist die große, vergoldete Freitreppe, auf der schon viele berühmte Persönlichkeiten, unter ihnen Theodor Heuss, Charles de Gaulle oder John F. Kennedy sprachen. Das farbenfrohe Rathaus wurde 1738 nach nur einem Jahr Bauzeit in herrlichem Rokoko-Stil fertiggestellt.

Direkt neben dem Rathaus befinden sich das **stadthistorische Museum** und die **St. Remigiuskirche**, die 1274-1317 als Minoritenkirche erbaut wurde. Verlassen wir den Marktplatz auf der dem Rathaus gegenüberliegenden Seite und biegen rechts in die Bonngasse ein, so gelangen wir zum **Beethovenhaus**. Das Geburtshaus von Ludwig van Beethoven wurde zur Gedächtnisstätte erklärt. Im Dachgeschoß konnte der Geburtsraum originalgetreu erhalten werden. Klar, dass es zahlreiche Exponate wie Handschriften, Instrumente und Bildnisse des Künstlers zu sehen gibt.

Das Schloss war eigentlich für die Kurfürsten gedacht

Am Rande der City erstreckt sich das prachtvolle **Kurfürstliche Schloss**, das auf den weitläufigen **Hofgarten** blickt. Vier Türme fassen das im 17./18. Jh. errichtete Hauptgebäude ein, in dem sich seit 1818 die Universität befindet. Sehenswert sind auch die **Hofkapelle**, die Ende des 18.Jhs. im toskanischen Stil erbaut wurde und das 1751-55 errichtete barocke Michaelstor. Wenn wir genauer hinsehen, entdecken wir zahlreiche schöne Details wie die goldene Regina Pacis über dem Südeingang oder den ebenso goldenen Erzengel Michael auf dem Koblenzer Tor.

Vom Kurfürstlichen Schloss erstreckt sich die **Poppelsdorfer Allee** bis zum gleichnamigen **Schloss**. Ab 1715 ließ Kurfürst Joseph Clemens nach Plänen des französischen Hofarchitekten deCotte das sehr ramponierte Wasserschloss an dieser Stelle abtragen und ein neues, prachtvolles Gebäude errichten, das von Kurfürst Clemens August vollendet wurde. 1818 übergab man das Schloss an die Universität, die hier und in den benachbarten Gebäuden Institute ansiedelte. Im Schloss selbst ist auch das **Mineralogisch-Petrologische Museum** mit Exponaten zur Geologie untergebracht. Der Kurfürstliche Garten wurde 1819 durch den **Botanischen Garten der Uni** mit mehreren Gewächshäusern ersetzt.

Die Poppelsdorfer Allee war übrigens eigentlich als Kanal geplant. Heute reihen sich hier prachtvolle Häuser aus der Gründerzeit aneinander und wenn längs der Allee die Kastanien blühen, ist es nochmal so schön hier.

Im Frühjahr zieht es in Bonn Touristen aus aller Herren Länder in die **Heerstraße**, denn dann blühen hier

Ob Beethoven einen Brief aufgeben möchte?

die **Kirschbäume**. Der Traum aus Blüten ist weltweit bekannt als einer der „places to be before you die".

Mit den beschriebenen Museen haben wir noch lange nicht alle gesehen, die Bonn zu bieten hat. In Richtung Nordstadt gibt es weitere Sammlungen, wie beispielsweise das **Frauenmuseum** (Förderung von Kunst und Kultur von Frauen mit einem reichhaltigen Programm), das **August-Macke-Haus** (Wohnhaus des Künstlers mit vielen Exponaten), der **Bonner Kunstverein** (moderne, aktuelle Kunst), die **Gesellschaft für Kunst und Gestaltung**, oder das **Künstlerforum** (Ausstellungshalle der aktuellen Bonner Künstler).

Südlich der Innenstadt beginnt die sogenannte **„Museumsmeile"**, die ihrem Namen wirklich alle Ehre macht. Hier drängeln sich international bedeutende Ausstellungen auf engstem Raum. So z.B. die **Kunst- und Ausstellunghalle**, ein 1992 eröffneter Neubau mit 5.400 qm Fläche für wechselnde Veranstaltungen und Ausstellungen sowie das **Kunstmuseum Bonn** mit den Schwerpunkten August Macke und deutsche Kunst nach 1945. Das **Haus der Geschichte** sollte auf dem Pflichtprogramm stehen. Hier wird die Historie Deutschlands in einer einzigartigen Weise mit tollen Exponaten chronologisch dargestellt. Interessant ist auch das **Zoologische Forschungsmuseum Alexander König**, eines der bedeutendsten Naturkundemuseen des Landes.

Das Haus der Geschichte müssen wir unbedingt besuchen

Tour 14

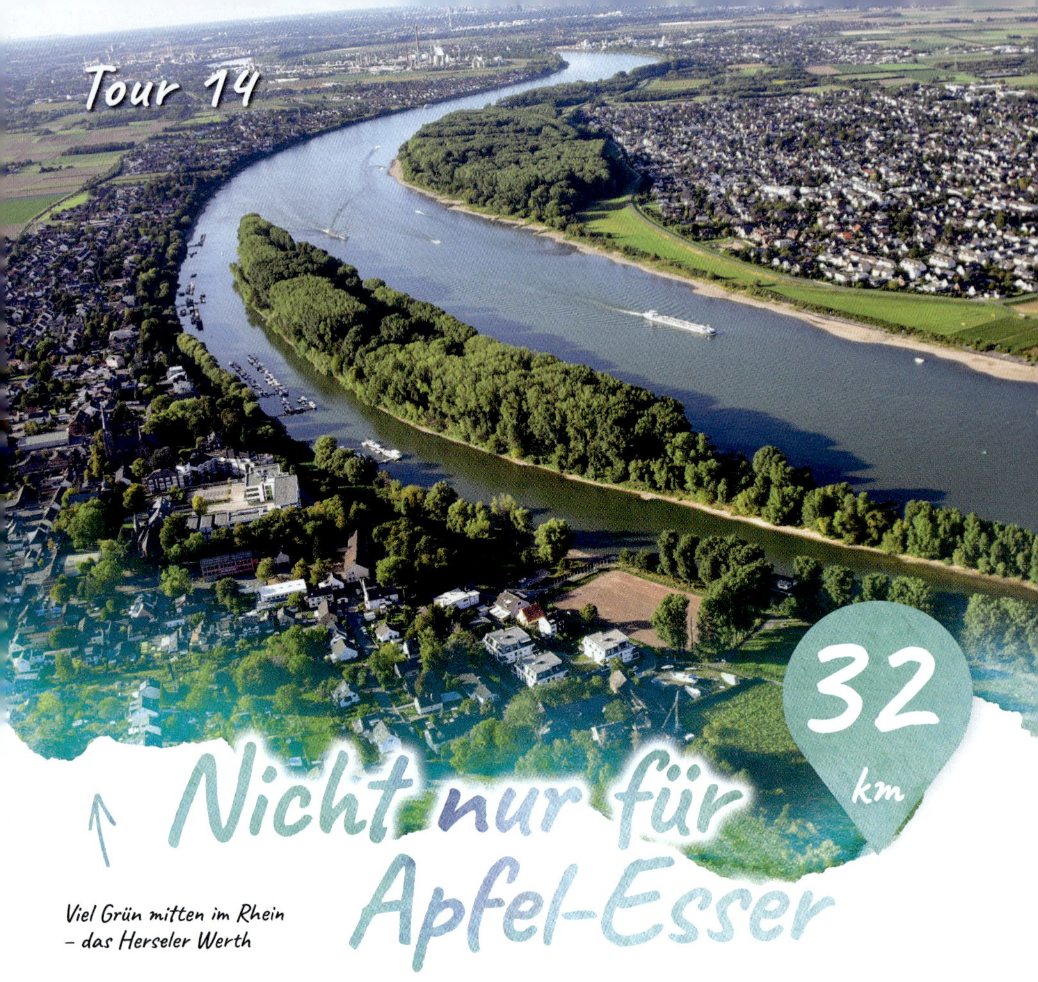

32 km

Viel Grün mitten im Rhein – das Herseler Werth

Nicht nur für Apfel-Esser

Rundtour von Bornheim über Sechtem und Wesseling

„Vitaminreich" – so könnte man diese Tour ganz gut beschreiben, denn wir rollen durch weite Felder und Plantagen, auf denen Obst und Gemüse in großem Stile angebaut werden. Viele der Landwirte halten Hofläden oder Selbstbedienungsläden bereit, damit wir uns mit den frischen und gesunden Sachen eindecken können. Zwischendurch gibt's beste Radel-Bedingungen und auch Einiges anzusehen!

Was erwartet mich?

32 km, hügelige Tour mit einigen kleinen Steigung- und oder Gefällstrecken, auf einem Mix von Straßen und Radwegen.

Wie komm' ich hin?

Start: S-Bahnhof Bornheim-Roisdorf

Parken: Park & Ride-Parkplatz am Bahnhof Roisdorf, Bonner Straße 9, Bornheim-Roisdorf

Was muss ich sehen?

1 **Weiße Burg** Sechtem

2 **Graue Burg** Sechtem

3 **Herseler Werth**

Wo tank' ich auf?

Bäckerei Voigt
Willmuthstraße 33A, Bornheim-Sechtem

Mines Spatzentreff Café-Bistro am Rhein
Kölner Straße 1, Wesseling

Hotel Restaurant Rheinterrassen
Römerstraße 99, Bornheim-Widdig

Caféhäuschen Uedorf
Rheinuferweg 80, Bornheim-Uedorf

Kartentipp: **ADFC Regionalkarte Köln/Bonn, Berg. Land/Köln/Düsseldorf**

Tour 14

Tourstart

Wir starten am Bahnhof Bornheim-Roisdorf, den wir nach rechts auf der Bonner Straße verlassen, um bei nächster Gelegenheit rechts in die Güterbahnhofstraße abzubiegen.

Unweit unseres Start- und Ziel-Bahnhofs liegt die Stadtmitte von **Bornheim**. Rund 50.000 Einwohner verteilen sich hier auf 14 Ortsteile, wobei die meisten auf eine glorreiche Vergangenheit zurückblicken können. Ein sichtbares Zeichen finden wir direkt neben dem Rathaus: Dieses Stück der alten Wasserleitung erbauten bereits die Römer, um aus der Eifel das Wasser nach Köln zu leiten. Auch eine römische Villa wurde entdeckt – die Reste stehen im Ortsteil Botzdorf. Auf eine lange Geschichte blickt auch **Schloss Bornheim** zurück.

Ein echts Lustschloss aus der Zeit des Barock

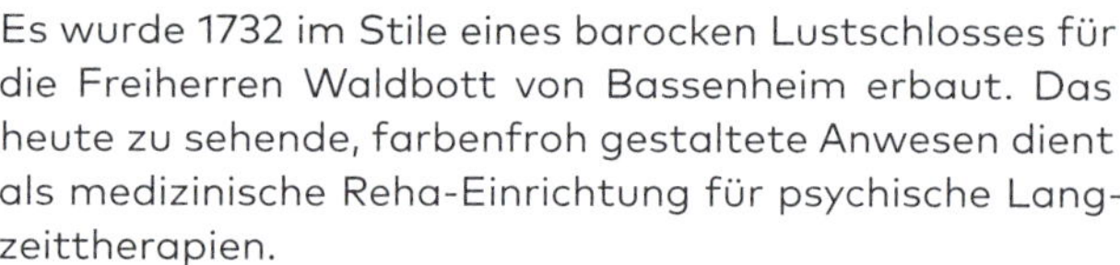

Es wurde 1732 im Stile eines barocken Lustschlosses für die Freiherren Waldbott von Bassenheim erbaut. Das heute zu sehende, farbenfroh gestaltete Anwesen dient als medizinische Reha-Einrichtung für psychische Langzeittherapien.

Unübersehbar ist der schlanke und hoch gebaute Turm der **Kirche St. Servatius**, die in aussichtsreicher Lage auf einem Hang angelegt wurde.

*Wir bleiben zunächst neben den Gleisen, überqueren die Herseler Straße geradeaus und nutzen am Ende des Friedhofs die Gelegenheit, mit einem kleinen Schlenker nach links die Schienen zu unterqueren (**Wegepunkt 1**). Auf der anderen Seite der Schienen fahren wir links weiter auf dem Maarpfad, den wir wenig später nach links auf dem Gemüseweg verlassen. Vor dem Friedhof links erreichen wir den **Knotenpunkt 3**, an dem wir parallel zu den Schienen rechts abbiegen. Nach wenigen Minuten knickt unser Weg schräg rechts ab, verläuft neben der Kläranlage her und abermals schnurgeradeaus durch die Felder.*

Wir rollen auf einem Teil der **rheinischen Apfelroute**, die sich auf insgesamt 124 km durch die weite Landschaft schlängelt – Apfelplantagen werden wir auf unserer Fahrt also immer wieder entdecken, aber auch andere Obstsorten werden hier angebaut, genauso wie Gemüse auf den weitläufigen Feldern. Bornheim ist übrigens der nördlichste Ort der Apfelroute, die im Süden auch Wachtberg und Meckenheim umschließt.

*Am Ende der Straße biegen wir links in den Widdiger Talweg (**Wegepunkt ❷**). Wir folgen dem Linksbogen und fahren auf der anderen Seite der Landstraße links weiter. Nach wenigen Metern fahren wir rechts in den Bannweg, der wieder durch die Felder führt und erneut die Bahnschienen kreuzt. An der Kreuzung zum Sechtemer Weg (**Wegepunkt ❸**) rechts, dann rollen wir in die Ortsmitte von Sechtem (**Knoten ❷**).*

Neben uns tauchen mehrere Ortschaften wie Kardorf, Merten oder Rösberg auf, die sich an die Flanke der „Ville" schmiegen. Damals wie heute war diese aussichtsreiche Lage ein beliebter Wohnort. Das merken wir an den vielen Neubaugebieten und daran, dass mit **Burg Hemmerich**, **Schloss Rösberg** und der **Kitzburg** gleich mehrere Bauwerke stehen, die es teils schon seit vielen Jahrhunderten gibt.

Die Graue Burg...

In **Sechtem** rollen wir direkt an der **1 Weißen Burg** vorbei, die in den Geschichtsbüchern auch als **Kranenburg** aufgeführt wird. Das liegt daran, dass Johann Peter von Krane das Gebäude im Jahre 1687 erbte, nachdem sie bereits durch mehrere Hände gegangen war. Die Burg war samt Vorburg und Torhaus recht baufällig geworden. Inzwischen wurde alles bestens restauriert und dient als Wohnstätte der Familie Zillikens.

...und die Weiße Burg von Sechtem

Nur ein Stück rechts von unserem Weg steht am Ortsrand die **2 Graue Burg Sechtem**, die überraschenderweise auch weiß ist. Die stolze Wasserburg diente in der Vergangenheit nicht etwa als Ritter-, sondern als Grafenburg, woraus sich wohl der Begriff Graue Burg ableitete. Auch dieses Anwesen verzeichnete viele Besitzerwechsel – seit 1961 befindet es sich in privater Hand. Der erste Eigentümer war Graf Adalbert von Saffenburg der im 11. Jh. auch die benachbarte Nikolauskapelle errichten ließ.

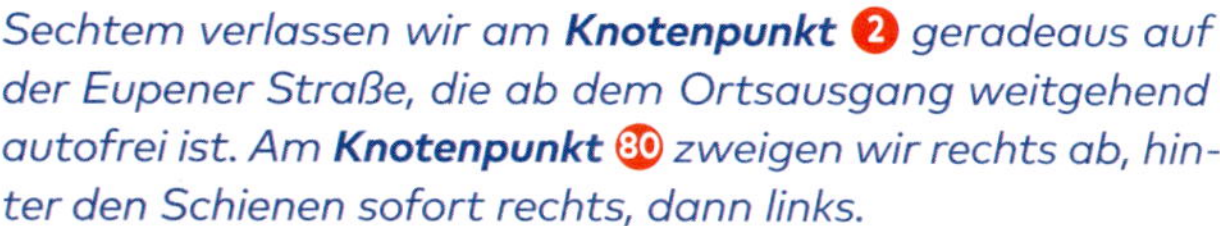

*Sechtem verlassen wir am **Knotenpunkt** 2 geradeaus auf der Eupener Straße, die ab dem Ortsausgang weitgehend autofrei ist. Am **Knotenpunkt** 80 zweigen wir rechts ab, hinter den Schienen sofort rechts, dann links.*

Der **Dikopshof** liegt bereits auf Wesselinger Stadtgebiet. Schon sehr lange gibt es an dieser Stelle eine Hofanlage, deren Lehnsmann im Jahre 1202 Siegfried von Saffenberg war. Das Wohnhaus ist zwar nicht ganz so alt, doch finden sich Hinweise darauf, dass es auch schon 1681 erbaut wurde. Heute gehört der große Bauernhof der Universität zu Bonn, die hier ein Versuchsgut unterhält. Und wenn wir nun darüber nachgrübeln, warum uns das hier bekannt vorkommt: Der Hof diente schön öfters als Filmkulisse.

*Wir folgen den Schildern zum **Knotenpunkt** 74 in Keldenich. Dort geradeaus. Auch in der Folge radeln wir immer weiter geradeaus und folgen den Schildern des Radverkehrsnetzes durch Wesseling, bis wir ans Rheinufer kommen (**Knoten** 21).*

Der Ort **Keldenich** tauchte im Jahre 858 erstmals in den Büchern auf, was der Auftakt zu einer wechselhaften Geschichte werde sollte. So wurde hier 1288 ein Hof von der Abtei Notre Dame aus dem französischen Soisson an einen einflussreichen Kölner namens Scherfgin veräußert. Auch in den folgenden Jahrhunderten wechselten die Ländereien in und um Keldenich immer wieder ihre Besitzer.

*Dem Rhein-Radweg, auf den wir treffen, folgen wir flussaufwärts. Auf bester Trasse tangieren wir die Orte Urfeld, Widdig (**Knoten** 12), Uedorf und Hersel.*

Links neben uns liegt im Rhein die rund 1,6 km lange Insel namens **3 Herseler Werth**. Auf dem nahezu 15 ha großen Eiland siedelten sich vom Aussterben bedrohte Tiere und Pflanzen an, so dass es 1993 unter Naturschutz gestellt wurde. Die Pappeln, die wir vom Ufer aus entdecken, stammen übrigens aus der Zeit des Zweiten Weltkriegs, als sie hier bewusst angepflanzt wurden. Die Insel selbst entstand von 1202 bis 1237, als durch große Wassermassen, teile des Landes mitsamt einer Römerstraße weggespült wurden.

Im Ort **Hersel** können wir bei genauem Hinsehen ganz spezielle Sehenswürdigkeiten entdecken: Das ehemalige Gelände der Germanisa-Brauerei, die 1990 geschlossen wurde und heute Platz für Wohnungen bietet, ein sogenanntes „Teehäuschen", von denen es einst gleich vier Stück in der Umgebung gab und die ehemalige Residenz der Ständigen Vertretung der DDR. Die

Villa aus den 1960er Jahre steht an der Rheinstraße mit der Nummer 22.

*Beim **Knoten** ⓭ zweigen wir rechts ab und folgen dem Engländerweg nach Buschdorf.*

Nachdem wir den Rhein verlassen haben, rollen wir durch Buschdorf, das schon zum Bonner Stadtgebiet gehört. Schon die Römer beackerten diese fruchtbare Region, die später sogar von einer Burg beschützt wurde. Von diesem alten Rittergut konnten einige Teile bis in die heutige Zeit gerettet werden – der Turm und das Haus werden privat bewohnt.

Ein Stück neben unserer Strecke liegt der **Herseler See**, der bei Anglern aufgrund seiner guten Fischgründe sehr beliebt ist.

*An der querenden Kölnstraße rechts und direkt wieder links in die Friedlandstraße. Vor der Kapelle (**Wegepunkt** ❹) rechts in die Buschdorfer Straße, die wenig später schräg links abknickt und die Schienen kreuzt.*

Gegen Ende unserer Tour rollen wir durch den Bornheimer Stadtteil Roisdorf – das wir bitte als **„Roosdorf"** aussprechen, da es sich um ein „rheinisches Dehnungs-i" handelt. Bekannt ist Roisdorf für seinen Mineralbrunnen, dessen Heilkräfte vermutlich schon im Jahre 100 genutzt wurden.

An der Wegekreuzung links in die Allerstraße, dann geradeaus unter der A555 her. Auch im Ort bleiben wir geradeaus auf der Straße und kommen mit einem kleinen Rechts-Links-Schlenker zurück zum Bahnhof Roisdorf, wo unsere Tour endet.

Gute Aussichten vom Rhein-Radweg

Reisemobilstellplätze an oder nahe der Route

(außerhalb der Kartenskizze):

Wohnmobilstellplatz der Stadt Bonn
Ludwig-Erhard-Allee, Bonn

Camping Berger
Uferstraße 71, Köln-Rodenkirchen

Tour 15

Der Kurfürst hinterließ uns Schloss Augustusburg

33 km

So schön war's einst beim Erzbischof

Rundtour von Brühl über Wesseling und Sechtem

Anmutiger kann eine Tour kaum beginnen: Direkt nach dem Losradeln kommen wir an Schloss Augustusburg vorbei, mit dem sich Kurfürst Clemens August einen Traum verwirklichte. Auch das Wasserschloss Schallenburg und Schloss Fallenlust liegen direkt am Wegesrand – langweilig wird es bei dieser Runde ganz bestimmt nicht!

Was erwartet mich?

32,7 km, eine nahezu ebene Tour ohne größere Anstiege und Gefälle auf einem Mix von Straßen, asphaltierten Wirtschaftswegen, sowie naturbelassenen, teils befestigten Schotterwegen und Pfaden.

Wie komm' ich hin?

Start: S-Bahnhof Brühl

Parken: Parkplatz am Bahnhof, Max-Ernst-Allee 4, Brühl

Was muss ich sehen?

1 Schloss Augustusburg
2 Burg Schwadorf
3 Godorfer Burg
4 Schloss Falkenlust

Wo tank' ich auf?

Süße Ecke
Markt 24, Brühl

Voigt Bäckerei & Konditorei
Willmuthstraße 33A, Bornheim-Sechtem

Rheinterrassen
Römerstraße 99, Bornheim-Widdig

Kulisse
Kölner Straße 16, Wesseling

Kartentipp: **ADFC Regionalkarte Köln/Bonn**

Tourstart

Wir starten am Bahnhof Brühl, den wir schräg-rechts durch den Park, am Schloss vorbei verlassen. Am Ende des Parks treffen wir auf die Schlossstraße, auf die wir links einbiegen und deren Rechtskurve folgen. Geradeaus über den Markt, in den Steinweg hinein und weiter in die Carl-Schurz-Straße bis zum ***Knotenpunkt 72****.*

Auch die Gärten tragen die Handschrift des Kurfürsten

Erzbischof und Kurfürst Clemens August war es, der 1724 die Reste der ehemaligen Wasserburg nutzte, um sich ein prachtvolles Schloss bauen zu lassen. Es klingt unglaublich, aber als der Rohbau mit Türmen und vielen anderen Details stand, war ihm das Geschaffene zu altbacken, so dass Clemens August zwei andere Architekten an die Arbeit schickte. Und die gestalteten den gesamten Komplex inklusive Garten komplett um!

Nicht ohne Erfolg, denn 1 **Augustusburg** ist ohne Zweifel als eines der schönsten Schlösser Deutschlands zu bezeichnen – nicht umsonst wurde das komplette Ensemble mitsamt der prachtvollen Gärten als **Weltkulturerbe** von der UNESCO unter Schutz gestellt. Das außergewöhnliche Barockschloss begeistert uns mit einem unglaublichen Treppenhaus, wertvollen Möbeln, detailreichen Wand- und Deckengemälden, mit viel Gold, Delfter Blau und Stuck – ach, das Schwärmen hört hier gar nicht auf!

Hinter dem ***Knoten 72*** *fahren wir auf dem Radweg unter den Schienen her und folgen den Schildern zum* ***Knoten 73*** *in einer Rechtsschleife auf den Weg parallel zu den Bahngleisen. Auf den nächsten Kilometern folgen wir einfach der Bahnlinie – erst links, dann rechts der Gleise.*

Wir kommen durch die Ortsmitte von **Brühl**. Rund um den Marktplatz finden wir nicht nur schöne Einkehrmöglichkeiten, sondern auch einige toll erhaltene historische Gebäude. Das Haus Zum Stern ist ohne Frage eines der schönsten.

An der Haltestelle Brühl-Badorf zweigen wir links und kurz darauf wieder rechts ab.

Wir sind auf der **Wasserburgenroute** unterwegs, auf der wir insgesamt 470 km durch die Lande touren können.

*Mit einem kleinen Schlenker überqueren wir die A553, um dahinter nach Schwandorf hinein zu radeln. An der Bonnstraße links, sofort rechts in Hommelsheimstraße, nach einem Linksbogen rechts in die Straße Am Strauchshof und nochmals rechts in „An der Schallenburg". Beim **Knotenpunkt** 73 schräg links und beim **Knoten** 80 geradeaus.*

Der Ortsteil Schwadorf wird dominiert von der **Schallenburg**, die auch als 2 **Burg Schwadorf** bezeichnet wird. Das wunderschöne Wasserschloss aus dem 12. Jh. ist eines der wenigen, das noch heute bewohnt wird.

Auch Burg Schwadorf wird bis heute bewohnt

*Auf der Eupener Straße gelangen wir nach Sechtem, wo wir bei **Knoten** 2 links abbiegen. An der Kirche vorbei folgen wir nun den Schildern der Rheinischen Apfelroute.*

Bevor wir die ersten Häuser von Sechtem erreichen sehen wir linkerhand die **Graue Burg**, die **Weiße Burg** erreichen wir beim **Knotenpunkt** 2.

*Mit der Apfelroute kreuzen wir die Schienen und rollen im Zick-Zack durch die Felder. Am **Knoten** 11 fahren wir geradeaus – auch die A555, die nächsten Schienen und die breite Straße queren wir geradeaus, um mit einem Links-Rechts-Abbiegen an den Rhein und zum **Knoten** 12 zu gelangen. Dem Rheinradweg folgen wir nun nach links, flussabwärts, zum **Knoten** 21 in Wesseling.*

Der **Rheinradweg** ist ohne Frage nicht nur einer der bekanntesten, sondern auch einer der beliebtesten Fernradwege Europas. Als „EuroVelo15" beginnt er am schweizerischen Oberalppass und schlängelt sich, immer dem Verlauf des Flusses folgend, über 1.230 km gen Norden. Bei Rotterdam endet die Trasse an der Mündung in die Nordsee. Gleich fünf Länder werden dabei durchradelt – der Rheinradweg ist also ein echter „Europäer" unter den Flussradwegen.

*Am **Knoten** 21 fahren wir noch ein Stück geradeaus, dann links in die Uferstraße, direkt rechts in die Kölner Straße und etwas später links in den Mühlenweg zum **Knoten** 75.*

Wegekreuze entdecken wir viele auf unserer Tour

Die Chemieindustrie scheint in **Wesseling** omnipräsent zu sein. Hier werden in einer Raffiniere Kraftstoffe hergestellt, andernorts werden Kunststoffe produziert, die aus unserem Alltag nicht mehr wegzudenken sind, weitere Anlagen stellen Spezialchemikalien her.

Doch Wesseling als reinen Industrieort zu bezeichnen, wäre falsch. Vielmehr bemühen sich die Stadtväter, eine gute Mischung aus Historie und Moderne zu erhalten. Die Ursprünge des Ortes liegen nämlich weit zurück - Gräberfunde belegen eine Siedlung von 2000 v.Chr. Auch die Römer ließen sich in dieser Region nieder, wie später auch die Franken. Da Wesseling zu Kurköln gehörte, sind auch Spuren einer kirchlichen Vergangenheit zu finden. Ein Beispiel dafür ist der noch erhaltene Sioniterhof, der im 13.Jh. entstand und 1726 neu aufgebaut wurde. Die **Kirche St. Germanus** gilt mit ihren beiden Türmen als Wahrzeichen der Stadt. Auf dem Kirchplatz sind die Reste eines Hilfskastelles (Auxiliarkastell) des römischen Limes zu entdecken.

*Nachdem wir beim **Knoten 75** die Schienen gekreuzt haben, an den drei nächsten Kreiseln jeweils geradeaus. Der Mühlenweg führt uns am Parkplatz Entenfang vorbei.*

Wir kommen am **Freizeitgelände Entenfang** vorbei. Das weitläufige Gelände rund um einen zweigeteilten See wird mit Spazierwegen durchzogen und animiert mit einem großen Spielplatz zu einer längeren Rast.

*Hinterm Parkplatz Entenfang biegen wir rechts ab in den Keldenicher Weg Den Schildern folgend zum **Knoten 79** biegen wir links ab in die Bergerstraße. An deren Ende treffen wir auf die Hitzelerstraße. Hier fahren wir rechts zur Godorfer Burg.*

Der Wesslinger Ortsteil **Berzdorf** hat mit der **3 Godorfer Burg** ein echtes Schmuckstück zu bieten. Sie wird auch Godorfer Hof genannt und tauchte bereits 1173 erstmals in Urkunden auf. Nach umfangreichen Sanierungen sind heute Wohnungen in den Gebäuden untergebracht.

Gegenüber der Burg befindet sich das **Sportzentrum** von Wesseling. In der Sport-Oase gibt es verschiedene Angebote für Indoor-Sport und gleich nebenan liegt der **Wesseling Vermins Ballpark**. Eine ausgezeichnete Gelegenheit also, mal bei einer in Deutschland eher seltenen Sportart zuzusehen.

Unsere Tour führt an der Weggabelung Berger-/Hitzelerstraße nach links weiter. Wir biegen rechts ab, rollen ein Stück zwischen Seeufer und Kieswerk, um dann rechts-links fahrend auf dem Falkenweg die A553 zu unterqueren.

Das **Wegekreuz Hommelsheim** dient uns zur Orientierung – hier in den Feldern finden wir eine ganze Reihe von sogenannten Flurkreuzen. Dargestellt wird meist der gekreuzigte Jesus, wobei die Wegekreuze wie in diesem Falle aus Stein, oder aber aus Holz oder Metall bestehen. In aller Regel werden die Flurkreuze an Wegekreuzen, aber auch auf Anhöhen positioniert.

Ganz anders ist es, wenn wir unsere Blicke weiter kreisen lassen: In der Region werden seit vielen Jahrzehnten Baustoffe abgebaut. Kieswerke und Seen gehören hier also genauso zum Landschaftsbild, wie die Wegekreuze.

Der Falkenweg mündet am Park von Schloss Falkenlust in einen Querweg, dem wir nach rechts folgen.

Bei Schloss Falkenlust neigt sich die Tour dem Ende zu

4 **Schloss Falkenlust** entführt uns wieder in die Zeiten des Clemens August. Der Kurfürst, uns nun bestens „bekannt" als Bauherr von Schloss Augustusburg, war ein begeisterter Falkenjäger. Da man der Jagdlust nicht direkt vor der Haustüre frönte, benötigte Clemens August ein Jagdschloss, das er an dieser Stelle, rund 1,5 km entfernt vom Hauptsitz, errichten ließ. Genutzt wurde es natürlich für die Jagd, aber auch für geheime politische Konferenzen sowie nicht minder geheime Treffen mit Damen. Auch dieses Anwesen wurde von der UNESCO unter Schutz gestellt.

An der nächsten Straßenecke steht wieder ein Wegekreuz, dieses Mal aus Holz. Hier zweigen wir links ab in die Otto-Wels-Straße.

An unserem Wegesrand liegt die sogenannte **Südwiese**. Engagierte Biker toben sich hier auf der „Dirtanlage" aus und zeigen ihre Sprungtechniken. Auf der anderen Straßenseite können wir uns am **Obst- und Gemüsehof Christian Boley** mit gesunden Leckereien eindecken.

*Dem Radweg der Otto-Wels-Straße folgen wir bis zur Haltestelle Brühl-Badorf. Hier biegen wir rechts ab und folgen einfach derselben Strecke, auf der wir hergekommen sind. So rollen wir zum Schluss über den **Knoten** 72, durch die Stadt und am Schloss vorbei zum Bahnhof Brühl, wo unsere Tour endet.*

Reisemobilstellplätze an oder nahe der Route:

Campingplatz Liblarer See
Liblarer See, Erftstadt

Campingplatz Heider Bergsee
Heider Bergsee, Brühl

Tour 16

19 km

Der schicke Kölner Süden

Schöner wohnen in Rodenkirchen

Rundtour von Köln-Rodenkirchen über Köln-Sürth und Köln-Hahnwald

Die südlichen Vororte Kölns haben im Laufe der letzten Jahrzehnte einen ganz unterschiedlichen Charme entwickelt: So wurde Rodenkirchen zu einem sehr beliebten Ausflugsziel, die Orte Weiß und Sürth konnten einen fast schon dörflichen Charakter bewahren, im Hahnwald verstecken sich große Anwesen auf parkähnlichen Grundstücken und Rondorf verjüngt sich mit einigen Neubausiedlungen.

Was erwartet mich?

19,5 km, eine ebene Tour ohne Anstiege und Gefälle auf einem Mix von Straßen, asphaltierten Wirtschaftswegen, sowie naturbelassenen, teils befestigten Schotterwegen und Pfaden.

Wie komm' ich hin?

ÖPNV: Straßenbahn bis Haltestelle Heinrich-Lübke-Ufer

Mit dem Auto: Park-and-Ride-Parkplatz Heinrich-Lübke-Ufer

Was muss ich sehen?

1. **Historischer Ortskern von Rodenkirchen**
2. **Rodenkirchener Riviera**
3. **Naturschutzgebiete Weißer Bogen** und **Sürther Aue** mit Sandstrand
4. **Forstbotanischer Garten**

Wo tank' ich auf?

Brauhaus Quetsch
Hauptstraße 7, Köln-Rodenkirchen

Mehrere Bootshäuser am Rodenkirchener Leinpfad
Köln-Rodenkirchen

Restaurant Zum Treppchen
Steinstraße 1, Köln-Rodenkirchen

Bistro 681
Uferstraße 73, Köln-Rodenkirchen

Haus Maassen
Sürther Hauptstraße 203, Köln-Sürth

Sürther Bootshaus
Sürther Leinpfad 1, Köln-Sürth

Kartentipp: **ADFC Regionalkarte Köln/Bonn, Berg. Land/Köln/Düsseldorf**

Tourstart

Wir starten an der Straßenbahn-Haltestelle „Heinrich-Lübke-Ufer" fast genau unter der Rodenkirchener Brücke und nutzen die Ampel, um über die parallel verlaufende Straße zum Rheinufer zu gelangen. Hier folgen wir dem Rhein-Radweg nach rechts, flussaufwärts. Auf den ersten rund 1,5 km kann es bei schönem Wetter etwas eng werden – also bitte vorsichtig fahren! Hinter Rodenkirchen teilt sich der Weg und führt durch die „Rodenkirchener Riviera".

Über unseren Köpfen donnert der Verkehr auf der A4, die hier mit der Rodenkirchener Brücke den Rhein überquert. Direkt neben uns ist es deutlich schöner, denn auf dem Fluss schaukeln gleich mehrere Hausboote mit einem außergewöhnlichen Angebot.

Direkt rechts neben uns liegt der **1 historische Ortskern von Rodenkirchen**. Als der Kölner Bischof Maternus starb, war nicht klar, ob er in Köln, Trier oder Tongern begraben werden soll. Ein Schiff mit seinen Gebeinen bewegte sich flussaufwärts und so lautete das Urteil Gottes, dass die letzte Ruhestätte in Trier sein solle. Die Kölner begnügten sich mit den „Eingeweiden" und erbauten dafür eigens eine Kapelle, um die der Ort „Ruwenkirch" heranwuchs. Leider können keine Zeitzeugen befragt werden, ob diese Geschichte sich so ereignet hat. Sichtbar hingegen ist die strahlend weiß getünchte **Kapelle Alt St. Maternus**, die hier vermutlich seit dem 10. Jh. steht und in ihren Mauern Elemente aus frühchristlicher Zeit verborgen hatte. Die Rodenkirchener sprechen übrigens liebevoll immer nur von ihrem „Kapellchen".

Verbrieft hingegen ist, dass es in Rodenkirchen einst ein Stapelrecht gab, bei dem der Erzbischof den Kaufleuten gestattete, zwischen Rodenkirchen und Köln Handel zu treiben. Auch ein „Siechenhaus" und mehrere „Prövenerwohnungen" wurden 1582 am Rande von Rodenkirchen eingerichtet. Im Zeichen der Nächstenliebe wurden hier Leprakranke gepflegt und zudem aus der Stadt ferngehalten, um Ansteckung zu vermeiden.

Im 18. Jh. wurden eine ganze Reihe von Höfen in Rodenkirchen etabliert, bevor sich ab dem 20. Jh. in der wunderbaren Rheinlage viele wohlsituierte Bürger niederließen. Es entstanden prachtvolle Villen in weitläufigen Parks und rund um die Kapelle Alt St. Maternus wurden Fachwerkhäuser errichtet, von denen noch heute einige bestens erhalten sind. Um dieses historische Ensemble zu schützen, wurden verschiedene Hochwasser-Schutzwälle und -mauern errichtet. Einige von ihnen sind ständig präsent und engen unseren Radweg etwas ein, andere werden erst bei drohendem Hochwasser in Windeseile aufgebaut. Damit es erst gar

Einkehr auf einem der Bootshäuser

nicht zu einer Überflutung kommt, steht am Ufer ein Bildstock des Heiligen Maternus. Der ist nicht nur der Schutzheilige von Rodenkirchen, sondern gleichzeitig Schutzpatron vor Hochwasserfluten.

Wir rollen durch die sogenannte **2 „Rodenkirchener Riviera"**: Ein großer Spielplatz, weite Grünflächen, knochige Bäume bis an den Sandstrand am Rhein. Das zieht bei schönem Wetter viele Gäste an – es ist aber auch einfach herrlich hier!

Genau am Rheinkilometer 681 befindet sich eines der beliebtesten Camps Nordrhein-Westfalens. Wer zur Hochsaison einen Übernachtungsplatz auf dem Campingplatz Berger ergattern möchte, sollte frühzeitig buchen.

Der Rhein-Radweg geleitet uns auf breiten Wegen durch den langen Park, um dann kurz zur Uferstraße hinauf zu fahren. Hier umrunden wir den Campingplatz und kehren wieder zum Rheinufer zurück. Die nächsten Kilometer führen ganz entspannt in Flussnähe vorbei an Köln-Weiß nach Köln-Sürth.

Rodenkirchener Riviera

Dieser Streckenabschnitt ist ohne Frage einer der schönsten unserer Radtour, denn wir rollen auf dem bestens ausgebauten Leinpfad - rechts neben uns funkelt der Rhein und links neben uns erstrecken sich die **3 Naturschutzgebiete Weißer Bogen** und **Sürther Aue** mit einem Sandstrand. Hierzu ein wichtiger Hinweis: Auch wenn es an warmen Sommertagen verführerisch ist: Bitte keinesfalls im Rhein schwimmen!!! Die auf dem Rhein vorbeifahrenden Frachtschiffe erzeugen eine so starke Sogwirkung, dass der beste Schwimmer keine Chance hat, sich sicher durch das Wasser zu bewegen.

*Im Sürther Park, in dem es auch einen Spiel- und Sportplatz gibt (**Wegepunkt** ❶), zweigen wir dahinter rechts ab in das Rheinpfädchen, um weiter geradeaus in die Fronhofstraße zu radeln. Weiter geradeaus gelangen wir in die Falderstraße.*

Weithin sichtbar markiert die **Pfarrkirche St. Remingius** die Ortsmitte des „Kölschen Veedels" Sürth. Über viele Jahrhunderte hinweg lebten die Einwohner vom Fischfang im Rhein und vom Ackerbau – und vereinzelt wurde auch Wein geerntet.

Am Ende der Falderstraße links (Unter Buschweg) und hinter den Schienen wieder links (Ober Buschweg). Dieser trifft auf die Industriestraße, die wir geradeaus überqueren. Der Weg führt weiter geradeaus auf die Emil-Hoffmann-Straße.

Viele Villen verstecken sich in großen Parks

Direkt an unserem Wegesrand liegt der Kölner Vorort **Hahnwald**, den wir allerdings nur streifen, um die Privatsphäre der Anwohner zu respektieren. Als keine freie Fläche mehr im Viertel Marienburg zur Verfügung stand, wurde zu Beginn des 20. Jhds. ein neues Villenviertel erschlossen. Es entstanden herrschaftliche Villen, Residenzen, Landhäuser und architektonisch sehr ausgefallene Prachtbauten. Meist sind die Häuser nicht einsehbar, denn Grundstücksgrößen wurden zunächst auf mindestens 2.000 qm festgelegt und erst später auf „nur 1.000 qm eingeschränkt".

*An der nächsten Kreuzung (**Wegepunkt ❷**) geht es auf dem Kiesgrubenweg ein paar Meter nach links und dann direkt wieder rechts in die Straße „Unter den Birken", der wir längere Zeit folgen, bis sie auf die Bonner Landstraße mündet. Hier rechts und gleich wieder links in die Hahnenstraße. Hinter der Autobahn knickt diese links und direkt rechts ab. Am Ende rechts in die Rondorfer Hauptstraße und links „Am Höfchen".*

Reisemobilstellplätze an oder nahe der Route:

Campingplatz Berger
Uferstraße 73,
Köln-Rodenkirchen

Wir queren die Autobahn mit der Nummer 555, was eigentlich kaum Erwähnung finden würde. Doch diese Autobahn ist etwas Besonderes: Schon im Jahr 1928 wurde mit den Bauarbeiten begonnen. Als der damalige Kölner Oberbürgermeister Konrad Adenauer die knapp 20 km lange, vierspurige Straße zwischen Köln und Bonn einweihte, wurde festgelegt, dass diese „kreuzungsfreie Kraftfahr-Straße" ausschließlich Kraftfahrzeugen vorbehalten war. Und die duften hier weder Halten, noch Parken oder Wenden – das war etwas völlig Neues! Zugleich ist damit widerlegt, dass die erste „Autobahn" unter den Nazis errichtet wurde. Adolf Hitler sorgte gleichwohl beim Ausbau der Fahrbahn für eine öffentlichkeitswirksame Arbeitsbeschaffungsmaßnahme und betonte seinerzeit, dass diese Autobahnen „einzigartig in der Welt" seien. Für Furore sorgte die Strecke auch nach dem Krieg, denn sie wurde zur „Diplomatenrennbahn": Viele Regierungsbeamte, Diplomaten und andere Promis nutzten die fast schnurgerade und LKW-arme Strecke für Geschwindigkeitsrausche.

*Der Weg „Am Höfchen" führt aus Rondorf hinaus, über die A4 hinweg und als Robinienweg durch den Stadtwald. Am **Knotenpunkt 86** rechts. Die Radwegeschilder „Rodenkirchen" bzw.*

Knotenpunkt ⑬ *leiten uns nach wenigen Metern nach schräg rechts in den Wald und dann links unter der Brücke her – so unterqueren wir elegant den stark befahrenen Verteilerkreis.*

Der Stadtteil **Rondorf** blickt auf eine lange Geschichte zurück, denn schon im Jahre 941 war in den Büchern von einem „Rumenthorp" zu lesen. Da ist es auch wenig überraschend, dass mit dem Johannishof eine der ältesten Hofanlagen der Region zu finden ist.

Beim Verteilerkreis können wir einen Abstecher auf die andere Seite der Militärringstraße unternehmen. Dort erstreckt sich der Kölner Stadtteil **Marienburg**. Breite Straßen mit vielen Bäumen durchziehen dieses elegante „Veedel", in dem es auch viele Villen gibt. Eine ganze Zeit lang hat hier auch der Musik- und Filmstar Tina Turner gewohnt.

Im Forstbotanischen Garten entdecken wir seltene Bäume...

Nachdem wir den Verteilerkreis unterquert haben, gesellen wir uns wieder neben die Militärringstraße und gelangen auf direktem Wege zum ***Knoten*** ⑬ *und zurück zur Straßenbahnhaltestelle Heinrich-Lübke-Ufer, wo unsere Rad-Runde endet.*

Kurz vor Ende unserer Tour bieten sich noch ein beschilderter Abstecher nach rechts zum **4 Forstbotanischen Garten** an. Die fünfeckig gestaltete Anlage erstreckt sich insgesamt über rund 90 ha. und ist ein wesentlicher Bestandteil des Kölner Grüngürtels. Allein in dem eingezäunten, 25 ha. großen Bereich finden wir mehr als 3.000 Gehölzarten, während sich die Kinder auf dem großen Spielplatz vergnügen – und Eintritt müssen wir hier auch keinen zahlen.

Wer Zeit und Lust hat, folgt von unserem Start- und Zielort dem Rheinradweg ein paar Minuten flussabwärts. Vorbei an teils eleganten Bürogebäuden erreichen wir den **Rheinauhafen**. Ab dem Mittelalter gab es hier einen großen Hafen mit entsprechenden Gebäuden, Hallen und Kränen. Heute machen hier nur noch Yachten fest und die gesamte Rheinseite wurde mitsamt der Agrippinawerft umfänglich saniert. Rund um das schmucke Alte Hafenamt entstanden Büros, Einzelhandel, Gastronomie und ein Areal für Veranstaltungen. Das nördliche Ende markieren das **Olympia-** und das **Schokoladenmuseum**.

...und im Schokoladenmuseum süße Verführungen

Unübersehbar sind die drei Kranhäuser, die zwischen 2008 und 2010 fertiggestellt wurden. In zwei von Ihnen sind Büros untergebracht, im Kranhaus Nord befinden sich exklusive Wohnungen mit spektakulären Aussichten auf die Kölner Skyline.

Weitere Informationen über Sehenswertes in der Stadt finden Sie im **Ortsporträt „Köln"** (siehe S. 20).

Tour 17

In der „Freizeitinsel" setzt die Entschleunigung sofort ein!

27 km

Freizeitinsel Groov? Der Name ist Programm!

Rundtour von Köln-Porz über Köln-Porz-Zündorf und Niederkassel

Porz war lange Zeit eine eigenständige Stadt, die zum Rheinisch-Bergischen Kreis gehörte und sich deshalb eher weniger der Metropole Köln zugehörig fühlte. Inzwischen ist der größte Kölner Bezirk nicht nur von der Bebauung her mit der großen Schwester zusammengewachsen. Gleich zu Beginn der Tour radeln wir durch Zündorf, das mit der „Freizeitinsel" ein echter Ausflugstipp ist.

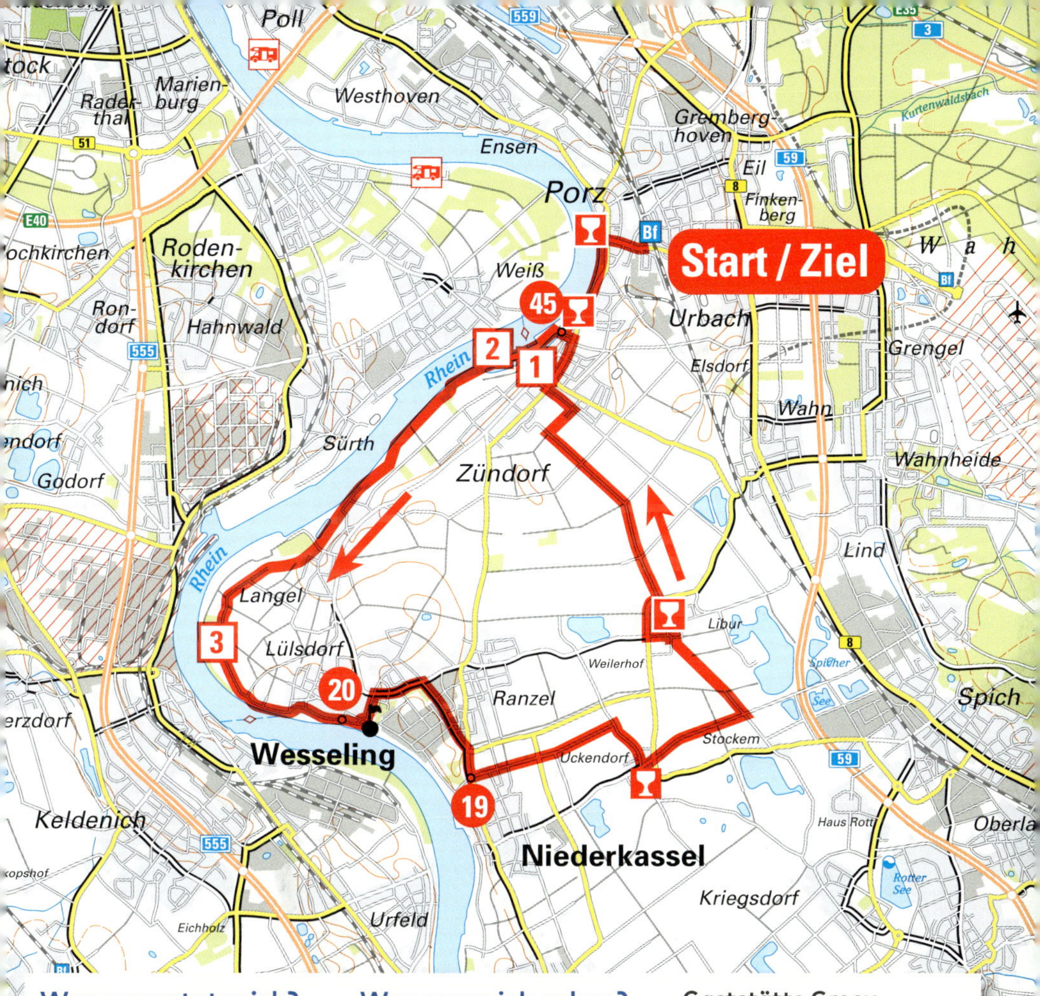

Was erwartet mich?

27,3 km, eine ebene Tour ohne Anstiege und Gefälle auf einem Mix von Straßen, asphaltierten Wirtschaftswegen, sowie naturbelassenen, teils befestigten Schotterwegen und Pfaden.

Wie komm' ich hin?

ÖPNV:
S-Bahn bis Köln-Porz

Mit dem Auto: Parken am Concordiaplatz in Köln-Porz

Was muss ich sehen?

1. **Historische Ortsmitte Köln-Porz-Zündorf**
2. **Freizeitinsel Groov**
3. **Naturschutzgebiet Lülsdorfer Weiden**

Wo tank' ich auf?

Restaurant RheinBlick
Friedrich-Ebert-Ufer 49, Köln-Porz

Restaurant und Biergarten am Yachthafen
In der Rosenau 10 A, Köln-Porz-Zündorf

Gaststätte Groov
Am Markt 4, Köln-Porz-Zündorf

Restaurant Bacchus
Kirchstraße 2, Köln-Porz-Zündorf

Restaurant Klostermanns Hof
Heerstraße 2a, Niederkassel-Stockem

Wirtshaus Helfer
Urbanusstraße 1, Köln-Porz-Libur

Kartentipp: **ADFC Regionalkarte Köln/Bonn, Berg. Land/Köln/Düsseldorf**

Tourstart

Wir starten am Bahnhof Köln-Porz, den wir über die Kaiserstraße, den Kreisel und geradeaus über die Bahnhofstraße zum Rheinufer verlassen. Dem Rhein-Radweg folgen wir nach links, also flussaufwärts.

Gleich zu Beginn unserer Tour radeln wir durch **Köln-Porz**. Bis zum 1.1.1975 war Porz eine eigenständige Stadt, die zum Rheinisch-Bergischen Kreis gehörte und 16 angegliederte Stadtteile zählte. Die Gebietsreform des Landes Nordrhein-Westfalen sorgte dafür dass Porz als neuer Bezirk der Stadt Köln zugeordnet wurde. Mit einer Fläche von rund 79 qkm ist Porz heute der größte Bezirk Kölns und bietet mehr als 110.000 Einwohnern eine Heimat.

Die Historie von Porz reicht weit zurück, denn im Bereich der Wahner Heide wurden prähistorische Spuren gefunden. Später gab es im Schutze des Rheinbogens wohl einen Hafen, was den Namen Porz erklären würde, denn portus bedeutet „Hafen". Im Laufe der letzten Jahrzehnte entwickelte sich Porz zu einem Schmelztiegel der Nationen. Dadurch entstand eine sehr „bunte Gesellschaft", was wir bei unserem Besuch der Innenstadt sofort erkennen. Hier steht auch das **Porzer Rathaus**, das als „funktionell" bezeichnet werden kann. In der Fußgängerzone finden wir reichlich Möglichkeiten, uns mit Snacks einzudecken und Gelegenheit zum Shoppen.

Einkehren...

Die Strecke führt ganz entspannt auf dem Rhein-Radweg meist direkt am Wasser entlang. Auch bei ***Knotenpunkt*** *45 folgen wir in Köln-Porz-Zündorf den Schildern des Fernradweges (nach rechts).*

Der Porzer Vorort **Zündorf** ist das Highlight unserer Radtour. Das beliebte Ausflugsziel entstand, als sich rund um den Marktplatz Händler niederließen, als es im nahegelegenen Köln das Stapelrecht gab. Noch heute ist der in den 1970 Jahren neu gestaltete 1 **Marktplatz** die gute Stube des „Veedels". Um ihn herum gruppieren sich wunderschöne historische Häuser. Einige von Ihnen sind mit schmuckem Fachwerk gestaltet, andere wurden mit einem farbenfrohen Anstrich versehen. Unter großen Markisen und Sonnenschirmen locken zahlreiche Gaststätten zu einem längeren Aufenthalt. Es ist herrlich, hier zu sitzen und die Szenerie vor uns zu beobachten! Über all´ dem wacht die **Pfarrkirche St. Michael**, die zum Teil aus dem 11. Jh. stammt. An dieser Stelle gab

...oder losschippern?
In der Groov alles möglich!

es aber schon im 7. Jh. eine Kirche, darauf lässt zumindest das Rankenrelief aus der Merowingerzeit schließen. Auch der ganz in der Nähe stehende, wuchtige **Zündorfer Wehrturm** bietet uns ein tolles Fotomotiv. Er wurde in der Vergangenheit auch schon als Zollturm und als Wohnturm genutzt.

Das 2 **Naherholungsgebiet „Groov"**, liegt zu Füßen des historischen Ortskerns direkt am Rheinufer. Gerne wird hier auch von der **„Freizeitinsel"** gesprochen, denn der alte Rheinarm namens Groov sorgt fast für eine Insellage. Genau genommen ist der Rheinarm heute in zwei Seen aufgeteilt, um die Tagesgäste gerne herumflanieren. Für mondänes Feeling sorgt der **Yachthafen**, in dem sich teils teure Sportboote in den sanften Wellen wiegen.

Wenn wir genau hinsehen, entdecken wir aufgeschüttete Dämme und Aufnahmen für Spundwände. Nach vielen Überflutungen wurden in Zündorf große Anstrengungen übernommen, das Rheinhochwasser im Zaum zu halten.

Wir folgen dem Radweg auf dem Damm vorbei an der Lülsdorfer Weiden. Hinter ***Knoten*** *20 werden wir vom Rheinufer weg und nach Niederkassel-Lülsdorf bzw. -Ranzel hinein geleitet.*

Auf unserer Tour kommen wir vorbei am **Langeler Auwald**, der unter Naturschutz gestellt wurde und zu dem auch der Deich gehört, auf dem wir radeln. Seltene Vogelarten lieben dieses Refugium, das direkt am Flussufer liegt und immer wieder teilweise überschwemmt wird. Sowohl den Uferbereich als auch den Ort Langel überblickt die **Pfarrkirche St. Clemens**. Die katholische Kirche hat hier eine durchaus spannende Geschichte: Im Jahre 1635 verpflichtete die zuständige Kölner Abtei St. Pantaleon jeden, der hier wohnen wollte, die Glocke und den Kirchturm zu pflegen. Auch der Küster und der Pfarrer mussten von den Bürgern versorgt werden.

Auf unserem Damm radeln wir vorbei am 3 **Naturschutzgebiet Lülsdorfer Weiden**. Um die Lebensräume für seltene Pflanzen und Tiere zu erhalten, wurden hier große Flächen, meist Biotope, unter Schutz gestellt.

*Ranzel durchfahren wir rechts entlang der Feldmühlestraße und zweigen bei **Knotenpunkt** 19 am Kreisel links ab in die Waldstraße.*

Die Herren von Lülsdorf wohnten einst hier auf der Burg

Die beiden Niederkassler Stadtteile **Lülsdorf** und **Ranzel** sind inzwischen miteinander verwachsen. Genau an der Stelle, wo wir vom Rhein weggeleitet werden, steht **Burg Lülsdorf**. Die Herren von Lülsdorf gönnten sich im 12. und 13. Jh. die schmucke Anlage als Wohnstätte. Nach vielen Wechseln und Zerstörungen war die Burg lange Zeit nur ein Haufen Steine. Ab 1949 erfolgte ein Wiederaufbau. Heute ist sie in Privatbesitz und sogar im Wappen der Stadt Niederkassel verewigt. Ansehen müssen wir uns auch die **Kirche St. Jakobus**. Der quadratische **„Alte Turm"** von Lülsdorf war der Glockenturm des inzwischen abgetragenen Gotteshauses – er gilt heute als Wahnzeichen der Region.

Ein Indiz für den Grund, warum wir das Rheinufer für ein paar Minuten verlassen müssen, liefert die Feldmühlestraße. So umfahren wir ein großes **Chemiewerk** mit einer langen Geschichte: In den 1960er Jahren wurde im hiesigen Feldmühle-Werk Pottasche und Ätzkali hergestellt – und damit der komplette Bedarf der damaligen BRD abgedeckt. Die Rohstoffe werden z.B. bei der Herstellung von Glas, Farben und anderen Materialien gebraucht.

Am querenden Weiler Weg rechts und in Uckendorf links in die Schäferstraße.

Wir rollen durch eine Region, die seit vielen Jahren für den Abbau von Gesteinen und Sanden genutzt wird. Das merken wir nicht nur an den Betrieben, sondern auch an den vielen Seen, in denen das Baden aber meist verboten ist. Links liegt der **Weilerdorfer See**, rechter-

Reisemobilstellplätze an oder nahe der Route:

Campingplatz der Stadt Köln
Weidenweg 35, Köln-Poll

Campingplatz Berger
Uferstraße 73, Köln-Rodenkirchen

hand liegt der **Stockemer See**, etwas weiter rechts der **Rotter See**, geradeaus die **Spicher Seen**. Der Rotter See ist als Badesee freigegeben, was an warmen Sommertagen auch intensiv genutzt wird. Wegen der teils kalten Strömungen ist es aber ratsam, nicht zu weit hinaus zu schwimmen.

Viele Seen liegen am Wegesrand

*Vom Lindholzer Weg biegen wir noch vor der Autobahn im Feld links ab in die Straße Im Stockemer Feld, radeln in einem Linksbogen an Libur vorbei und weiter Richtung **Zündorf**.*

In **Libur** haben wir wieder Kölner Boden erreicht – das Veedel mit seinen gut 1.000 Einwohnern ist der südlichste Stadtteil der Millionenmetropole und verzaubert mit seinem eher ländlichen Charme. Ganz und gar nicht ländlich, sondern weithin sichtbar präsentiert sich die **Pfarrkirche St. Margaretha.**

Unübersehbar ist die Pfarrkiche St. Margaretha

*Am Ortseingang von Zündorf rechts in den Weg „Zum Stumpfen Kreuz", kurz darauf links in die Houdainer Straße und rechts in die Schmittgasse, die zur Hauptstraße wird. Von der Hauptstraße zweigen wir links ab in die kleine Straße „In der Rosenau" und gelangen geradeaus bei **Knotenpunkt** 45 auf den Rhein-Radweg. Dem Rhein-Radweg folgen wir flussabwärts wieder zurück nach Porz. Vom Porzer Rheinufer rollen wir auf demselben Weg über die Bahnhofstraße wieder retour zum Bahnhof, wo unsere Tour endet.*

Tour 18

22 km

Ein farbenfrohes Gotteshaus

Schon der Kreuzgang ist ein Rausch der Farben

Rundtour von Siegburg über Bonn-Schwarzrheindorf und Sankt Augustin

Noch naturverbundener als im ersten Teil der Tour können wir kaum unterwegs sein: Wir folgen den letzten Kilometern des Sieg-Radweges bis zur Siegmündung, die genau wie die davor gelegene Siegaue unter Naturschutz gestellt wurde. In der zweiten Hälfte können wir unseren Hunger nach Sehenswertem stillen, wenn wir außergewöhnliche Kirchen oder den ältesten Flughafen Deutschlands besuchen.

Was erwartet mich?

22 km, eine ebene Tour ohne Anstiege und Gefälle auf einem Mix von Straßen, asphaltierten Wirtschaftswegen, sowie naturbelassenen, teils befestigten Schotterwegen und Pfaden.

Wie komm' ich hin?

ÖPNV: S-Bahn bis Bahnhof Siegburg

Mit dem Auto: Parkplatz am Bahnhof Siegburg, Konrad-Adenauer-Allee, Siegburg

Was muss ich sehen?

1. **Naturschutzgebiet Siegaue und Siegmündung**
2. **Doppelkirche St. Maria und Clemens**
3. **Kirche St. Peter** und **Burg Lede**
4. **Flugplatz Hangelar**

Wo tank' ich auf?

Restaurant Zur Siegfähre
Zur Siegfähre 7, Troisdorf

Sarah´s Konditorei & Café
Kölnstraße 126,
St. Augustin-Hangelar

Piazza Siciliana da Sebastico
Kölnstraße 92,
St. Augustin-Hangelar

Niederpleiser Mühle
Pleistalstraße 56,
St. Augustin-Niederpleis

Restaurant Knusperhäuschen
Mendener Straße 58,
St. Augustin-Mülldorf

Kartentipp: **ADFC Regionalkarte Köln/Bonn, Berg. Land/Köln/Düsseldorf**

Tourstart

Wir starten am Bahnhof Siegburg, den wir am Hinterausgang auf der Konrad-Adenauer-Allee nach links verlassen, um am Kreisel rechts auf der Bonner Straße aus Siegburg heraus zu fahren.

Die **Sieg** ist einer der spannendsten Flüsse Nordrhein-Westfalens. Ihre Quelle liegt auf 603 m Höhe in der Nähe von Netphen im Rothaargebirge – auch die bekannten Flüsse Lahn und Eder haben hier ihren Ursprung. Die Region bekam auch gleich ihren Namen: Das **Siegerland** ist eine recht dünn besiedelte Region im Süden Westfalens. Hier in Siegburg hat die Sieg den Großteil ihrer 155 km langen Reise bereits hinter sich.

Nachdem wir die Sieg überquert haben, fahren wir hinter der Brücke rechts zum ***Knotenpunkt*** *2 hinunter, links auf den Radweg der an der Sieg entlang führt und uns ganz bequem am Ufer entlang bis zum Siegdeich geleitet.*

Direkt am Wegesrand liegt das 535 ha umfassende 1 **Naturschutzgebiet Siegaue**. Mit Bonn, St. Augustin, Troisdorf und Niederkassel grenzen gleich drei Städte an diese Flussauenlandschaft, die seltenen Pflanzen- und Tierarten ein Refugium bietet. Nahtlos geht es in das **Naturschutzgebiet Siegmündung** über, wo wir mit etwas Glück sogar einen Eisvogel beobachten können. Nach starken und langen Regenperioden werden weite Flächen der Region überschwemmt – dann sind wir als Radler noch froh, wenn der Hochwasserdamm dafür sorgt, dass nicht zu viel Wasser überläuft. Gar nicht weit von unserem Radweg entfernt nutzen andere Radler die alte Gierseilfähre, um den Fluss zu überqueren. Die Siegfähre wird nur von einer Person bedient und zählt als eine der ältesten ihrer Art in ganz Deutschland.

Ober- und Unterkirche bilden eine Doppelkirche...

*Vor der Siegfähre (**Wegepunkt** 1) rollen wir schräg links auf die B56, mit dieser unter der Autobahn her und nach knapp 1 km links ab in die Liestraße (**Wegepunkt** 2).*

Nur wenige, sehr lohnenswerte Kurbelumdrehungen bringen uns nach **Schwarzrheindorf**. Denn hier steht die 2 **Kirche St. Maria und Clemens**. Zwischenzeitlich wurde das Gotteshaus als Scheune genutzt, bevor sie 1868 wieder zu einer Pfarrkirche wurde. Die Kirche besteht aus einer Ober- und einer

Unterkirche, wobei sie vor allem durch ihre bunten und detailgetreuen Malereien zu gefallen weiß. Bei der Darstellung an den Wänden handelt es sich um Szenen aus dem Alten Testament – es ist der älteste Zyklus Deutschlands. Das besondere Merkmal der Doppelkirche ist, dass sie auf eine Kapelle von 1151 zurückgeht und den Grundriss eines griechischen Kreuzes anstelle eines Langhauses aufweist.

*Die Liestraße führt uns in den Ort Geislar. Hier an der querenden Geislarstraße rechts und gleich wieder links in die Hammstraße. Am Ende der Siedlung (**Wegepunkt** ❸) weiter geradeaus, dann kreuzen wir die Bahnlinie und gesellen uns kurz neben die A 59. Am Ende links auf die Beuler Straße und hinein nach Vilich-Mühldorf.*

…die unsere Blicke magisch anzieht!

Im Ort **Vilich-Mühldorf** gibt es schon wieder Anlass, von den Rädern zu steigen – genau genommen sind es sogar zwei Anlässe: Die **3 Wasserburg Lede** ist ein herrliches Ensemble von 1583 mit Pappelallee und einem restaurierten Wohnturm. Und die **3 Kirche St. Peter** blickt auf eine interessante Geschichte zurück: Als in der Region eine große Dürre herrschte, soll Adelheid, seinerzeit Äbtissin im hiesigen Kloster, ganz in der Nähe ihren Stock in die Erde gesteckt haben. Daraufhin soll die Quelle des Pütz (ein Bach) wieder gesprudelt haben. Nach dieser Tat strömte nicht nur das Wasser, sondern es strömten auch Kranke und Pilger nach Vilich, um Adelheid zu verehren. Dies hatte zur Folge, dass schon bald ein größeres Gotteshaus benötigt wurde, das im 11. Jh. fertiggestellt und mehrfach erweitert wurde.

In Villich-Mühldorf geht es eher beschaulich zu

*In **Vilich-Mühldorf** folgen wir links (**Wegepunkt ❹**) dem Radweg, der stets links oder rechts neben den Schienen der Straßenbahn verläuft. So rollen wir geradewegs durch den Ort **Hangelar**.*

Gar nicht weit weg von unserem Radweg gehen immer wieder kleine Sportflugzeuge nieder. Sie landen auf dem ältesten Flughafen Deutschlands. Der **4 „Flughafen" Hangelar** wurde bereits 1909 eingerichtet. Nach den Zeppelinen landeten und starteten hier auch die Flieger des Dritten Reiches – mehr als Grund genug für die Alliierten, den Flugplatz nach Ende des 2. Weltkriegs zu schließen. Geschickten Verhandlungen des Missionarspaters Schulte war es um 1950 zu verdanken, dass Hangelar wieder als Sport- und Segelflugplatz genutzt werden durfte.

Unweit des Flugplatzes Hangelar hat die GSG9 der Bundespolizei ihren Hauptstandort. Diese hochausgebildeten Polizisten sind eine Antiterror-Einheit, die auf Bombenentschärfung und Geiselbefreiung spezialisiert sind. Gegründet wurde die Einheit nach dem katastrophalen Endes des Olympia-Attentats im Jahre 1972.

Der Ort **Hangelar** selbst hat seinen Kern rund um die Kölnstraße, die rechterhand parallel zu unserem Radweg verläuft. Ein kleiner Umweg dorthin lohnt sich, denn hier finden wir viele historische Gebäude, einige von ihnen mit feinstem Fachwerk.

Auf der anderen Seite der Bundesstraße hat die DGUV ihren Sitz. Die Deutsche Gesetzliche Unfallversicherung ist der Dachverband der gesetzlichen Unfallversicherungen. Die sorgen dafür, dass unsere Gesundheit nach einem Arbeitsunfall oder einer Berufskrankheit „mit allen geeigneten Mitteln" wieder hergestellt wird. Damit es erst gar nicht dazu kommt, gibt es hier auch das Institut für Arbeitsschutz, das sich mit Forschung und Prävention beschäftigt.

*Auch hinter Hangelar bleiben wir neben den Straßenbahnschienen und durchfahren die Orte **Niederpleis** und **Müllдorf**.*

Wir rollen durch den Ort **Niederpleis**, der wie die meisten Orte unserer Rad-Runde zur Stadt **Sankt Augustin** gehört. Die ersten Menschen kamen vermutlich schon in der Steinzeit hierher, gefolgt von den Kelten, einem fränkischen Stamm der Germanen, den Karolingern und vielen weiteren Siedlern. Mit der Industrie kam später auch Wohlstand in die Region. Vor allem die Tonindustrie war hier beheimatet, doch so richtig Schwung kam 1949

Echt urig: Wasserburg Lehde

in die Ortsgeschichte, denn damals wurde entschieden, dass Bonn zur Bundeshauptstadt werden sollte. Mit den Politikern kamen viele Angestellte der Behörden, die Wohnraum brauchten. Davon profitierten auch Niederpleis und alle anderen umliegenden Ortschaften.

Ansehen sollten wir uns **Burg Niederpleis**, die zwar auf eine lange Geschichte zurückblickt, vom Gebäude her aber erst 1872 entstand. Ein schönes Motiv gibt das strahlend weiße Gebäude mit dem quadratischen Turm allemal ab. Für Augen und Magen ist ein Abstecher zur Niederpleiser Mühle empfehlenswert, denn in den sehenswerten Gebäuden können wir bestens einkehren.

Wer es eher sakral mag, widmet sich der etwas außerhalb gelegenen **Pfarrkirche St. Martinus**. Sie war im 12. Jh. den Rittern von Niederpleis vorbehalten. Doch nachdem es später weder Ritter noch Burg gab, wurde sie zur Pfarrkirche.

*Am Ende des Radweges fahren wir links in den Narzissenweg (**Wegepunkt 5**), rechts Blumenstraße, rechts Mendener Straße, hinter den Bahngleisen links in die Dammstraße und gelangen so mit ihr rechts hinter der A560 wieder zum Ufer der Sieg (**Wegepunkt 6**). Hier rechts und am **Knoten 2** über die Brücke. Nachdem wir die Sieg überquert haben, am Kreisel links und schon sind wir wieder am Hinterausgang vom Bahnhof Siegburg, wo unsere Tour endet.*

Weitere Informationen über Sehenswertes in der Stadt finden Sie im **Ortsporträt „Siegburg"** (siehe S. 142).

Reisemobilstellplätze an oder nahe der Route:

Wohnmobilstellplatz der Stadt Bonn
Ludwig-Erhard-Allee, Bonn

Campingplatz Lohmar
Aggerstraße 10, Lohmar

Ortsporträt

Siegburg

Beile, Klingen und andere Werkzeuge hinterließen unsere Urahnen in der Jungsteinzeit rund um das heutige Stadtgebiet von Siegburg. Vermutlich ließen sich aber erst ab etwa 1.000 v.Chr. die ersten Menschen hier nieder. Belegt ist hingegen die Anwesenheit der Römer, die hier ganz in der Nähe ihre Verteidigungslinie zu den Kelten und den Germanen aufrechterhielten.

Eine „Etage höher", auf dem Michelsberg, gab es im 9. Jh. eine Burg. Deren Besitzer wurden 1060 auf Geheiß des Kölner Erzbischofs Anno II. vertrieben, damit auf dem Berg eine Benediktinerabtei gegründet werden konnte. Später entwickelte sich zu ihren Füßen eine Stadt, die für lange Zeit als Hochburg des Töpfereihandwerks galt. Es entstand auch eine stark bewehrte Stadtmauer, die samt der baufälligen Stadttore um 1865 weitgehend abgetragen wurde. In den Zeiten der industriellen Revolution kamen wieder neue Einwohner und Finanzen in die Stadt, die inzwischen zur Kreisstadt des Rhein-Sieg-Kreises wurde.

Der Stadtname stammt von dem Fluss **Sieg**, der im Sauerland seine lange Reise antritt und ganz in der Nähe der Siegburg im **Naturschutzgebiet Siegaue** in den Rhein mündet. Eine Besonderheit ist der **Siegburger Mühlengraben**, der größere Wassermengen beim „Siegwehr" abführt. Der Grund dafür ist schon vom Namen her klar: Einst wurden hier fünf Mühlen betrieben. Alle Mühlen befanden sich im Besitz der Abtei. Die ließ einen 4 m breiten Kanal anlegen, um die Mühlen mit Wasserkraft zu versorgen. Übrigens lag nur eine von den Mühlen innerhalb der Stadtmauern. Der Mühlengraben durchfließt bis heute auch das Betriebsgelände des Siegwerks, in dem seit 1830 Druckfarben hergestellt werden. Nach rund 4,7 Kilometern vereinigen sich die Wassermassen des Kanals ein paar Meter hinter der Aggermündung wieder mit denen der Sieg.

Der zentral gelegene **Marktplatz** ist die „gute Stube" der Stadt. Die Bebauung rechts und links stammt zwar erst aus dem 19. Und 20. Jh., dennoch hat man sich bemüht, den mittelalterlichen Stil des Platzes beizu-

Vom Michelsberg grüßt die Abtei weit ins Rheinland

behalten, auf dem noch der Pranger (genannt „Käx") steht. Dieser ist eine Nachbildung des Prangers von 1495, an dem Bürger ihre Öffentlichkeitsstrafen abbüßen mussten.

Die zweite Auffälligkeit auf dem Platz ist das am 18.08.1877 eingeweihte **Kriegerdenkmal**. Am Rande des Marktplatzes erhebt sich das **Engelbert-Humperdinck-Haus**. Das strahlend weiß getünchte Geburtshaus der überregional bekannten Komponisten Joseph Mohr und Engelbert Humperdinck beherbergt heute das **Stadtmuseum**, welches neben der Entwicklung der Siegburger Keramik aus dem Mittelalter bis zur Neuzeit die Stadtgeschichte und wechselnde Ausstellungen zeigt. Wenn wir die Stadt im Juli besuchen, können wir dem **Humperdinck-Musikfest** beiwohnen. Aber auch sonst wird das ganze Jahr über etwas geboten in Siegburg: Stadtfest, Weinfest, Orgelzyklus, Keramikmarkt, Siegtal pur – langweilig wird es hier ganz bestimmt nicht!

Victoria zeigt den Palmzweig für Frieden und den Lorbeerkranz für den Sieg

Die letzte Ruhestätte für den heiligen Anno

In dem Haus mit der Nummer **Markt 45** befand sich von 1771 bis ins 19. Jahrhundert hinein die Thurn- und Taxische Poststation – ein Blick auf die Haustür von 1760 lohnt sich.

Gleich neben dem Museum steht die **Pfarrkirche St. Severianus**, die vermutlich im 11. Jh. durch die hier ansässigen Pfalzgrafen gegründet wurde. Von der alten Basilika sind noch heute einige Teile vorhanden. Herausragende Sehenswürdigkeit der Kirche ist jedoch ohne Frage die **Schatzkammer der Alten Abtei Siegburg**, einer der wertvollsten Kunstschätze des Mittelalters. Ganz in der Nähe steht mit dem **Haus zum Winter**, dem ehemaligen Pfarrhaus zur Kirche, der älteste Profanbau der Stadt aus dem Jahre 1230. Das heutige Pfarrhaus wurde 1744 an der Mühlenstraße gebaut.

Aus dieser Zeit stammen auch die wenigen noch erhaltenen Teile der **Stadtmauer** wie z.B. die an der Straße namens „An der Stadtmauer". Diese sind über die Annostraße, die auch am **Stadtmuseum Siegburg** vorbeiführt, zu erreichen. Auch der in der Bergstraße gelegene **Hexenturm** gehörte einst zur Stadtmauer. Den schaurigen Namen erhielt der Halbturm aber nicht, weil er als Gefängnis diente, sondern weil er im 19. Jh. in einem Roman auftauchte, der den Titel „Meister Hansen, der Scharfrichter von Siegburg" trug.

Weitere Sehenswürdigkeiten der Stadt sind das Brauhaus Zum roten Löwen" mit Braukesseln im Schankraum und das Museum im Torhaus (1844) des Siegwerkes mit der Industriegeschichte des 19. Jhs. und Kunstausstellungen.

Um die Hauptattraktion Siegburgs, die **Abtei auf dem Michelsberg** zu erreichen, verlassen wir den Marktplatz auf der Bergstraße. Die Mühe des Aufstiegs lohnt sich schon für die herrliche Aussicht über die Sieg- und die Rheinebene, auf das Bergische Land und auf das Siebengebirge.

Bereits beim Aufstieg sieht man die Mauern, die den Michelsberg einst zum Schutze vor Angriffen umgaben. Jene Mauer, die man senkrecht den Berg hinunter zur Mühlenstraße stehen sieht, war im Mittelalter die Verlängerung der Stadtmauer.

Oben auf dem 118 m hohen Tuffbasaltkegel angekommen, begrüßt uns zunächst die **Vorburg**, die bereits vor dem 11. Jh. als pfalzgräfliche Burg angelegt wurde. 1064 kam die Burg, wie bereits oben beschrieben, in den Besitz des Erzbischofs Anno II, der ein **Benediktinerkloster** einrichten ließ. Nach einem Großbrand musste die gesamte Anlage ab 1649 vollständig neu aufgebaut werden.

Es war genau zu Weihnachten im Jahre 1944, als die Abtei durch Bombenangriffe der Alliierten erneut größtenteils zerstört wurde. Nach einem stückweisen Wiederaufbau erfolgte ab 1985 eine groß angelegte Restaurierung des Komplexes, so dass uns heute eine eindrucksvolle Abtei in neuem Glanz empfängt. Herausragend ist dabei natürlich die Abteikirche, die u.a. den **Schrein** des heiligen Anno II enthält – eine wundervolle Goldschmiedearbeit aus dem 12.Jh., die mit dem weltberühmten Dreikönigsschrein im Kölner Dom gleichgesetzt werden kann.

Unter'm Michelsberg finden wir eine einladende Innenstadt

Nicht versäumen sollten wir auch einen Aufstieg auf den **Kirchturm**, der die ohnehin eindrucksvolle Aussicht noch vollendet. Die Benediktinerabtei wurde im Jahr 2010 aus finanziellen und personellen Gründen geschlossen. Innerhalb der Gebäude gibt es aber noch ein kleines Kloster, das 2013 auf Einladung des Erzbistums Köln für sechs Ordenspriester der Unbeschuhten Karmeliten eingerichtet wurde. Weiterhin wurde hier in teils neu angebauten Bereichen das katholisch-soziale Institut des Erzbistums Köln untergebracht.

Nach der anstrengenden Stadtbesichtigung können wir uns den vielfältigen kulinarischen Genüssen widmen. Zu denen gehören das „Siegburger" und das „Michel", zwei Biere, die wir natürlich im ortsansässigen Brauhaus eingeschenkt bekommen. Hochprozentiger ist der Siegburger Abtei-Liqueur, der schon vor rund 600 Jahren durch die Benediktiner destilliert wurde. Nachdem das Kloster aufgelöst wurde, haben Privatleute die Lizenz erworben und vertreiben dieses leckere Getränk.

Tour 19

Ein Märchenschloss am Drachenfels

Kurze, aber „knackige" Siebengebirgsrunde

Rundtour von Niederdollendorf über Heisterbach und Königswinter

Sind es wirklich sieben Berge? Auf unserer Tour werden wir es mit unseren Waden „erfahren" – und zwar nicht nur, wie viele Berge das Siebengebirge hat, sondern dass es auch wirklich anstrengende Steigungen für uns bereithält. Als Entschädigung gibt es herrliche Aussichten, dichte Wälder, spannende Sehenswürdigkeiten und touristische Highlights.

Was erwartet mich?

15 km (Verkürzung möglich), anstrengende Tour mit zwei größeren Anstiegen und Gefällen auf einem Mix von Straßen, asphaltierten Wirtschaftswegen, sowie naturbelassenen, teils befestigten Schotterwegen und Pfaden.

Wie komm' ich hin?

ÖPNV: S-Bahn bis Bahnhof Niederdollendorf

Mit dem Auto: Bürgerpark Niederdollendorf, Fährstraße 11, Niederdollendorf

Was muss ich sehen?

1. **Klosterruine Heisterbach**
2. **Aussichtspunkt Drachenfels**
3. **Historischer Ortskern** und **Rheinpromenade** von Königswinter
4. **Historischer Ortskern Niederdollendorf**

Wo tank' ich auf?

Bürder Konditorei & Bäckerei
Heisterbacher Straße 40, Königswinter-Niederdollendorf

Klosterstube Heisterbach
Kloster Heisterbach, Königswinter-Heisterbach

Einkehrhaus Waidmannsruh
Rosenau, Königswinter-Siebengebirge

Felders am Winzerhäuschen
Drachenfelsstraße 100, Königswinter-Siebengebirge

Restaurantschiff Alte Liebe
Rheinallee, Königswinter

Kartentipp: **ADFC Regionalkarte Köln/Bonn, Berg. Land/Köln/Düsseldorf**

Tourstart

*Wir starten am Bahnhof Niederdollendorf, den wir nach rechts verlassen, um auf die Heisterbacher Straße links einzubiegen. Auf bereits deutlich ansteigender Strecke zweigen wir in der Rechtskurve links in die Turm- und dann rechts in die Bachstraße (**Wegepunkt ❶**) ab.*

Durch Oberdollendorfs enge Gassen...

Die beschriebene Strecke umkurvt eine Engstelle im Ortskern von **Oberdollendorf**. Alternativ können wir auch auf der Heisterbacher Straße bleiben. Dann heißt es „Augen auf und durch", denn die Straße ist recht eng, stark befahren und ohne Radweg.

Von der Bachstraße geht es geradeaus weiter auf der Straße „Mühlental".

Wir rollen durch den alten Ortskern von **Oberdollendorf**, das schon unter Kaiser Otto I. im Jahre 966 zum ersten Mal in den Büchern auftauchte. Schöne alte Hausfassaden, einige davon mit Fachwerk, säumen die teils engen Gassen. **Gut Sülz** an der Bachstraße wurde 1656 mit einem verzierten Obergeschoss erbaut und gilt es als ältestes Gebäude.

*Von der Straße „Mühlental" rechts in die Heisterbacher Straße und in einem „S" hinauf auf die breite Straße (**Wegepunkt ❷**), die denselben Namen trägt und der wir – zumindest teils mit Radweg versehen - weiter bergauf bis zur Klosterruine folgen.*

1193 siedelten die Mönche vom Petersberg (s.o.) in das stille, abgelegene Tal von **Heisterbach** und errichteten zwischen 1202 und 1237 ein **Kloster** mit der seinerzeit zweitgrößten Kirche des ganzen Rheinlands. Kaum zu glauben, aber die Kirche diente ab 1803 als „Steinbruch", so dass die Bausubstanz nach und nach verkauft wurde. So kam es, dass wir heute nur noch vor der [1] **Ruine** des Kirchenchores stehen und uns dennoch gut vorstellen können, wie groß das Gotteshaus einst gewesen sein muss. Von den übrigen Klostergebäuden ist deutlich mehr erhalten. Zu denen gehört auch das **Haupttor** aus dem Jahre 1750. Im Innenhof finden wir nicht nur eine tolle Möglichkeit, unsere Kalorien wieder aufzufüllen, sondern auch einzelne Exponate, die uns etwas über die Historie dieser großartigen Anlage erzählen.

*Von der Klosterruine aus fahren wir weiter geradeaus entlang der Heisterbacher Straße. Hinter der engen Kurve bei **Knotenpunkt** 9 rechts und weiter auf dem Mantelweg bergauf. Am Einkehrhaus (**Wegepunkt** 3) haben wir den höchsten Punkt der Tour erreicht.*

Das **Einkehrhaus Waidmannsruh** ist eine echte Institution hier im Siebengebirge. Seit 1927 kommen hungrige Wanderer und später auch Radler hierher, um selbstgebackene Kuchen oder beste Hausmannskost zu genießen.

Wir sind inmitten des **Siebengebirges**, das tatsächlich mehr als 50 Anhöhen zählt. Aus Vulkanen wurde diese Landschaft perfekt modelliert. Der Verein, der sich um den Erhalt dieser Region bemühte, wurde schon 1869 gegründet – inzwischen ist das Siebengebirge als Naturpark geschützt und seit 2006 als Geotop ausgezeichnet.

Am Einkehrhaus Waidmannsruh rechts in den Rosenauer Weg, der uns in entspannter Abfahrt hinunter zur querenden Landstraße bringt. Hier bringt uns der Radweg rechts entlang der querenden Ferdinand-Mülhens-Straße weiter bergab.

... erreichen wir die Ruine von Kloster Heisterbach

Rechts von uns liegt der **Petersberg**, den wir über einen Abstecher nach rechts erreichen können. Auf ihm siedelten bereits Germanen, bevor 1142 auf der Bergkuppe ein Augustinerkloster entstand. 1915 erbaute die Familie von Ferdinand Mülhens, die mit der bis heute bekannten Parfummarke „4711" ein Imperium schuf, ein Herrenhaus. Nachdem es nach dem Krieg als Sitz der Alliierten Hochkommissare diente, wurde es 1977 vom Bund gekauft, um daraus ein Gästehaus für Staatsgäste zu machen. Nach dem Umzug der Bundesregierung nach Berlin kam die herrliche Anlage in die Hände einer Hotelkette.

Erst Herrenhaus, dann Bundesgästehaus, heute Luxushotel

*Kurz vor der Autobahnauffahrt nehmen wir die rechts abzweigende kleine Straße „Am Lessing" (**Wegepunkt** 4), die in einer langen S-Kurve unter der B42 hindurch führt.*

Wenn wir an der Ecke zum Nachtigallental rechts abbiegen, geradeaus der Bahnhofstraße, an deren Ende rechts und links abbiegen in die Clemens-August-Straße gelangen wir zum Rhein-Radweg und können die Tour so erheblich verkürzen.

*Hinter der B42 (**Wegepunkt 5**) zweigen wir direkt dahinter scharf links ab in den Oberweingartenweg, der direkt ansteigt.*

Was ist schöner?
Schloss Drachenburg...

Nach dem ersten Unterqueren der B42 können wir noch ein paar Meter weiter rollen und dann rechts in die Winzerstraße einbiegen. Diese bringt uns zur Talstation der **Drachenfelsbahn**. Seit 1883 gibt es eine Zahnradbahn an dieser Stelle, die nicht nur die erste ihrer Art in Deutschland war, sondern damals auch die 1,5 km lange Strecke bei einer Steigung bis 20% mit einer Dampflok zurücklegte. Heute wird die Bahn elektrisch betrieben.

Wir passieren auf steigender Strecke erst einen großen Parkplatz, dann das Freibad und erreichen mit einem Rechtsknick die Nibelungenhalle.

Die **Nibelungenhalle** präsentiert uns wie erwartet Gemälde aus der Wagner-Oper. Im benachbarten **Reptilienzoo** gibt es eine Drachenhöhle, eine Drachenschlucht, einen 13 Meter großen Dinosaurier und viele lebende Reptilien, unter ihnen Riesenschlangen und Krokodile.

Folgen wir weiter dem Weg bergauf, erreichen wir als erstes **Schloss Drachenburg**. Das aufwändig gestaltete Gebäude von 1884 fasziniert uns mit einer Heldenhalle, einem 50 m hohem Turm, und einer schönen Aussicht.

Auf dem weiteren Weg kommt ein sehr steiles und teils enges Teilstück. Daher ist es eine Überlegung wert, die Fahrräder hier zu sichern und zu Fuß weiter aufzusteigen. Die Mühen lohnen sich, denn wir erklimmen die **2 Aussichtsplattform** mit einer atemberaubenden Aussicht auf den Rhein, auf Bonn, auf die Eifel und die weitere Region. Nachdem wir uns im Restaurant gestärkt haben, besuchen wir die noch etwas höher gelegene **Burgruine** auf 321m. Die einzigen bei der Ruine Drachenfels sind wir hier wahrlich nicht – bis zu 2,5 Millionen Besucher werden hier pro Jahr registriert. Die 1147 auf Geheiß des Erzbischofs Arnold errichtete Burg trotze vielen Angreifern, doch der Verfall wurde mit dem Bau des Kölner Domes eingeläutet: Als Baustoff für den Dom wurde Trachyt direkt unterhalb der Burg abgebaut. Durch den Abbau stürzten Teile der Drachenburg ein, ehe sie geschlossen und größtenteils abgetragen werden musste.

...oder die Aussicht vom Drachenfels?

Wir bleiben auf dem Weg unterhalb der Nibelungenhalle, der uns als Drachenfelsstraße nach unten bringt.

Wir kommen vorbei am kuriosen **Kioskmuseum am Drachenfels** und am Geburtshaus von Professor Eduard Rhein, einem deutschen Schriftsteller und Erfinder. Etwas darunter liegen der **Bienengarten** mit dem „Bienenstöckchen“, wo wir uns mit Honig-Spezialitäten eindecken können.

Die Burgruine Drachenfels blickt über mehr als sieben Berge

*Unten treffen wir auf die **Königswinter Drachenfelsbahn**, wo wir links unter der B42 her fahren, um sofort dahinter wieder links abzubiegen in „In der Gais“. Kurz darauf scharf rechts „An der Helte“ und hinter den Gleisen links weiter in die Steinmetzstraße. Diese Straße trifft auf die Hauptstraße. Achtung, hier suchen wir uns einen passenden Übergang auf den Radweg, der nach rechts neben der Rheinallee verläuft.*

Der beliebte Rhein-Radweg geleitet uns vorbei an **Königswinter**. Links neben uns legen die Ausflugsschiffe an, direkt rechts neben uns buhlen verschiedene Gaststätten und Cafés um unsere Einkehr. Dahinter erstreckt sich die **3 Altstadt von Königswinter**, die größtenteils nach einem Brand 1689 entstanden ist. Ein alter Königsbesitz und „vinitorium“ für „Weingarten“ dürften zu dem Stadtnamen geführt haben.

Wenn die Zeit noch ausreicht, können wir den quirligen Bewohnern des **SeaLifeCenters** einen Besuch abstatten.

*Der Rhein-Radweg bringt uns über die **Knoten** 4 + 5 stets am Wasser entlang vorbei an den Ausflugslokalen und Schiffsanlegestellen zu einem Park, den wir geradlinig durchfahren.*

Am Ende des Parks weiter geradeaus am Rheinufer entlang, dann rechts in die Rheinstraße. Nun noch ein paar Pedalumdrehungen, geradeaus über die Hauptstraße hinweg, und wir kommen zurück zum Bahnhof von Niederdollendorf, wo unsere Runde endet.

Niederdollendorf hält zum Abschluss unserer anstrengenden Runde noch einen wunderschonen **4 Ortskern** bereit. Abseits der recht stark befahrenen Hauptstraße finden wir urige kleine und bestens erhaltene Fachwerkhäuser.

Reisemobilstellplätze an oder nahe der Route:

Wohnmobilstellplatz „Parkplatz Am Sportplatz“
Hauptstraße, Königswinter-Niederdollendorf

Wohnmobilparkplatz
Am Kissel 10, Königswinter

Wohnmobilparkplatz der Stadt Bonn
Ludwig-Erhard-Allee, Bonn

Tour 20

Herchen – einfach herrlich

Das Siegtal pur genießen

39 km

Streckentour von Windeck-Schladern über Eitorf nach Hennef

Der Titel für diese Tour ist eine Hommage an „Siegtal pur", eines der wichtigsten Radel-Ereignisse des Rheinlands. Aber auch ohne dieses Event ist die Fahrt auf dem Siegtal-Radweg zu jeder Jahreszeit ein Erlebnis. Wir rollen, abgesehen von zwei kleinen, aber anstrengenden Hügeln, steigungsfrei auf einer guten und meist autofreien Trasse, die immer wieder zu interessanten Stopps verführt.

Was erwartet mich?

39 km, Tour mit zwei kurzen, „knackigen" Anstiegen und anschließenden Gefällstrecken auf einem Mix von überwiegend asphaltierten Wirtschaftswegen, Straßen sowie naturbelassenen, teils befestigten Schotterwegen und Pfaden.

Wie komm' ich hin?

ÖPNV: S-Bahn bis Bahnhof Windeck-Schladern

Mit dem Auto: Parkplatz am Bahnhof Windeck-Schladern, Waldbröler Straße, alternativ hinter dem Bahnhof am Schönecker Weg, Windeck

Was muss ich sehen?

1 **„Siegtaldom"**
2 **Burg Dattenfeld**
3 **Historische Ortsmitte Windeck-Herchen**
4 **Stadt Blankenberg** (Abstecher)

Wo tank' ich auf?

Bikers-Rast Dattenfeld Zum Hochkreuz 5, Windeck-Dattenfeld

Kurparkcafé Herchen In der Au 4, Windeck-Herchen

CafekränzchenAsbacher Straße 9, Eitorf

Southern Nebraska Grill House & American Bar Mahrberg 50, Hennef

Kartentipp: **ADFC Regionalkarte Berg. Land/Köln/Düsseldorf**

Tourstart

Wir starten am Bahnhof von Windeck-Schladern, den wir nach rechts über die Waldbröler Straße, rechts über die Bahnstraße und hinter den Schienen links über die Siegbrücke verlassen. So haben wir direkt Anschluss an den Siegtal-Radweg, der uns bereits ansteigend durch den Ort Mauel leitet und auch danach weiter den Berg hinauf führt. Die knapp 1 km lange Steigung ist rasch geschafft, dann rollen wir entspannt bergab zur Sieg, überqueren diese und rollen am Ufer von Dattenfeld entlang.

„Das geht ja gut los“: Der Wasserfall in Schladern

Der **Bahnhof** bietet ein erstes tolles Fotomotiv, denn er wurde bereits im Jahre 1859 aufwändig gestaltet und steht nun unter Denkmalschutz. Gleich in der Nähe entdecken wir den **Siegfall**. Dabei ist es weniger der Höhenunterschied von 6 Metern, der dieses Naturschauspiel so interessant macht. Es ist vielmehr die stattliche Breite von 84 Metern, auf denen das Wasser über Steine und Klippen tost.

Bevor wir dem Radweg folgen, schauen wir uns noch in **Schladern** um, denn gleich in der Nähe liegt Altwindeck. Hier entstand ein tolles **Museumsdorf** mit herrlichen Fachwerkhäusern, die teils an Ort und Stelle restrauriert, teils andernorts abgetragen und hier wieder aufgebaut wurden.

Im benachbarten **Dattenfeld** beeindruckt uns der riesige **1 Siegtaldom**. Die zwei Türme sind weithin sichtbar und erzählen davon, dass es hier schon lange ein Gotteshaus gab, das 1880 durch den heuten Bau ersetzt wurde. Auch die **2 Burg Dattenfeld** müssen wir uns ansehen. Mit den vielen Türmen wirkt das Gebäude schon etwas verspielt – der heutige private Besitzer wird dies aber zu schätzen wissen.

*Unser Siegtal-Radweg bringt uns stets in Ufernähe nach Hoppengarten, wo wir parallel zur Bahn die Sieg überqueren und etwas aufwärts im Zickzack nach Röcklingen kurbeln, bevor wir dort bei **Kontenpunkt** 60 rechts abbiegen und unten wieder die Sieg queren. Nach einer kurzen Straßenpassage erreichen wir Herchen.*

Jedes Jahr im Juli wird das Siegtal für den Autoverkehr gesperrt, so dass wir uns die Straßen und Radwege nur mit Wanderern, Joggern und Inlinern teilen müssen. Mehr als 100 Kilometer zwischen Siegen und Siegburg laden zum ungetrübten Radelvergnügen ein. Die Bahn, die ohnehin einen problemlosen Ein- und Ausstieg in die Tour ermöglicht, fährt an diesem Tag mit Sonderplänen noch häufiger.

In Herchen überqueren wir abermals die Sieg, was wir wenig später gemeinsam mit der Bahn direkt wieder erledigen.

Die vielen Türme von Burg Dattenfeld

Das älteste Dokument, in dem der Ort 3 **Herchen** genannt wird, datiert von 1131. Nur wenig später, nämlich 1247, gab es hier bereits ein Kloster, das aber 1581 schon wieder aufgelöst wurde. Von den alten Gebäuden ist kaum noch was zu erkennen. Umso besser erkennbar ist die stolze **evangelische Kirche**, um die herum wir viele historische Gebäude finden. Dieses tolle Ensemble brachte dem Ort bereits Preise im Wettbewerb „unser Dorf soll schöner werden" ein. Im 19. Jh. entwickelte sich Herchen zu einem beliebten Erholungsort für Künstler und Prominente, doch man schaffte es nie, Herchen als Kurort zu etablieren. Immerhin erhielt Herchen seit 1986 den Titel „staatlich anerkannter Erholungsort", was wir auch am **Kurpark** nachvollziehen können.

Hinter der Eisenbahnbrücke rollen wir – nach einer Schleife – eine ganze Weile am Ufer entlang. Am ***Knotenpunkt*** *61 bei Stromberg geradeaus, bis wir bei* ***Knotenpunkt*** *15 (am anderen Ufer) Eitorf erreichen. Für eine Stadtbesichtigung fahren wir ab hier geradeaus und in einer Schleife über die Brücke.*

Seit 1880 hat der Siegtaldom sein heutiges Aussehen

Die etwa 19.000 Einwohner zählende Stadt **Eitorf** hat sich zu einem der beliebtesten Wohnorte im Siegtal entwickelt. Das mag daran liegen, dass man hier bereits inmitten ruhiger und weitläufiger Natur lebt und dennoch eine schnelle Verbindung mit Bahn und Auto nach Bonn und Köln hat. Vielleicht liegt es aber auch am kleinen, aber sehr einladenden Ortskern mit mehreren Geschäften und Gaststätten. Eitorf hat sich schon seit langem zu einem Industriestandort entwickelt. Der bekannteste hier ansässige Betrieb dürfte das Unternehmen WECO GmbH sein. Hersteller von pyrotechnischen Sätzen versorgt nicht nur zum Jahreswechsel die privaten Feuerwerker, sondern auch die professionellen

Pyrotechniker, die uns bei Großfeuerwerken wie Rhein in Flammen, Kölner Lichter usw. wahre Kunstwerke in den Nachthimmel zaubern.

Das schönste und auch größte private Gebäude von Eitorf ist übrigens die **Villa Gauhe**, die 1878 in eine herrlichen Mix aus unterschiedlichen Baustoffen und Baustilen errichtet wurde. Bauherr war Julius Gauhe, der sein Geld mit der Herstellung und Färbung von Textilen machte. Die Farbe „türkischrot" war für ihn patentiert worden. Das Anwesen stand lange Zeit leer und sollte abgerissen werden, doch zum Glück wurde es saniert, so dass es seit 1982 als Wohnhaus für Menschen mit geistiger Behinderung genutzt werden kann.

*Unsere Tour führt vom **Knotenpunkt** 15 links weiter auf dem Siegtal-Radweg. Am **Knoten** 25 links, dann wird es nochmals anstrengend, wenn wir auf den nächsten 2 km rund 60 Höhenmeter mit kurzen Gefällstrecken dazwischen überwinden und Merten erreichen.*

Der Ort **Merten** liegt etwas erhöht über der Sieg – vermutlich war es genau diese Lage, die im 12. / 13. Jh. dazu führte, dass an dieser Stelle ein Kloster entstand. Die prachtvolle Anlage wird heute auch als **Schloss Merten** bezeichnet, was angesichts der Ausgestaltung mit Torbögen, Orangerie, Prunktreppe und vielem mehr ganz gut passt. Heute dient die Anlage als Altenheim.

Burg Blankenberg liegt hoch über dem Siegtal...

*Merten verlassen wir mit einem kleinen Hügel zum Bahnhof hin, ehe wir wieder die Sieg kreuzen, bei **Knoten** 24 rechts abbiegen, Bülgenauel umfahren und gleich die nächste Flussquerung vornehmen.*

Am **Knoten** 24 können wir links abbiegen und einer kräftigen Steigung folgen. Die Strapazen lohnen sich, denn oben erwartet uns 4 **Stadt Blankenberg**, das sich gerne als **„kleinste Stadt Deutschlands"** bezeichnet. In der Tat war der rund 600 Einwohner zählende Ort zwischen 1246 und 1805 eine selbständige Stadt, gehört inzwischen aber zu Hennef. Das Schmuckstück ist **Burg Blankenberg**, die um 1150 herum für den Grafen von Sayn erbaut wurde und in aussichtsreicher Lage hoch über der Sieg auf einem Felsen liegt. Im Ortskern schwelgen wir in der Vergangenheit: Wunderbare Fachwerkhäuser säumen die teils engen Gassen, die sich bis zum **Katharinenturm** schlängeln. Der Turm gehört zur **Stadtmauer**, die in weiten Teilen bestens erhalten wurde. Kein Wunder, dass Stadt Blankenberg gleich komplett unter Denkmalschutz gestellt wurde.

Hinter der Siegbrücke rollen wir steigungsfrei durch Auel, Oberauel nach Weldergoven.

Die kleinen Ortschaften am Wegesrand gehören zu Hennef. Bei genauem Hinsehen entdecken wir immer wieder tolle alte Bauwerke, wie z.B. die **Alte Fachwerkscheune von Auel**, die **Dorfkapelle von Oberauel** oder das **Wegekreuz von Weldergoven**.

...und auch die „Stadt" dazu kann sich sehen lassen!

*Auch in Weldergoven bleiben wir auf dem Siegtal-Radweg, der bei **Knotenpunkt** 22 nochmals den Fluss überquert, links abzweigt und wenig später unter der A560 her und über die Sieg führt.*

Der rund 20 ha große **Dondorfer See** entstand durch den Abbau von Kies. Nach Beendigung der Arbeiten entwickelte sich eine üppige Natur, die inzwischen unter Schutz gestellt wurde.

Rechterhand neben unserem Radweg liegt **Schloss Allner**. Als Wasserburg 1420 erstmals erwähnt, ist das Schloss heute in Privatbesitz, so dass uns der Zutritt verwehrt bleibt.

Ebenfalls an unserem Wegesrand liegt kurze Zeit später der **Allner See**. Er ist ein beliebtes Ziel für Wanderer, die hier in ruhiger Natur eine Runde um den See drehen. Der See wurde von Menschenhand geschaffen: Als in den 1980er Jahren für den Autobahnbau Sand und Kies gebrauchte, wurde hier einfach ein Loch gebuddelt, aus dem sich der See entwickelte. Rund ¾ der Fläche stehen unter Naturschutz.

Mit Rechts-Links-Abbiegen erreichen wir den Bahnhof, wo unsere Tour endet.

Unsere Tour beenden wir in **Hennef** (Sieg), das als **„Stadt der 100 Dörfer"** bezeichnet wird. Viele der eingemeindeten Ortschaften haben wir auf den letzten Kilometern bereits kennengelernt. Dort, wo wir unsere Tour beenden, liegt der administrative Kern Hennefs. Also finden wir auch das Alte Rathaus mit einer repräsentativen Galerie über dem Eingang.

Reisemobilstellplätze an oder nahe der Route:

Wohnmobilstellplatz auf dem Parkplatz des Heimatmuseums
Im Thal Windeck 17, Windeck

Wohnmobilstellplatz Eitorf
An der Siegbrücke, Eitorf

Campingplatz Happach
Hennefer Straße 8, Eitorf

Siegtal Camping
Mahrberg 8, Hennef-Dondorf

Campingplatz Freizeitwelt Siegblick
Mahrberg 40, Hennef-Dondorf

Tour 21

Ein Ausflug zur Wahnbach-Talsperre lohnt sich zu jeder Jahreszeit

35 km

Wahnsinnig schöne Wahnbach-Talsperre

Rundtour von Sieburg über Lohmar und Seligenthal

Nachdem wir ein gutes Stück auf dem tollen Radweg entlang der Sieg und der Agger unterwegs waren, heißt es „kräftig durchatmen", denn es geht ordentlich bergauf. Zur Belohnung gibt es herrliche Aussichten über die Region und über die Wahnbachtalsperre. Auf der Rückfahrt locken Seligenthal und Weingartsgasse mit Ausflügen in die Geschichte.

Was erwartet mich?

34,7 km, anstrengende Tour mit einem langen, kräftigen Anstieg und anschließender Gefällstrecke auf einem Mix von überwiegend asphaltierten Wirtschaftswegen, Straßen, sowie naturbelassenen, teils befestigten Schotterwegen und Pfaden.

Wie komm' ich hin?

ÖPNV: S-Bahn bis Bahnhof Siegburg

Mit dem Auto: Parkplatz am Bahnhof Siegburg

Was muss ich sehen?

1. Hotel und Restaurant Zur Alten Fähre
2. Gut Umschoß
3. Staumauer Wahnbachtalsperre
4. Klosterhof Seligenthal

Wo tank' ich auf?

Restaurant Zur Alten Fähre
Brückenstraße 18, Lohmar

Gasthof Frielenbach
Birker Straße 13, Lohmar-Birk

Restaurant Franzhäuschen
Franzhäuschenstraße 67, Lohmar

Restaurant Klosterhof Seligenthal
Zum Klosterhof 1, Siegburg-Seligenthal

Kartentipp: **ADFC Regionalkarte Köln/Bonn**

Tourstart

Wir starten am Bahnhof Siegburg, den wir am Hinterausgang nach links verlassen, um am Kreisel rechts auf der Bonner Straße aus Siegburg heraus zu fahren. Nachdem wir die Sieg überquert haben, fahren wir hinter der Brücke zum ***Knotenpunkt*** *2 hinunter und links auf den Radweg, der an der Sieg entlang führt und uns ganz bequem am Ufer entlang bis zum Siegdeich geleitet.*

Getreu dem norddeutschen Motto „wer nicht will dieken, mut wieken“, also „wer nicht eindeichen möchte, der muss weichen“ wurde die Sieg im unteren Lauf mit massiven Deichen versehen. Auf diese Weise wird das Hochwasser von den Siedlungen ferngehalten, bevor es sich in den Siegauen ausbreiten kann.

Weitere Informationen über Sehenswertes in der Stadt finden Sie im **Ortsporträt „Siegburg“** (siehe S. 142).

Fachwerk-Idylle am Wegesrand

Nachdem wir die B56 mit einem Schlenker unterquert haben, erreichen wir die nächste Brücke. Davor links und dann mit einer S-Kurve auf die Brücke. Auf der anderen Seite rechts hinunter zum ***Knoten*** *29 und auf den Radweg, dem wir flussaufwärts folgen. Bei* ***Knotenpunkt*** *25 geradeaus. Auf etwas hügeliger Strecke erreichen wir den* ***Knotenpunkt*** *32 und biegen rechts ab zum* ***Knoten*** *6.*

Links neben uns liegt im Wald der Ringwall Güldenberg. Vermutlich wurde diese Wallanlage mit Vorwall und breitem Graben schon in der Eisenzeit angelegt.

An der Aggerbrücke finden wir das kleine **Pegelhäuschen von Lohmar** und das **1 Restaurant „Zur Alten Fähre“**. Hier können wir uns in der rustikalen Bierstube oder in der Aggerstube mit regionalen Speisen verwöhnen lassen.

Die Brückenstraße bringt uns über die A3 und zu einem Kreisel, den wir geradeaus in die Kirchstraße verlassen.

Ganz in der Nähe von Lohmar mündet die Sülz in die Agger – klar, dass hier schon früh die Menschen siedelten. Heute macht Lohmar einen jungen, modernen Eindruck. Viele Familien nutzen den bezahlbaren Wohnraum in guter Nähe zu Köln und Bonn.

*An der querenden Hauptstraße links, am Kreisel geradeaus und am **Knoten** 4 links in den Mühlenweg. Wir folgen den Schildern zum **Knoten** 41, biegen links ab in die Buchbitze und atmen kräftig durch, denn es geht kräftig bergauf. Rund 100 Höhenmeter legen wir auf den nächsten 3 km zurück.*

Eine echte Landmarke: Der Fernmeldeturm von Birk

Kurz vor dem Lohmarer Ortsteil Algert können wir die Mühen unseres Aufstiegs genießen, denn die Aussicht von hier oben ist einfach herrlich. Neben der Landschaft finden wir mit dem aufwändig gestalteten **„Arma-Christi-Kreuz"** ein weiteres Fotomotiv.

*Durch Algert rollend können wir etwas verschnaufen, dann geht es nochmals nach oben. In Birk bei **Knotenpunkt** 41 links und weiter auf dem Radweg, der die Landstraße begleitet.*

In **Birk** haben wir zum Glück das Ende der Steigung erreicht. Auf dem hiesigen Pfarrhof gab es 1310 einen Gerichtstag, womit bewiesen ist, dass es hier schon lange eine Siedlung gab. Das Wahrzeichen des Ortes ist aber deutlich jünger und vor allem unübersehbar: Der **Fernmeldeturm Lohmar-Birk** steht hier in sehr exponierter Lage.

*Bei „Franzhäuschen" biegen wir links ab Richtung (**Knoten** 43 und) Wanderparkplatz, zweigen hinter diesem links ab und bleiben damit auf der kleinen Straße namens Siegelsknippen.*

Das **„Franzhäuschen"** ist ein wichtiger Wegepunkt für uns – und eine gute Gelegenheit zur Einkehr, denn hier wird schon seit Langem mit Leidenschaft gekocht. Das wussten vermutlich schon die Franziskaner aus Seligenthal zu schätzen, die nach getaner Arbeit hierher gekommen sein sollen, um sich einen guten Schluck zu gönnen. Übrigens: In der Käse- und Wursttheke können wir uns auch mit Leckereien aus Italien und Frankreich eindecken!

Rechts neben unserem Radweg liegen die Gebäude der Arbeitsgemeinschaft Landwirtschaft, Wasser und Böden im Rhein-Sieg-Kreis in waldreicher Umgebung.

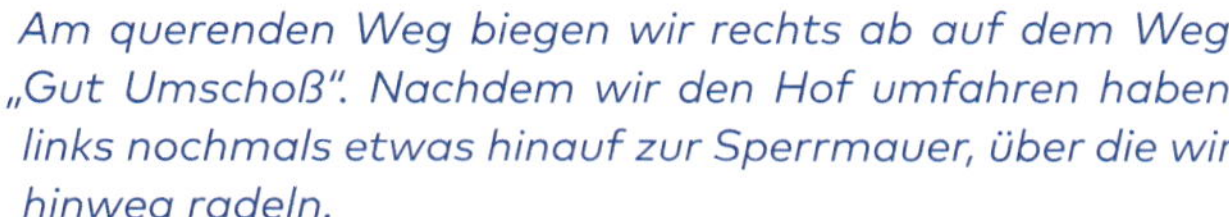

Am querenden Weg biegen wir rechts ab auf dem Weg „Gut Umschoß“. Nachdem wir den Hof umfahren haben, links nochmals etwas hinauf zur Sperrmauer, über die wir hinweg radeln.

Wir kommen am 2 **Gut Umschoß**, vorbei, das direkt zu Füßen des Wahnbach-Sees liegt. Wunderbar anzusehen ist der historische Gutshof mit seinen schmucken Fachwerk-Gebäuden. Der Wahnbachtalsperrenverband hat den Hof vor einiger Zeit gekauft, um ihn zu einem Zentrum für Wasser, Naturschutz und erneuerbare Energien zu entwickeln. Auch der Nachwuchs soll hier in pädagogischer Weise über die komplexen Zusammenhänge von Umweltschutz, Energiegewinnung und das Medium Wasser informiert werden.

Reichlich frisches Wasser für's Rheinland

Kaum haben wir den Hof umfahren, lockt uns ein Aussichtspunkt zu einer Rast und zu einer spektakulären Sicht über die 3 **Wahnbach-Talsperre**. Schon im Jahr 1953 wurde der Wahnbachtalsperrenverband begründet. Ziel war es von Beginn an, die einwohnerstarke Region rund um Siegburg und Bonn aber auch den Kreis Ahrweiler, mit Trinkwasser zu versorgen. 1958 war das Projekt geschafft: Der 52,5 m hohe Damm konnte in Betrieb genommen werden, um den Wahnbach aufzustauen. Rund 2 qkm bedeckt die Wasserfläche, was auch in trockenen Sommern für ausreichend Reserven sorgt.

Von unserem Aussichtspunkt aus können wir gut erkennen, wie harmonisch sich das Wasser in die Natur schmiegt. Die komplette Uferlinie ist dicht mit hohen Bäumen bewachsen. Damit das so bleibt, sind am ganzen See das Schwimmen und die Nutzung zum Wassersport untersagt. Hinter der Sperrmauer beginnt allerdings ein Wanderweg. Wer diesem folgt, ist schon bald inmitten herrlicher Ruhe – eine ideale Region zur Entschleunigung!

Am Ende der Staumauer links, dann scharf rechts und durch die engen Kurven über den Pützemichweg bzw. „Am Weyergarten“ hinunter nach Seligenthal zum ***Knotenpunkt*** *43.*

Reisemobilstellplätze an oder nahe der Route:

Campingplatz Lohmar
Aggerstraße 10, Lohmar

Der Ort **Seligenthal** schlängelt sich durch das teils enge Tal des Wahnbachs in die Höhe: Der niedrigste Ortsteil liegt auf 65 m, der höchste auf 140 m.

Und mittendrin in diesem Tal liegt 4 **Kloster Seligenthal**, der unbestrittene kulturelle Höhepunkt dieser Tour. Schließlich entdecken wir hier die älteste Franziskanerkirche diesseits der Alpen. Graf Heinrich von Sayn und dessen Gattin legten im Jahre 1231 den Grundstein für eine Einsiedelei, für die 1255 eine erste Kirche entstand. Leider tobte 1647 hier eine Feuersbrunst, der sowohl die Kirche als auch das Kloster zum Opfer fielen. In der alten Klause gründete der Orden der Minoriten 1654 eine neue Niederlassung. Die heutige **St. Rochus-Kapelle** mit ihrem Bruchsteinsockel und dem kleinen Fachwerkgiebel entstand allerdings viel später. Als 1709 eine Epedemie mit einer Darmkrankheit namens „Rote Ruhr" besiegt war, wurde aus Dank diese Kapelle errichtet, die dem Schutzpatron der Kranken, Apotheker und Ärzte, aber auch der Totengräber und Gefangenen gewidmet ist.

Die Rochus-Kapelle entstand als Dank für eine überstandende Epedemie

Auf der Seligenthaler Straße biegen wir links und unten an der querenden Hauptstraße nochmals links ab.

Der Ort **Weingartsgasse** gehört bereits zu Hennef. Im 19. Jh. erlangte der Ort überregionale Bedeutung, als hier Buntmetalle in großem Stil abgebaut wurden. Die Historie der Grube Ziethen reicht sogar bis ins Jahr 1122 zurück.

*In der Linkskurve geradeaus in den Brunnenweg und dann über die Siegbrücke hinweg zum **Knoten** 20.*

Wir queren die Sieg mit dem sogenannten **Juggelbrückchen**. Die spannende Konstruktion wurde eigens für uns Radler und Fußgänger errichtet, damit wir ohne große Umwege auf den Siegtal-Radweg gelangen können.

*Auf der anderen Siegseite zweigen wir beim **Knotenpunkt** 20 rechts ab und folgen dem Siegtal-Radweg. An **Knotenpunkt** 1 geradeaus und bei **Knoten** 2 wieder über die Siegbrücke. Im Kreisel links und wir gelangen wieder zum Bahnhof Siegburg, wo unsere Rad-Runde endet.*

Tipp: Falls die kleine Brücke gesperrt sein sollte, müssen wir der Hauptstraße weiter folgen, die später zur Ziethenstraße, dann zu „Im Kierbusch" und danach zur Siegburger Straße wird. An der querenden Schlossstraße rechts, vor dem Fluss links, dann rechts über die Brücke. Dort haben wir dann auch Anschluss an den Siegtal-Radweg, der uns zum Ende der Tour geleitet.

Links neben unserem Radweg liegen die zu Sankt Augustin gehörenden Orte Stoßdorf und Buisdorf. Vor allem ein Abstecher nach Stoßdorf lohnt sich, denn hier finden wir das **Gut Quadenhof**, ein prachtvoller Bau mit angeschlossenem Hofladen und Museum. Neben Geräten aus der Haus- und Landwirtschaft werden hier Exponate zur Brennereitechnik präsentiert.

Expedition zu den Wasserbüffeln

Exotische Tiere mitten in der Wahner Heide

Rundtour von Troisdorf über Hasbach und Köln-Porz-Wahn

Auf dieser Rundtour, die sogar zwei kurze „Bergwertungen" enthält, entdecken wir das Naturschutzgebiet Wahner Heide, wo wir Heidschnucken und mit etwas Glück sogar Wasserbüffel sichten können. Vermutlich wird es auch ab und an etwas laut beim Radeln, denn wir umrunden zugleich den zweitgrößten Flughafen von Nordrhein-Westfalen. Die weite Natur entschädigt dafür aber gleich mehrfach!

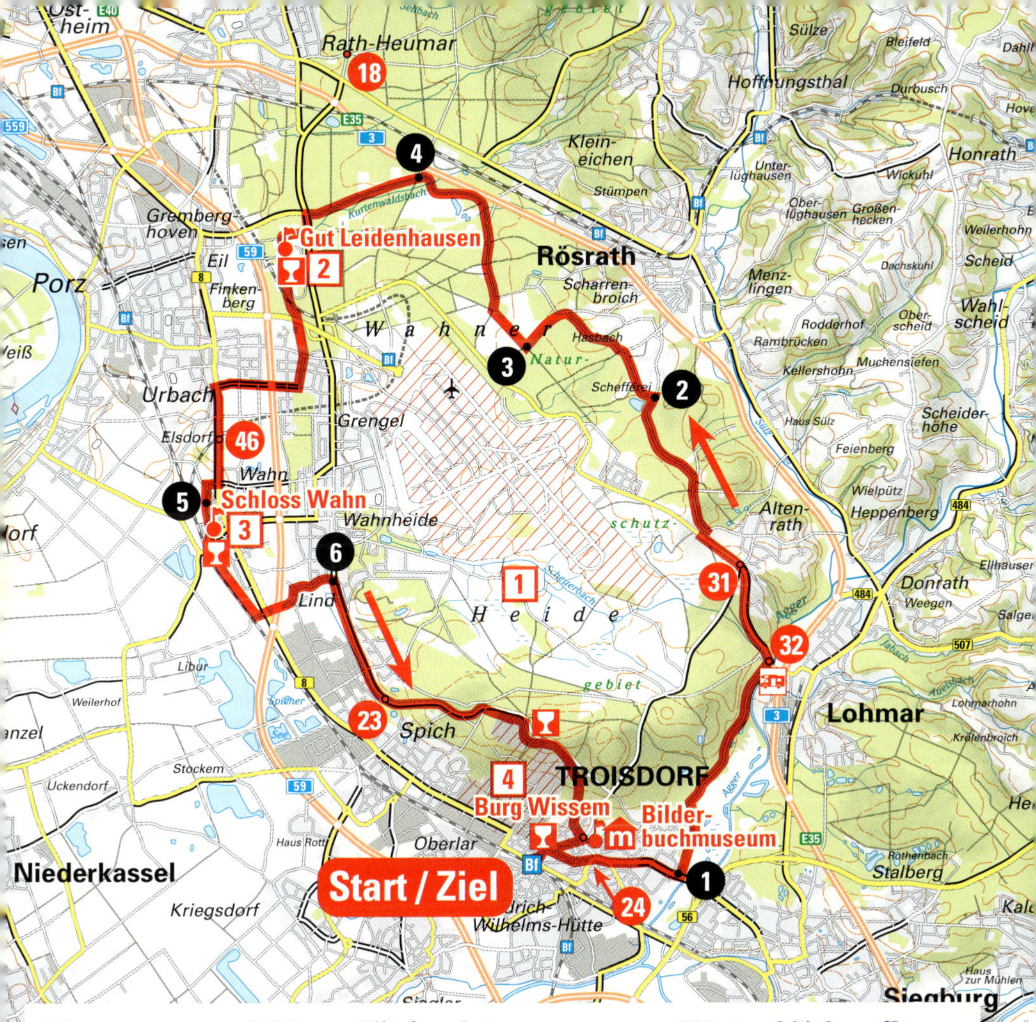

Was erwartet mich?

37 km, Tour mit zwei kurzen, aber „knackigen" Anstiegen und entsprechenden Gefällstrecken auf einem Mix von Straßen, asphaltierten Wirtschaftswegen sowie naturbelassenen, teils befestigten Schotterwegen und Pfaden.

Wie komm' ich hin?

ÖPNV: S-Bahn bis Bahnhof Troisdorf

Mit dem Auto: Parkplatz am Bahnhof Troisdorf (DB BahnPark P1), Bahnstraße 120, Troisdorf

Was muss ich sehen?

1. Naturschutzgebiet Wahner Heide
2. Gut Leidenhausen
3. Schloss Wahn
4. Burg Wissem

Wo tank' ich auf?

Thüringer Kaiserstube
Wilhelm-Hamacher-Straße 9, Troisdorf

Waldwirtschaft Heidekönig
Mauspfad 3, Troisdorf

Parkcafé im Gut Leidenhausen
Gut Leidenhausen 1, Köln

Brauhaus im Eltzhof
St. Sebastianusstraße 10, Köln-Wahn

Restaurant QuattroPassi zur Burg Wissem
Burgallee 3, Troisdorf

Tourstart

Wir starten am Bahnhof Troisdorf, den wir nach rechts und gleich schräg links über die Kronprinzen- und wenig später schräg links über die Wilhelmstraße verlassen. An der querenden Kölner Straße rechts in die Fußgängerzone, die wir bis ans Ende durchradeln.

In der Ortsmitte von Troisdorf können wir an einigen historischen Gebäuden gut nachvollziehen, dass die Industrie seit vielen Jahrzehnten Geld in die Stadt bringt. Aus den Häusern ragt die **Hippolytuskirche** empor. Diese stammt vermutlich von 1064. „Vermutlich" deshalb, weil sich die Siegburger Stiftungsurkunden teilweise als gefälscht erwiesen haben. Wie auch immer: 1771 stand jedenfalls schon längere Zeit hier eine Kirche, die 1854 wegen Baufälligkeit abgerissen wurde. Das heutige Gotteshaus stammt im wesentlichen von 1864.

Am Rande der Innenstadt befand sich einst eine **Sprengstoff-Fabrik der Dynamit Nobel AG**. Das Unternehmen Dynamit Nobel AG hatte tatsächlich etwas mit dem Nobelpreis zu tun: Der schwedische Chemiker und Industrielle Alfred Nobel (1833 – 1896) erfand 1867 das Dynamit und revolutionierte damit den Bergbau. Produziert wurde es hier ab 1886 in der Rheinisch-Westfälische Sprengstoff-Gesellschaft. Zünd- und Anzündmittelt werden noch heute in einem der Betriebe auf dem Gelände hergestellt.

Leider war der überwiegend aus Nitroglyzerin bestehende Sprengstoff nicht nur für friedliche Anwendungen geeignet. Schon bald nutzten die Militärs das Dynamit mit für kriegerische Zwecke. Alfred Nobel erkannte, dass seine Erfindung vielen Menschen das Leben kosten würde und verfügte am 27.11.1895 in seinem Testament fast genau ein Jahr vor seinem Tod, dass eine Stiftung ins Leben gerufen werden soll. Das Vermächtnis umfasste die stattliche Summe von 31 Millionen schwedischen Kronen. Aus deren Zinsen werden alljährlich zum Todestag von Alfred Nobel die Nobelpreise für Leistungen auf den Gebieten Physik, Chemie, Medizin, Literatur und Völkerfrieden finanziert.

*Am Ende der Fußgängerzone geradeaus weiter auf den Radweg neben der Kirch- bzw. Frankfurter Straße. Unmittelbar vor der Aggerbrücke links (**Wegepunkt** ❶) und unten weiter auf dem Aggerdamm bzw. dem Agger-Sülz-Radweg folgend. Auf hügeliger Strecke treffen wir vor den Toren Lohmars hinter der Unterführung auf den **Knotenpunkt** 32.*

Siedler aus Franken sprachen von einem „Loh", wenn sie von Wald und von einem „Mar", wenn sie über einen Sumpf oder Gewässer sprachen. Und schon haben wir die Namensgebung der Stadt Lohmar ergründet.

*Am **Knoten** 32 rechts und parallel zur Straße kurz, aber sehr kräftig den Berg hinauf nach Altenrath. Oben am **Knotenpunkt** 31 links und im Kreisel rechts weiter auf der Alten Kölner Straße.*

Nach einem schweißtreibenden Anstieg erreichen wir Altenrath, das bereits um 1065 herum besiedelt wurde.

Nach wenigen Kurbelumdrehungen rechts in die Flughafenstraße und direkt wieder links Richtung Hasbach. Wir rollen auf einer kleinen Straße, die nur wenig befahren ist und nur kleinere Hügel für uns bereithält.

Wir rollen durch das weitläufige 1 **Naturschutzgebiet Wahner Heide**, die insgesamt eine erstaunliche Fläche von 177 qkm bedeckt. Lange Zeit wurde die Wahner Heide militärisch genutzt: Schon 1817 kamen preußische Truppen für Schießübungen hierher, später gefolgt von der Luftwaffe des Dritten Reiches, die einen Fliegerhorst hier unterhielt. Nach dem Krieg kamen die Besatzer, die das „Atomwaffenlagers Wahner Heide" bewachten.

Doch die Militärs sorgen ohne es zu wollen auch dafür, dass sich eine seltene Flora und Fauna entwickelt konnte, die unter Schutz gestellt wurde. Bei Hasbach entdecken wir mit etwas Glück sogar eine Herde Wasserbüffel. Diese seltenen Rinder aus Asien werden hier auf einer Koppel gehalten.

*Noch vor dem Örtchen Schefferei biegen wir links in den Weg „An der Hasbacher Wiese" (**Wegepunkt** 2), radeln an einzelnen Häusern und Höfen vorbei und fahren auf* *den querenden Brandweg links weiter (den Schildern zum* ***Knotenpunkt*** *18 folgend).*

Auf unserem Weg durch die Wahner Heide werden wir vermutlich auch auf ihre tierischen Bewohner treffen. Genau hinsehen müssen wir, wenn wir es rascheln hören, denn dann könnte eine Schlingnatter im Gebüsch sein. Deutlich besser erkennbar sind die Ziegen und Glanrinder, die hier in Herden gehalten werden.

*Vom Brandweg biegen wir rechts ab (****Wegepunkt*** *3), folgen weiter den Schildern zum* ***Knotenpunkt*** *18, die uns auf dem Wolfsweg bis vor die A3 führen, biegen aber nicht rechts ab (****Wegepunkt*** *4), sondern rollen geradeaus weiter auf dem Porzer Weg (das Holzschild wurde etwas versteckt an einem Baum befestigt), der uns geradewegs zu einer querenden Straße namens „Heumarer Mauspfad" geleitet. Diese recht stark befahrene Straße überqueren wir vorsichtig und folgen dem Radweg ein Stückchen nach links, um dann rechts zum Gut Leidenhausen abzuzweigen.*

Wer sich den **Konrad-Adenauer-Flughafen** näher ansehen mag, rollt weiter neben dem Mauspfad her. Nach dem Zweiten Weltkrieg wurden die Gebäude in der Wahner Heide durch die zahllosen Obdachlosen bewohnt, ehe die Royal Air Force 1945 die Baracken übernahm. Die Briten bauten die seit 1913 existenten Startbahnen aus und legten den Grundstein für den heutigen Flughafen. 1951 übergab man das Flughafengelände den Deutschen zur zivilen Nutzung.

Anwesen mit Geschichte: Gut Leidenhausen…

Vom Gut Leidenhausen fahren wir an der Pferderennbahn entlang, dann links-rechts unter der Landstraße her, dahinter wieder links-rechts und weiter auf „Am Wildzaun" und später geradeaus auf den Wiesenweg.

In 2 **Gut Leidenhausen** müssen wir einen Stopp einplanen, denn hier können wir vor historischer Fassade einkehren, bevor wir uns den Tieren widmen: Die Greifvögel hören wir schon von weitem in ihren Volieren, die Hirsche und Rehe grasen gleich nebenan, stolze Reitpferde ziehen ihre Runden auf der Rennbahn und die Wildschweine suhlen sich im Schlamm.

Rechts auf die Friedensstraße, über die A59 hinweg und an der querenden Frankfurter Straße links zum ***Knotenpunkt*** *46. Hier geradeaus, am Kreisel rechts und gleich wieder links in die Poststraße.*

Das wichtigste Bauwerk von Wahn ist das in einen großen Park eingebettete **3 Schloss Wahn**, das seinerzeit als Lustschloss errichtet wurde. Im Innern gibt es sehenswerte Repräsentationsräume wie das chinesische Zimmer, das pompejanische Zimmer, das Wiener Zimmer oder den Gartensaal.

Am Wegesrand liegt der **Eltzhof**, ein bestens restaurierter Gutshof. Neben der ausgezeichneten Gastronomie im Brauhaus gibt es hier eine tolle Lokation für außergewöhnliche Events.

...Schloss Wahn...

*Von der Poststraße halten wir uns rechts, fahren weiter geradeaus zwischen Kita und Parkplatz (**Wegepunkt 5**), am Ende rechts, am Kreisel links (Dammweg) und gesellen uns neben die Bahnschienen. Nach der Linkskurve des Dammwegs geradeaus über die B8 hinweg, unter der A59 hindurch und im Linksbogen rechts auf der Straße Vietrift durch Lind. Am Ende der Straße (**Wegepunkt 6**) rechts und dann auf dem begleitenden Radweg immer weiter mit einigen kurzen, aber kräftigen Ansteigen. Der Radweg führt stets in der Nähe der Straße, aber meist durch den Wald über die **Knoten** 23 und 24 bis zur Burg Wissem.*

...und Burg Wissem

Das Highlight unserer Rundtour haben wir uns bis zum Schluss aufgehoben: Als Stammsitz der Ritter von Troisdorf errichtet, wurde **4 Burg Wissem** im Jahre 1550 durch den Mitteltrakt zu einem Wohnhaus umgestaltet. 1840 kamen noch das Herrenhaus und die Türme hinzu.

Am 23. Juni 1982 wurde ein **Museum für Kinderbuch-Illustrationen** eröffnet. Mehrere Tausend Kinderbücher und hunderte von Originalvorlagen, ergänzt von vielen Druckstöcken machen dieses Museum zum wichtigsten seiner Art in ganz Deutschland. Neben der Sammlung, die zum Teil vom Kaufmann Wilhelm Alsleben stammt, ist Troisdorf immer wieder Schauplatz des gut dotierten Bilderbuchpreis. Ebenfalls in den Räumen der Burg finden wir das **Museum für Stadt- und Industriegeschichte** und das „Wahner Heide Portal Burg Wissem". Doch damit nicht genug: Hinter der Burg erstrecken sich ein schöner Spielplatz sowie ein Wildgehege, wo wir Hirsche und anderes Wild in freier Natur beobachten können. Wer nach neuen Erkenntnissen sucht, widmet sich dem Erfahrungsfeld der Sinne.

*Von Burg Wissem folgen wir ab **Knotenpunkt** 24 den Schildern zum Troisdorfer Bahnhof, wo unsere Tour endet.*

Reisemobilstellplätze an oder nahe der Route:

Campingplatz Lohmar
Aggerstraße 10, Lohmar

Tour 23

34 km

↑ Elegant nächtigen in Schloss Bensberg

Das Rheinland zu unseren Füßen

Rundtour von Rösrath über Bensberg und Bergisch-Gladbach

Diese Tour hält für uns einen Höhepunkt im wahrsten Sinne des Wortes bereit: In Bensberg stehen wir vor dem Schloss und genießen einen unfassbar schönen Blick über das Rheinland. Es geht also „nach oben", was aber auch ungeübten Radlern keine allzu großen Probleme bereiten dürfte. Auf einigen Passagen rollen wir neben Straßen, meistens allerdings geht es durch die ruhige Natur des Königsforstes.

Was erwartet mich?

33,7 km, eine Tour mit einigen kurzen, aber „knackigen" Anstiegen und entsprechenden Gefällstrecken auf einem Mix von Straßen, asphaltierten Wirtschaftswegen sowie naturbelassenen, teils befestigten Schotterwegen und Pfaden.

Wie komm' ich hin?

ÖPNV: S-Bahn bis Bahnhof Rösrath

Mit dem Auto: Parkplatz am Bahnhof Rösrath, Hauptstraße 79, Rösrath

Was muss ich sehen?

1 Schloss Bensberg
2 Malerwinkel Bensberg
3 Villa Zanders
4 Haus Eulenbroich

Wo tank' ich auf?

Café am Schloss
Am Schloss 6, Bergisch-Gladbach-Bensberg

Wirtshaus am Bock
Konrad-Adenauer-Platz 2, Bergisch-Gladbach

Refrather Mühle
Niedernhof 1, Bergisch-Gladbach-Refrath

Klostermühle
Zum Eulenbroicher Auel 15, Rösrath

Kartentipp: **ADFC Regionalkarte Köln/Bonn**

Tourstart

Wir starten am Bahnhof Rösrath, den wir nach rechts auf der Hauptstraße verlassen, um bei nächster Gelegenheit nach rechts abzubiegen und mit einer kurzen, kräftigen Steigung auf dem Gerottener Weg zu radeln. Am Ende der Mini-Steigung links in die Gerhart-Hauptmann-Straße, der wir in die Sackgasse hinein folgen, um dann nach links auf den Bahntrassen-Radweg abzuzweigen.

Kaum losgeradelt, rollen wir ganz entspannt auf dem alten **Bahndamm der Sülztalbahn**. Sie verband bis 1966 das Bergische Land mit Köln-Mülheim.

Am Ende des ersten Bahntrassen-Stücks geradeaus in die etwas ansteigende Straße namens Stuppheide. Diese endet an der Kreuzung mit der Schillerstraße. Hier radeln wir weiter geradeaus. Hinter der Kreuzung befinden wir uns wieder auf dem Bahntrassen-Radweg, der uns mit sanfter Steigung aus Rösrath hinaus und in den Königsforst hinein geleitet.

Unser Radweg verschafft uns einen guten Eindruck von der Größe des Waldgebiets, das sich **Königsforst** nennt. Einige Bereiche der 2.519 ha. großen Fläche wurden als FFH- bzw. als **Vogelschutzgebiet** ausgewiesen. Seinen Namen erhielt der Königsforst, weil er einst ein Bannwald mit königlichem Jagdrecht war.

*An der querenden Landstraße weiter geradeaus auf dem Bahntrassen-Radweg, der nun sogar ein leichtes Gefälle aufweist, bis wir hinter **Knotenpunkt 75** (links) die A4 kreuzen und auf der Straße Broichen wieder in bewohnte Regionen gelangen.*

Hier ein kleiner Tipp für Radler, die nicht gerne im Straßenverkehr bzw. auf Steigungsstrecken fahren: Wenn wir am **Knotenpunkt 75** links abbiegen und dem autofreien Klasheider Weg mit einigen, nicht allzu anstrengenden Steigungen durch den Wald folgen, treffen wir auf den Refrather Weg. Hier wenige Meter nach rechts und an der nächsten Ecke wieder rechts – so gelangen wir wieder auf die beschriebene Strecke.

Nun wird es anstrengend, denn wir radeln teils auf Straßen mit Autoverkehr und haben zudem eine kräftige Steigung zu überwinden: Von der Broicher geradeaus auf die Straße Reiser, an deren Ende rechts in die Dariusstraße, links über die Gleise, dann direkt rechts in die Johann-Bendel-Straße, an deren Ende links in die Falltorstraße. An der Ampel rechts in die Kölner und oben links – dies ist dann immer noch die Kölner Straße. Ein letzter Hügel führt rechts über die Schlossstraße hinauf nach Schloss Bensberg.

Freie Sicht vom Schloss zum Kölner Dom

Der Weg war mühsam, doch vom **Schloss Bensberg** aus liegt uns das Rheinland zu Füßen: Staunend stehen wir hier oben und lassen unsere Blicke gen Horizont gleiten: Dabei schweifen wir von Düsseldorf über Köln bis hinüber zum Siebengebirge - einfach grandios! Erstaunlich: Obwohl in der Region deutlich über eine Millionen Menschen leben, erblicken wir sehr viel Grün!

Dann aber drehen wir uns um und widmen uns dem wunderschönen 1 **Schloss Bensberg**: 1711 wurde das Jagdschloss nach nur acht Jahren Bauzeit fertiggestellt. Es ist natürlich kein Zufall, dass die Hauptachse des Schlosses so ausgerichtet ist, dass sie genau auf den 14 km entfernten **Kölner Dom** blickt!

Stararchitekt Matteo d´Alberti aus Venedig realisierte diesen Traum für den damaligen Kurfürsten Jan Wellem. Sogar Goethe war von dieser Pracht so begeistert, dass er sie in diesen Zeilen verewigte: „Deutlicher war mir eine Fahrt nach dem Jagdschloss Bensberg, das auf der rechten Seite des Rheins gelegen, der herrlichsten Aussicht genoss. Was mich daselbst über alle Maßen entzückte, waren die Wandverzierungen durch Wenix". Dem ist kaum etwas hinzuzufügen. Außer vielleicht, dass die Anlage schon unterschiedlichsten, darunter auch militärischen Zwecken, diente. Seit 1997 kann man hier in einer der 36 Suiten oder 84 Zimmer des Hotels übernachten und im 2-Sterne-Restaurant Vendome speisen!

Bevor wir uns auf die Weiterreise begeben, widmen wir uns noch der **Bensberger City**, die direkt zu Füßen des Schlosses liegt. Der 2 **„Malerwinkel"** liefert mit seinen

Fachwerkfassaden schöne Fotomotive. Beim Rathaus hingegen scheiden sich die Geister: Der gewagte Bau mit viel Stahlbeton im Stile des „Brutalismus" frohlockte Künstler zu Aussprüchen wie „kristallinisch gefrorener Barock". Der Bürgermeister hingegen war bei der Abnahme des Gerüstes entsetzt und andere wiederum sprechen noch heute vom „Affenfelsen".

Schloss Bensberg verlassen wir wieder zurück hinunter über die Schlossstraße, um an der uns schon bekannten Kreuzung geradeaus weiter in die Gladbacher Straße zu fahren. An der Ampel rechts weiter entlang der Gladbacher Straße. Diese wird zur Bensberger Straße und bringt uns hinunter in die City von Bergisch Gladbach, die wir am großen Kreisel geradeaus erreichen.

Malerischer Malerwinkel

Mit nur etwas über 100.000 Einwohnern ist **Bergisch Gladbach** eher eine der „kleinen Großstädte" Deutschlands. Dass es überhaupt so viele sind, verdankt die Stadt der NRW-Gebietsreform. In diesem Zuge wurden 1975 die bis dahin eigenständige Stadt Bensberg und der zu Odenthal zählende Ort Schildgen Stadtteile von Bergisch Gladbach. Aus römischen Kalkbrennöfen konnte man schließen, dass sich hier schon früh Menschen ansiedelten. Nur etwa 5.000 Einwohner wurden im Jahr 1856 gezählt – und dennoch erhielt Bergisch Gladbach seinerzeit die Stadtrechte. Ob das daran lag, dass sich hier eine florierende Papierindustrie etablieren konnte, bleibt offen. Die Papierfabrik wäre bestimmt auch ein Ziel der Alliierten Bomber gewesen. Doch ein in der USA geborener Bürger namens Karl August („Charly") Vollmann verhandelte so hartnäckig mit den Amerikanern, dass kaum eine Bombe hier abgeworfen wurde. Klar, dass man dieser heldenhaften Tat noch heute mit einem „Charly-Vollmann-Platz" gedenkt.

Wir finden den Platz vor dem Ratskeller. Und der befindet sich natürlich im **Rathaus**, dem sicherlich schönsten Gebäude der Innenstadt. 1905 im Stile der Deutschen Renaissance fertiggestellt, begeistert es uns durch seine spannende Mischung unterschiedlicher Bauweisen. Ebenfalls schön anzusehen ist das **Bürgerhaus „Bergischer Löwe"**

– zumindest der alte Tel, der im Jugendstil errichtet wurde. Der neuere Teil dürfte weniger Begeisterung auslösen, denn er wurde eher zweckmäßig gestaltet.

Schöner Stilmix am Rathaus von Bergisch Gladbach

In der Fußgängerzone zweigen wir links ab in die Hauptstraße, an der querenden Straße An der Gohrsmühle weiter geradeaus. ODER wir fahren am letzten Kreisel links in die Straße An der Gorsmühle und treffen ebenfalls auf die Hauptstraße, in die wir vor dem nächsten Kreisel links einbiegen.

Die Hauptstraße wird später zur Mühlheimer Straße. An der Kreuzung links in die Gierather Straße. Diese knickt mehrfach ab und wird zu „Am Dännekamp". In der Kurve beim ***Knotenpunkt 34*** *links (Schlodderdicher Weg) und sofort rechts in die Sackgasse, an deren Ende wir in den Wald fahren.*

Der Name „An der Gohsmühle" erinnert daran, das Bergisch Gladbach rund um eine Papierfabrik entstand, die 1829 durch J.W. Zanders gegründet wurde. Seinerzeit wurde mit drei Wasserrädern an dem Fluss Strunde Papier geschöpft. Ein Relikt dieser Zeit ist die **3 Villa Zanders**, in der heute die Städtische Galerie untergebracht ist.

In der Blütezeit bot das Unternehmen Zanders mehr als 4.000 Beschäftigten Arbeit. Die Papierbahnen liefen in einer Geschwindigkeit von bis zu 170 km/h durch die Maschinen und die fertigen Rollen (Tamboure genannt) wogen bis zu 70 Tonnen. Im Jahr 2021 kam

Tour 23

das endgültige Aus, die riesigen Papiermaschinen wurden abgebaut und zu einem Betrieb in die Türkei gebracht. Wer mehr über die spannende Geschichte des Papiers erfahren möchte, folgt dem Tal der Strunde ein paar Minuten flussaufwärts. Im **„Papiermuseum Alte Dombach"** erfahren wir die komplette Historie vom ersten handgeschöpften Papier bis zur hochindustriellen Fertigung.

An der ersten Wegekreuzung links und an der nächsten Gabelung im Wald links in den kleinen Weg – am Baum hängt ein kleines quadratisches Schild mit gelbem Pfeil nach links. Auf dem Gierather Mühlenweg bis zur querenden Gierather Straße, wo wir rechts abbiegen. Nach wenigen Metern in einer spitzen Kehre bei einem großen Baum mit Bank nach links in die Refrather Straße. An deren Ende geradeaus an der Schranke vorbei in den Wald. Bei ***Knoten*** *74 rechts, dann weiter schnurgerade durch den Wald. Wir treffen auf die Hasselstraße und folgen den Schildern zum* ***Knoten*** *39 an der nächsten Kreuzung geradeaus in die Alte Marktstraße.*

Alt und Neu vereint Schloss Eulenbroich...

Wir rollen auf breiten Wegen durch die Weite des **Gierather Waldes**. Eine Fläche von 189 ha. wurde unter Naturschutz gestellt, um die Artenvielfalt hier zu erhalten. Dabei fügt sich der Gierather Wald in die Schluchter Heide ein, die wiederum zur Gesamtfläche der Bergischen Heidetrasse gehört. In dieser Region gehen die Bergischen Hochflächen in die Ebenen der Rheinischen Bucht über. Diese Formation entwickelte sich in der Eiszeit, nach der sich auf sandigen oder nassen Böden nur eine bestimmte Vegetation entwickeln konnte. Landwirtschaft war hier kaum möglich und daher kamen nur wenige Siedler in diese Region. Zum Glück für uns, denn so konnten sich dichte Erlen- und Birkenwälder ausprägen, die sich mit Heideflächen abwechseln.

Reisemobilstellplätze an oder nahe der Route:

Campingplatz und Wohnmobilhafen Meigermühle
Sülztalstraße,
Lohmar-Meigermühle

Campingplatz „Am Waldbad"
Peter-baum-Weg 20,
Köln-Dünnwald

Mit den Schildern zum ***Knoten*** *39 schlängeln wir uns durch den Ort, queren Bahnschienen, fahren links am Lidl-Parkplatz vorbei, unterqueren die A4 und erreichen an der querenden Landstraße nach links den* ***Knotenpunkt****. Hier direkt wieder rechts in den Waldweg namens Schiefer Hauweg zum* ***Knotenpunkt*** *18.*

Direkt am Wegesrand liegt das **Wildgehege Brück**. Hier können wir auf einer der Parkbänke ausruhen und dabei das Rotwild beobachten. Auch Wildschweine fühlen sich hier im Gehege sichtbar wohl.

Beim ***Knotenpunkt*** *18 rechts in den Steinbruchs und sofort wieder schräg rechts in den Rath-Forsbacher Weg. Noch einmal kräftig durchschnaufen, denn es geht nochmals bergauf, allerdings ganz entspannt auf dem Waldweg, der schließlich auf eine querende Landstraße trifft. Hier links und direkt wieder rechts.*

So haben wir wieder den Bahntrassen-Radweg erreicht, den wir vom Hinweg schon kennen. Wir rollen auf altbekannter Strecke wieder retour zum Rösrather Bahnhof, wo unsere Tour endet.

...doch das Torhaus blieb stets erhalten

Rösrath ist die jüngste aller Städte im Bergischen Land, denn die Stadtrechte gab es erst im Jahr 2001. Die Region rund um Rösrath blickt jedoch auf eine bewegte Geschichte zurück, die in der Mittelsteinzeit mit der Besiedelung des heutigen Ortsteils Forsbach begann. Herrlich anzusehen ist 4 **Schloss Eulenbroich**. Durch das **Torhaus**, das gerne als „Tor zum Bergischen Land" bezeichnet wird, erreichen wir das das farbenfrohe Schloss. Schon im 13. Jh. gab es an dieser Stelle eine Burg.

Wenn wir am Bahnhof weiter an der Sülz entlang radeln, kommen wir zum Haus Venauen. Seit 1555 gibt es hier einen Adelssitz, in dem wir heute exklusive Eigentumswohnungen kaufen können.

Noch ein Stück weiter liegt der Ort **Hoffnungsthal** mit einem wunderschönen Ortskern rund um die Sülzbrücke. Mit **Haus Stade** gibt es in Hoffnungsthal ein weiteres Fotomotiv. Die ehemalige Wasserburg war einst ein Rittersitz – ob er damals schon diese „mutige" Farbe trug, bleibt an dieser Stelle ungeklärt.

Folgen wir hingegen von der Ortsmitte Rösraths der Sülz flussabwärts, erreichen wir **Burg Sülz**. Aus einem ehemaligen Rittersitz wurde eine Wasserburg, deren Gebäude aufwändig saniert wurden.

Steinreiches Lindlar

In Lindlar werden seit über 300 Jahren Gesteine abgebaut

Rundtour von Engelskirchen über Lindlar und Hommerich

Die Stadt Lindlar bezeichnet sich gerne als „steinreich". Das liegt weniger an den finanziellen Mitteln als an dem Umstand, dass in den umliegenden Steinbrüchen schon seit mehr als 300 Jahren Grauwacke abgebaut wird. Als ob das nicht schon Grund genug für eine Radtour wäre, haben wir gleich mehrere spannende Museen zu entdecken. Leider gibt es aber auch einige Steigungen „zu entdecken".

Was erwartet mich?

29,7 km, eine hügelige Tour mit mehreren kräftigen Anstiegen und längeren Gefällstrecken auf Radwegen, Nebenstraßen und auf der Strecke einer ehemaligen Bahntrasse.

Wie komm' ich hin?

ÖPNV: S-Bahn bis Engelskirchen

Mit dem Auto:
Park & Ride-Parkplatz am Bahnhof Engelskirchen

Was muss ich sehen?

1. **Steinhauerpfad Lindlar**
2. **Historischer Ortskern Lindlar**
3. **Erstes Deutsches Engel-Museum**
4. **LVR-Industriemuseum** Engelskirchen

Wo tank' ich auf?

Bistro Birkenbäumchen
Bergische Straße 21, Engelskirchen

Brauhaus Engelskirche
Bahnhofsplatz 6, Engelskirchen

Museumsgastronomie „Naumanns im Lingenbacher Hof"
Lingenbach 6, Lindlar

Altes Amtshaus
Hauptstraße 12, Lindlar

Kartentipp: **ADFC Regionalkarte Berg. Land/Köln/Düsseldorf**

Tourstart

***Wir beginnen mit einem Tipp:** Die ersten rund 7 km bis Lindlar sind recht schwer zu fahren, denn es geht über eine Nebenstraße ohne Radweg teils sehr kräftig den Berg hinauf. Warum also nicht in Engelskirchen fragen, ob wir die Räder mit in den Bus nehmen dürfen? Der Bus bringt uns in einer guten Viertelstunde auf den Berg.*

360 Stufen zum :metabolon

*Unsere Tour startet am Bahnhof Engelskirchen den wir über die Bergische Straße nach rechts verlassen. Nach wenigen Minuten biegen wir bei **Knotenpunkt** 61 rechts in die Horpestraße ein, die schon im Ort deutlich ansteigt. So kurbeln wir rund 150 Höhenmeter nach oben.*

Vom Ort Eichholz aus können wir einen Abstecher zum **„:metabolon" – Gärten der Technik** unternehmen. Eigentlich handelt es sich um ein großes Entsorgungszentrum, doch allein die Ausstellung am Fuße der Halde macht den anstrengenden Abstecher lohnenswert: Auf sehr interessante Weise bekommen wir erklärt und gezeigt, welche Abfälle wir produzieren und was mit diesen geschieht. Wer völlig übermotiviert ist, steigt 360 Stufen nach oben und genießt eine herrliche Rundum-Fernsicht auf das Bergische Land.

*In Eichholz weiter geradeaus über die Engelskirchener Straße, am Kreisel geradeaus und an der Wolfsschlade links. So erreichen wir am Kreisel den **Knotenpunkt** 62, biegen links ab zum **Knotenpunkt** 64 und fahren durch die Innenstadt von Lindlar.*

Ist das nicht spannend? Der älteste Wald der Welt stand vor 390 Millionen Jahren hier in **Lindlar**! Forscher wiesen 2009 Äste und Blätter aus dieser Zeit nach, die also noch wesentlich älter sind, als die Zeit, in der die

Dinosaurier lebten. Vermutlich wurden die 2-3 m hohen Bäume durch einen Tsunami ins Meer gespült, bevor sich Schlamm darüber legte. Diese Ablagerungen machen Lindlar bis heute berühmt – es entstand über rund 350 Millionen Jahre hinweg Grauwacke. Mehrere Steinbrüche bauen seit mehr als 300 Jahren die grüngrauen bis grauen Sandsteine in großem Stile ab. Reiche Vorkommen gibt es im Bereich der „Eremitage" bzw. am Brungerstberg – klar, dass sich hier gleich mehrere Betriebe niedergelassen haben. Besonders beliebt ist das Gestein als dekorative Pflastersteine die auch hier in den Werken auf Steinspaltmaschinen hergestellt werden. Auch als Schotter und Mauersteine findet die Grauwacke ihre Abnehmer. In den ansässigen Unternehmen werden auch CNC-Maschinen aber auch hochwertige Produkte wie Küchenarbeitsplatten, Waschbecken, Möbelbauteile, usw.hergestellt. Wer mehr über diese Techniken des Abbaus und der Aufbereitung erfahren möchte, wendet sich an das Touristenbüro von Lindlar. Hier werden sogar Betriebsbesichtigungen in den Brüchen angeboten. Auf eigene Faust können wir die Welt der Steinbrüche auf dem **1 Steinhauerpfad** entdecken, der an der Straße namens Eremitage beginnt, aber nicht mit dem Rad befahrbar ist. „Steinreiches Lindlar" – der Werbespruch der oberbergischen Gemeinde passt also bestens!

Unverwüstlich...

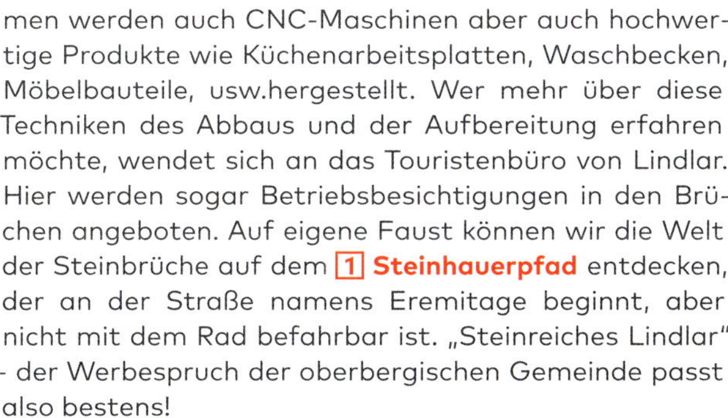

Wem das dann doch zu „steinig" ist, der widmet sich dem **2 historischen Ortskern von Lindlar**. Rund um die **Pfarrkirche St. Severin** finden wir alte Schiefer-, Fachwerk und Bruchsteinhäuser, unter ihnen auch das Alte Amtshaus.

*Am **Knotenpunkt 64** biegen wir rechts ab, am Kreisel links und wenig später schräg rechts in die ansteigende Lindenallee. Oben rollen wir in einer Linkskurve geradeaus und erreichen den Bahntrassen-Radweg Sülztalbahn.*

Eindeutig mehrdeutig!

Kaum sind wir von der Lindenallee abgebogen, können wir die Fahrräder ungeniert rollen lassen: Komplett autofrei und nur mit kleinen, wenig anstrengenden Hügeln rollen wir genau dort, wo einst die **Sültzalbahn** verkehrte. Wenn wir gleich zu Beginn der Trasse unsere Blicke nach rechts richten, entdecken wir gleich mehrere Steinbrüche, die sich bis auf die Spitzen der Hügel hinauf ziehen.

Zeitreise im Freilichtmuseum Lindlar

Auf dem Bahntrassen-Radweg finden wir ideale Bedingungen: Eine perfekt präparierte und autofreie Piste, die nur ab und an etwas bergauf und ansonsten fast ständig bergab führt.

Lindlar musste lange auf einen Eisenbahnanschluss warten – erst ab 1912 rollten hier die Züge auf der Sülztalbahn. Die Linie begann in Köln und führte über Köln-Mülheim, Bensberg, Hoffnungsthal und Hommerich nach Lindlar. Und 1960 war schon wieder Schluss für die Personenzüge, 6 Jahre später auch für den Güterverkehr. Heute geht unsere Fahrt auf einer bestens präparierten Asphaltstrecke über Viadukte mit herrlichen Ausblicken über das Tal der Sülz. Für ein gelungenes Picknick wurden verschiedene Sitzgelegenheiten eingerichtet.

Der Bahntrassen-Radweg bringt uns zu einer querenden Landstraße, die wir vorsichtig schräg rechts versetzt geradeaus überqueren, um auf der fast autofreien Straße Quabach (später Hommericher Straße) weiter zu radeln.

Wenn wir ein Stück nach **Hommerich** hineinradeln, entdecken wir den ehemaligen Bahnhof, der gar nicht so leicht zu identifizieren ist, weil das Gebäude heute privat genutzt wird.

Vor Hommerich endet der Radweg. Hier schnaufen wir kräftig durch und kurbeln nach links die starke Steigung nach Ebbinghausen hinauf. Durch Ebbinghausen erreichen wir bei Fahn eine Querstraße, wo wir links abbiegen Richtung Lindlar bzw. Waldbruch. Auf weiterhin hügeliger Strecke radeln wir – leider ohne Radweg – durch Waldbruch. Kurz vor Lindlar haben wir für ein Stück einen eigenen Radweg zur Verfügung.

Die Strecke ist zwar recht anstrengend zu fahren, doch die Aussichten nach rechts und links über die herrliche Landschaft des Bergischen Landes entschädigt für die Mühen.

Wir kommen direkt am **Freilichtmuseum Lindlar** vorbei, das erst 1998 eröffnet wurde. Auf einer Fläche von 30 ha. entdecken wir eine Schmiede, ein Backhaus, eine Seilerei, eine Hofanlage und viele weitere Gewerbegebäude von anno Dazumal. Durch das Gezeigte ist sehr gut nachvollziehbar, wie das ländliche Leben einst im Bergischen Land ablief. Allein die herrlichen alten Gebäude machen einen Besuch lohnenswert und in der Museumsgastronomie können wir auch vorzüglich einkehren.

Weiter geradeaus über die Rheinstraße gelangen wir wieder zurück nach Lindlar. Im Kreisel rechts und beim ***Knotenpunkt*** *64 an der Ampel geradeaus in den Wilhelm-Breidenbach-Weg. Am Kreisel links in die Voßbrucher Straße, die als Hellinger Straße um die Rechtskurve führt. Am nächsten Rechtsknick links in die Straße namens Jugendherberge und weiter kräftig bergauf. Am Kreisel rechts und in flotter Fahrt durch Eichholz wieder zurück ins Tal der Agger. Am* ***Knotenpunkt*** *61 links und zurück zum Bahnhof Engelskirchen.*

Das Christkind hat natürlich ein eigenes Museum

Engelskirchen ist zur Weihnachtszeit natürlich DIE Adresse für alle Kinder, die Ihre Wunschlisten ans Christkind richten. Alle Briefe werden selbstverständlich auch vom Christkind persönlich beantwortet. Da ist es auch keine Überraschung, dass nur wenige Meter vom Bahnhof entfernt an der Straße Richtung Bergneustadt das **3 Engels-Museum** liegt. Johan Fischer aus Kürten war ein begeisterter Sammler von Engeln. Mit einem eigens gegründeten Verein wurden rund 15.000 Engel zusammengetragen, was für einen Eintrag im Guinness-Buch reichte. Die Räume der Alten Schlosserei geben heute ein schönes Ambiente für Exponate aller Art. Darunter Schutzengel, Raffael-Engel, besonders leichte, besonders große (2,45 m) und besonders schwere Engel – der schwerste bringt stattliche 85 kg auf die Waage.

Unweit des Engels-Museums liegt das **4 LWL-Industriemuseum** „Kraftwerk Ermen & Engels". Die wuchtigen Gebäude wurden aus Grauwacke gefertigt, jedem Stein, dem wir auch in Lindlar „begegnen" werden. Das historische Wasserkraftwerk wird heute mit seinen Nebengebäuden für viele Zwecke genutzt. Einen Teil davon, wie z.B. den Turbinenkeller oder die Schalttafeln, können wir als Museum entdecken. Und ja, Friedrich Engels sen. gründete seinerzeit das Unternehmen und setze einen gleichnamigen Sohn in die Welt, der mit Karl Marx die Politik verändern sollte.

Reisemobilstellplätze an oder nahe der Route

(außerhalb der Kartenskizze):

Campingplatz Wiehltal
Jahnstraße 14, Wiehl

Wohnmobil-Stellplatz Bergisch-Gladbach
Parkplatz Kombibad, Bergisch-Gladbach

Tour 25

30 km

Wo die Bahn einst das Bergische mit dem Sauerland verband

Der Biggesee fügt sich natlos in die Geografie des Sauerlandes ein

Streckentour von Gummersbach über Bergneustadt nach Olpe

Wie der Titel es verrät, radeln wir vom Bergischen Land in das Sauerland. Die Landschaft ändert sich dabei kaum, denn wir rollen auf einer perfekt befahrbaren ehemaligen Bahntrasse inmitten grüner Wälder, die sich in sanfte Höhen aufschwingen. Nur eines ist spürbar: Es geht in der ersten Hälfte stetig bergauf, daher sind etwas Kondition oder ein E-Bike empfehlenswert.

Was erwartet mich?

30 km, in der ersten Hälfte etwas anstrengende Tour mit einem längeren Anstieg und folgenden Gefällen auf einem Mix von Straßen, asphaltierten Wirtschaftswegen sowie naturbelassenen, teils befestigten Schotterwegen und Pfaden und perfekt befahrbaren Bahntrassen.

Wie komm' ich hin?

ÖPNV: S-Bahn bis Bahnhof Gummersbach

Mit dem Auto: Parkhaus Forum Gummersbach (keine Dachträger!), Steinmüllerallee 5 oder Hohe Straße Parking, Hohe Straße 5, Gummersbach

Was muss ich sehen?

1. Historischer Ortskern Bergneustadt
2. Wegeringhauser Tunnel
3. Historischer Ortskern Drolshagen
4. Fontäne am oberen Biggesee

Wo tank' ich auf?

Alte Kaffeestube
Hauptstraße 21, Bergneustadt

Hotel Restaurant „Haus Wigger"
Vorm Bahnhof 4, Drolshagen-Wegeringhausen

Bäckerei Hesse
Hagener Straße 27, Drolshagen

Café Schröder´s
Kardinal-von-Galen-Straße 1-3, Olpe

Kartentipp: **ADFC Regionalkarte Berg. Land/Köln/Düsseldorf**

Tourstart

Wir starten am Bahnhof von Gummersbach, den wir am Kreisel über die Wilhelm-Heidenbreder- und geradeaus Hindenburgstraße verlassen. Diese schlängelt sich als Seßmar-, später Gummersbacher Straße den Berg hinunter und führt an einigen Autohäusern und Einzelhändlern vorbei. Unten an der Ampel bei ***Knotenpunkt*** *40 links in die Kölner Straße.*

Gummersbach ist die „Hauptstadt" des Bergischen Landes

Gummersbach ist sozusagen die „Hauptstadt" des Oberbergischen Kreises – hier finden wir viele Verwaltungsgebäude. Nachdem ein Unternehmen, das mitten in Gummersbach große Flächen belegt hatte, den Betrieb einstellte, wurde ein neues Zeitalter eingeleitet: Schon seit vielen Jahren gab es eine sehr einladende Fußgängerzone. An deren Rand entstanden zusätzlich zwei große Einkaufszentren, so dass Gummersbach als **DIE Shopping-Metropole** des bergischen Landes gilt.

Doch es gibt auch historisches zu entdecken: Rund um die Steinenstraße stehen stattliche Fachwerk- und Schieferhäuser, die mit ihren Biergärten zur Einkehr einladen.

Die Kölner Straße können wir nach wenigen Metern bei der Bäckerei rechts auf der Ahestraße verlassen und sofort wieder rechts abbiegen. Beim ***Knoten*** *39 zweigen wir links ab auf den* ***Bergischen Panorama-Radweg*** *(BEPA), der auf der Trasse der ehemaligen Aggertalbahn verläuft.*

Dieringhausen liegt unterhalb von Gummersbach im Tal der Agger und entwickelte sich als klassisches **„Eisenbahnerdorf"**. Daher wundert es auch nicht, dass wir hier ein **Eisenbahnmuseum** finden, das aus einer Drehscheibe, diversen Lokomotiven und mehreren historischen Lokschuppen besteht.

*Die perfekt präparierte ehemalige Bahntrasse führt uns vorbei an Rebbelroth und Derschlag (**Knoten** 35), wo wir unter der B55 hindurch rollen. Auch an Sessinghausen werden wir autofrei vorbei geleitet, um in Bergneustadt auf einen Kreisverkehr zu treffen.*

Im Jahr 1903 wurde die Bahnstrecke zwischen Dieringhausen und Olpe eröffnet, die fast 100 Jahre lang im Dienst stand. Nach der Stilllegung 2008 wurde die Nutzung als Radweg schnell in die Tat umgesetzt - wo einst die Schienen der Aggertalbahn verliefen, können wir nun komplett autofrei auf einer asphaltierten Trasse radeln.

Bergneustadt? Gar nicht mal so neu!

Den Kreisel in Bergneustadt verlassen wir „geradeaus" auf der Bahnstraße, die später auf den Südring trifft.

Der Name **„Bergneustadt"** ist etwas irreführend, denn „neu" ist der Ort wahrlich nicht: Schon 1277 bis 1308 ließ Graf Eberhard II. an dieser Stelle eine Stadtburg mit doppelter Wehrmauer errichten. Damit gilt Bergneustadt als **älteste Stadt des Oberbergischen Kreises**.

Obwohl die Burg im 17. / 18.Jh verfiel, verfügt die 22.000-Einwohner-Gemeinde noch heute über einen tollen, **1 mittelalterlichen Stadtkern**, der etwas erhöht rechts von unserem Radweg auf dem Gebiet der ehemaligen Burg liegt. Mit den gepflasterten Gassen, den alten Laternen und den hübschen Fachwerkhäusern aus dem 18. und 19. Jh. bietet sich der Ort für eine erste Rast an. Dabei können wir auch dem **Heimatmuseum** einen Besuch abstatten, das sich direkt in der Altstadt befindet. Gezeigt werden vor alte Werkstätten, Schulzimmer und Wohnungen.

Bonte Kerke - im Innern wissen wir, warum sie so heißt

*Am Südring links und gleich wieder rechts – so gelangen wir wieder auf den Bahntrassen-Radweg, der wieder als **Bergischer Panorama-Radweg** (BEPA) beschildert ist. Dieser steigt bereits deutlich an und bringt uns nach Wiedenest*

In **Wiedenest** müssen wir uns die **„Bonte Kerke"** ansehen. Das Innere begeistert uns mit farbenfrohen Wand- und Deckenmalereien, die teils aus dem 15. Jh. stammen. Seinerzeit war das Gotteshaus eine Wallfahrtskirche. Die Pilger verehrten ein Holz aus dem Christus-Kreuz und eine Quelle, in der Nähe der Kirche, aus der bis heute ununterbrochen Wasser sprudelt.

*Ab Wiedenest wird es anstrengend, denn der Bahntrassenradweg steigt nun – vorbei am **Knoten** 36 – bis Wegeringhausen immer kräftiger an.*

Mit dem **2 Wegeringhauser Tunnel** haben wir im wahrsten Sinne den Höhepunkt unserer Tour erreicht. Er liegt auf rund 409 Metern Höhe und damit auf dem Scheitelpunkt unserer Tour. Das Durchfahren mit den Bikes sorgt für echten Nervenkitzel –mit seiner Länge von

724 m ist er der **zweitlängste Fahrradtunnel Deutschlands**! Im Jahr 2012 wurde der Tunnel eröffnet, nachdem er mit Asphaltdecke, Notrufeinrichtungen und Beleuchtung ausgestattet wurde. Zwischen November und April bleibt uns die Durchfahrt aber verwehrt, denn dann gehört er nur den Fledermäusen, für die Nistkästen angelegt wurden.

Der Marktplatz ist Drolshagens „gute Stube"

*Nach dem Tunnel geht es in entspannter Fahrt bergab. An **Knotenpunkt** 2 geradeaus in die Ortsmitte von Drolshagen. Wo sich der Radweg zur Hagener Straße gesellt.*

Als im 15. und 16. Jh. der Bergbau in der Region florierte, kam auch **Drolshagen** zu einer Blütezeit. Im Jahr 1838 wütete eine Feuersbrunst im Ort. Daher stammen die meisten Gebäude im 3 **Ortskern** aus der Zeit danach. Dafür sind sie aber umso schöner: Rund um die **Pfarrkirche St. Clemens** finden wir tolle Fachwerkhäuser wie z.B. **Haus Schürholz**.

In Drolshagen verlassen wir den Kreisel geradeaus auf der Alten Landstraße. Diese können wir nach wenigen 100 Metern wieder nach links verlassen, wo der nächste Radweg beginnt.

Die Brachtpe schlängelt sich direkt neben unserem Radweg entlang. Mit nur gut 10 km ist sie nicht unbedingt einer der längeren Flüsse. Dafür aber sind wir schon im Sauerland angekommen, wovon wir rein optisch nicht viel merken: Die Gegend um uns wird immer noch von dichten Wäldern bestimmt, die sich auf die Berge hinauf ziehen.

*Der **Bergische Panorama-Radweg** geleitet uns durch das Brachtpe-Tal vorbei an Eichen nach Rosenthal zum Biggesee. Hier verlassen wir hinter der Autobahn die Bahntrasse, fahren links hoch auf die querende Straße und folgen weiter den Schildern des **Berg. Panorama-Radweges**.*

Endlich sind wir am **Biggesee** angekommen. In dem Teil, den wir beradeln, sieht er beinahe klein und unscheinbar aus. Dabei ist er aber mit 8,76 qkm Wasserfläche einer der größten aufgestauten Seen in ganz Deutschland. Der große Hauptdamm liegt am anderen Ende des Sees bei Attendorn – er wurde 1965 fertiggestellt und sorgte seinerzeit dafür, dass das Ruhrgebiet seitdem zuverlässig mit Wasser versorgt werden kann. Auch die Touristen haben den Biggesee seit vielen Jahren ins Herz geschlossen: Ein toller Radweg führt einmal um den See herum, es gibt reichlich Einkehr- und Übernachtungsmöglichkeiten und die Besitzer von rollenden Eigenheimen freuen sich über mehrere erstklassige Camping-

Das Wasser des Biggesees versorgt auch das Ruhrgebiet

plätze. Der Platz „Gut Kalberschnacke" wurde bereits zum besten Platz von NRW gekürt.

Mit einem kleinen Hügel überwinden wir die Bahnschienen, um dahinter dem Ufer des Sees nach rechts zum ***Knoten*** *⑭ zu folgen.*

Die letzten Meter unserer Radtour legen wir am Ufer des Obersees zurück, der genau genommen das Vorstaubecken des Bigge-Stausees ist. Seit 2011 sprudelt hier eine hohe [4] **Wasserfontäne**, die sich schnell zu einem weiteren Wahrzeichen der Region entwickelte.

*Stets dem See folgend, wechseln wir über die Brücke das Ufer (****Knoten*** *⑭), dahinter direkt rechts, an der Querstraße rechts wieder über die Bigge und am Kreisel links. So erreichen wir den Bahnhof von Olpe, wo unsere Tour endet.*

„Bach am feuchten Wiesengrund" – Ol-apa, das dürfte wohl die Bedeutung des Ortes sein, der 1220 erstmalig erwähnt wurde und 3111 die Stadtrechte erhielt. Im Vergleich zu Attendorn jenseits des Biggesees führte **Olpe** jahrhundertelang eher ein Schattendasein, das sich erst um 1654 änderte, als Attendorn an Bedeutung verlor und in Olpe die Eisenindustrie boomte. Pikanterweise sind fast alle Hammerwerke in den Fluten des Biggesees untergegangen. Mehrere Brände legten Olpe immer wieder in Schutt und Asche. Der letzte Großbrand wurde 1795 dazu genutzt, die Wehrmauer niederzureißen und die Stadt zu vergrößern. Im Jahre 1737 wurde die **Heilig-Kreuz-Kapelle** erbaut, die drei prunkvoll geschnitzte Altäre ihr Eigen nennt.

Das größte Gotteshaus am Ort ist die **Pfarrkirche St. Martin**, die bei den Bränden ebenfalls großen Schaden nahm. Rund um den Markplatz gruppieren sich schöne Schiefer- und Fachwerkhäuser, die teilweise mit Biergärten zum Verweilen einladen. Die Platzmitte ziert das **Pannenklöpper-Denkmal**, welches an die Gilde der Pfannenschmiede erinnert, durch die Olpe im 18.Jh. zu Wohlstand kam.

Reisemobilstellplätze an oder nahe der Route:

Wohnmobilstellplatz Reichshof
Am Eichenholz 8,
Reichshof

Camping Gut Kalberschnacke
Kalberschnacke 8,
Drolshagen-Listersee

Tour 26

31 km

Von der Wupper zur Wipper

Die Kerspe-Talsperre ist eine von vielen Sperren auf dieser Tour

Streckentour von Lennep über Wipperfürth nach Marienheide

Diese Streckentour verbindet auf einer perfekten Art und Weise einen Bahntrassen- und einen Flussradweg – wobei wir zunächst an der Wupper entlang radeln, die später ihren Namen zur Wipper ändert. Die zusätzlichen Radwege-Schilder mit dem Logo „Wasserquintett" verraten, dass wir außerdem an mehreren Stauseen vorbeikommen, die zu einem Sprung ins kühle Nass einladen.

Was erwartet mich?

31 km, in der ersten Hälfte fast nur Gefälle, in der zweiten Hälfte stetig leichter Anstieg auf asphaltierten ehemaligen Bahntrassen.

Wie komm' ich hin?

ÖPNV: S-Bahn bis Bahnhof Lennep

Mit dem Auto: Park & Ride – Parkplatz Lennep Bahnhof, Robert-Schumacher-Str., Remscheid-Lennep

Was muss ich sehen?

1 **Historischer Ortskern Lennep**
2 **Schloss Hückeswagen**
3 **Schieferhäuser** in Wipperfürth
4 **Villa Ohl**

Wo tank' ich auf?

Lunchtime #26, Imbiss und Mittagsrestaurant
Bahnhofstraße 26, Hückeswagen

Bäckerei Klaus Fahlenbock
Untere Straße 28, Wipperfürth

Penne
Marktplatz 14, Wipperfürth

Schmidt´s Backstübchen
Landwehrstraße 4, Marienheide

Kartentipp: **ADFC Regionalkarte Berg. Land/Köln/Düsseldorf**

Tour 26

Lennep: Gut einkehren…

…und gute Fotomotive finden

Tourstart

*Wir starten am Bahnhof von Remscheid-Lennep, den wir nach rechts verlassen, um direkt in den Bahntrassen-Radweg **„Balkantrasse“** einzusteigen. Dieser geleitet uns erst ein Stück neben den Bahnschienen, dann unter der B229 her. Mit einer leichten Steigung verlassen wir Lennep.*

1 **Lennep** müssen wir uns einfach ansehen: Viele **Fachwerk- und Schieferhäuser** mit grünen Türen und Läden gruppieren sich rund um kleine Plätze und enge Gassen. Hier wird mit jedem Schritt deutlich, was man unter „Bergischem Barock" versteht - einfach herrlich! Sage und schreibe 116 Häuser wurden hier unter Denkmalschutz gestellt. Mittendrin finden wir – natürlich auch in einem Schieferhaus – das **Deutsche Röntgenmuseum**. Conrad Röntgen wurde hier in Remscheid geboren. 1895 revolutionierte er die Medizin mit der Entdeckung, Entwicklung und Anwendung der Röntgenstrahlen. Ein Besuch ist also Pflicht! Und nur keine Angst: Diese spezielle Wissenschaft wird hier so erklärt, dass wirklich jeder, ob groß oder klein, begeistert ist.

An unserem Wegesrand liegt **Bergisch Born**, das einen kleinen Abstecher von der Bahntrasse lohnt: An der B51 beeindruckt uns das prachtvolle Haus mit den Nummern 147/149, das natürlich auch mit einer Schieferfassade und grünen Fensterläden versehen wurde. Nur wenige Kilometer von unserem Radweg entfernt liegen die **Eschbach-** sowie die **Panzer-Talsperre** und damit auch wirklich Geschichtsträchtiges: 1891 fertiggestellt, ist die Eschbachtalsperre die älteste und die nur zwei Jahre später in Betrieb genommene Panzer-Talsperre die zweitälteste Talsperre Deutschlands.

*Der Bahntrassen-Radweg bringt uns autofrei mit leichtem Gefälle nach Bergisch Born. Hier zweigen wir am **Knotenpunkt** 28 beim Picknickplatz links ab auf den **„Bergischen Panorama-Radweg“**. Auf abschüssiger Strecke rollen wir bergab. Warnschilder und „Schranken“ weisen uns darauf hin, dass wir bei **Knoten** 30 vorsichtig die B237 geradeaus überqueren müssen. Dahinter geht es ein Stückchen bergauf, dann in sanften Schwüngen hinunter nach Hückeswagen.*

Der Bergische Panorama-Radweg teilt sich die perfekte Trasse mit der Radroute Wasserquintett. Beide Namen halten, was sie versprechen, denn nach einer aussichtsreichen, weil etwas hügeligen Strecke kommen wir an der Wupper-Vorsperre vorbei. Sie bildet den Auftakt zu einer Reihe von Stauseen, die auf unserem Weg liegen. Insgesamt gibt es hier 12 Seen und Talsperren, was das Bergische Land zur talsperrenreichsten Region Europas macht.

Schloss Hückeswagen thront über der Altstadt

Als nächstes erreichen wir **Hückeswagen**, das uns am „Bergischen Kreisel" mit einer alten Bahn-Signalanlage daran erinnert, dass wir dort radeln, wo einst die Schienen verliefen. „Rothenburg ob der Wupper" oder „Perle des Bergischen Landes" wird der über 900 Jahre alte Ort gerne genannt. Und in der Tat hat Hückeswagen eine Menge zu bieten - unterhalb des etwas erhöht liegenden, wundervoll erhaltenen Grafenschlosses liegt eine Altstadt, die viele Schieferhäuser zu bieten hat. 1138 waren es die Grafen von Hückeswagen, die sich über der Wupper ein stattliches 2 **Schloss** erbauen ließen. 1260 kauften die Grafen von Berg das Territorium. Das zweiflügelige Schloss wurde mehrfach verändert und dient heute als Rathaus. Im hier untergerbachten **Heimatmuseum** sehen wir Exponate zur bergischen Wohnkultur, Kirchenkunst und zur Arbeitswelt der Vergangenheit. Der Stadtkern bietet sich mit Kneipen, Cafés und Läden für eine Rast an.

Nicht allzu ernst sollte man sicherlich die Geschichte zur Namensgebung nehmen: Ein fahrender Käsehändler soll, als er hier im Schlamm steckte, gerufen haben „Hü, Käswagen"!

*In Hückeswagen treffen wir am Kreisel auf den **Knotenpunkt** 83, wo wir den Schildern des **Berg. Panorama Radweges** bzw. zum **Knoten** 84 geradeaus folgen.*

Der Radweg gesellt sich direkt neben die Wupper. Unweit unserer Strecke liegen die **Bever-**, die **Neye-Talsperre** und etwas weiter links **Schevelinger Talsperre**. Der Beverstausee wird gerne die „Südsee des Ruhrgebietes" genannt, denn hierher kommen gerne die Ausflügler aus dem Ruhrpott. Die erste Sperrmauer wurde bereits 1935-39 erbaut, doch 1941 bei militärischen Sprengversuchen so stark zerstört, dass sie nach dem Krieg durch einen Erdwall ersetzt werden musste.

Der Münzschläger „arbeitet" auf dem Marktplatz von Wipperfürth

*An einem ausrangierten Schienenbus vorbei und über den Kreisel geradeaus erreichen wir am **Knoten** 86 Wipperfürth.*

Ein Höhepunkt jagt den nächsten – schon nach wenigen Minuten erreichen wir **Wipperfürth**.

Drei „Durchgangsstraßen" und mehrere Brandgassen, also eine typisch mittelalterliche Stadtplanung, prägen die Mitte Wipperfürths. Daher ist es auch nicht verwunderlich, dass wir entlang dieser Straßen sowie am Marktplatz (mit achteckigem Brunnen von 1569), auch eine Vielzahl historischer Gebäude, darunter vor allem Fachwerk- und 3 **Schieferbauten**, finden. Die Brandgassen entstanden nicht zufällig, denn zwischen dem 14. und dem 18. Jh. brannte Wipperfürth 11mal nieder, wobei im letzten Feuer 1795 nur die **Kirche St. Nikolaus** (erbaut im 12./13.Jh.) und die Häuser am Marktplatz heil blieben. Die heute sichtbaren Häuser, die zum Teil zusätzlich mit Türmchen o.ä. reich verziert wurden, stammen daher alle aus dem darauffolgenden Wiederaufbau. 1217 erhielt Wipperfürth vom Kölner Erzbischof Engelbert schon die Stadtrechte und ist damit die älteste Stadt des Bergischen Landes. Diesen Umstand verdankt sie einer Furth über die Wupper, die hier, in ihrem Oberlauf, noch Wipper heißt. An dieser Furth kreuzten die Handelsstraßen von Köln nach Westfalen und von Siegburg nach Norden. So wurde auch bereits 1131 von einem „Wepervorthe" an dieser Stelle berichtet.

*Wir bleiben auf der Bahntrasse und fahren an den **Knotenpunkten** 85 und 79 weiter geradeaus auf dem Radweg namens „Wasserquintett".*

Schon der Ortsname ist ein klares Zeichen: Ab Wipperfürth folgen wir dem Verlauf des Flusses Wipper. So heißt die Wupper nämlich in ihrem Oberlauf. Die Quelle der Wipper liegt in der Nähe von Marienheide beim Örtchen Börlinghausen. Hier befindet sich ein Feuchtmoor, das erstaunliche 37 Quellen speist. Auf ihrer 116,5 km langen Reise durch das Bergische Land wechselt der Name in der Nähe von Ohl, wo die Kerspe in den Fluss mün-

Reisemobilstellplätze an oder nahe der Route:

Wohnmobilstellplatz Schnabelsmühle
Schnabelsmühle, Hückeswagen

Wohnmobilstellplatz Wipperfürth
Wupperstraße 11, Wipperfürth

Mehrere Campingplätze
an den Stauseen

det. Besonders im Unterlauf war die Wupper einst einer starken industriellen Nutzung ausgesetzt. Vor allem die Einleitung von Abwässern der Textilfärbereien sorgte für einen hohen Verschmutzungsgrad. Inzwischen sind die Abwässer vorgeklärt und ohnehin deutlich reduziert, so dass das Wasser sehr sauber ist.

Villa Ohl mit „explosivem Museum"

Auf nahezu ebener Strecke und perfekt präparierter Trasse rollen wir vorbei am Örtchen Ohl.

4 **Villa Ohl** liegt ganz in der Nähe – ein Stopp ist hier Pflicht, denn die ehemalige Fabrikantenvilla wurde nicht nur mit dem typischen Schiefer und den grünen Läden, sondern auch mit Säulen und einem prunkvollen Giebel versehen. Im Innern finden wir das **Schwarzpulvermuseum**. Einst gab es eine ganze Reihe von Pulvermühlen in der Region - eine echt explosive Gegend war das einmal! Gar nicht weit entfernt funkelt die **Kerspe-Talsperre**. Die 1913 in Betrieb genommene Staumauer sorgt für eine Wasserfläche von 150 ha.

*Der **Bergische Panorama-Radweg** bzw. der Radweg Wasserquintett bleibt auf einer separaten Trasse, die in der Folge leicht, aber merklich ansteigt. Bei Krommenohl am **Knoten** 90 sowie bei Schmitzwipper am **Knoten** 89 jeweils geradeaus.*

Der **Knotenpunkt** 90 liegt neben dem Ort Krommenohl. Wenn wir hier links abzweigen, gelangen wir nach wenigen Minuten zur **Historischen Brennerei** von Rönsahl.

Bei **Knoten** 89 können wir einen kleinen Abstecher zum **Lingese-Stausee** unternehmen, der vor allem bei Campern, aber auch bei seltenen Wasservögeln „sehr beliebt" ist.

In Marienheide werden wir vom Radweg direkt zum Bahnhof geführt. Hier endet unsere Streckentour. Bei diesen herrlichen Erlebnissen ist es eine Überlegung wert, die 31 km wieder retour zu radeln.

Marienheide markiert das Ende unserer Tour. Hier finden wir nochmals einige schöne Schieferhäuser und die **Wallfahrtskirche St. Mariä Heimsuchung**. Abstecher führen zur **Brucher Talsperre**, zur **Bunten Kerke von Müllenbach** oder zum **historischen Bauernhaus Dahl**.

Tour 27

28 km

Radeln auf der Balkantrasse – einfach klasse!

Tolle Trasse, die Balkantrasse!

Streckentour von Lennep über Wermelskirchen nach Opladen

Die Balkantrasse geleitet uns als perfekter Radweg ohne Steigungen und mit ganz seichtem Gefälle aus dem Bergischen Land hinunter ins Rheinland. Tolle Ausblicke sind ebenso garantiert, wie tolle Abstecher in die umliegenden Orte. Wermelskirchen, Burscheid und Opladen machen diese Radtour zu einer „runden" Sache – auch wenn es eine Streckentour ist.

Was erwartet mich?

28,4 km, fast nur Gefälle, mit Ausnahme von Wermelskirchen ausschließlich auf einer ehemaligen Bahntrasse.

Wie komm' ich hin?

ÖPNV: S-Bahn bis Bahnhof Lennep

Mit dem Auto: Park & Ride – Parkplatz Lennep Bahnhof, Robert-Schumacher-Straße, Remscheid-Lennep

Was muss ich sehen?

1 **Historischer Ortskern Wermelskirchen**

2 **Aussichtspunkt** am Panorama-Radweg bei Burscheid

3 **Pattscheider Bahnhof**

4 **NaturGut Ophofen** in Opladen

Wo tank' ich auf?

Truck Stop Imbiss
Bergisch Born 155, Remscheid-Bergisch-Born

Das süße Leben – Café und Weinbar
Thomas-Mann-Straße 37, Wermelskirchen

Alter Bahnhof Burscheid
Montanusstraße 15a, Burscheid

Restaurant Claashäuschen
Zum Claashäuschen, Leverkusen-Bergisch Neukirchen,

Café La Michel Confiserie
Alte Kölner Straße 47, Leverkusen-Opladen

Kartentipp: **ADFC Regionalkarte Berg. Land/Köln/Düsseldorf**

Typisch Bergisches Land: Schieferhäuser...

Tourstart

*Wir starten am Bahnhof von Remscheid-Lennep, den wir nach rechts verlassen, um direkt in den Bahntrassen-Radweg **„Balkantrasse"** einzusteigen. Dieser geleitet uns erst ein Stück neben den Bahnschienen, dann unter der B229 her. Mit einer leichten Steigung verlassen wir Lennep und erreichen mit leichtem Gefälle Bergisch Born.*

Bergisch Born liegt rechts neben unserer Bahntrasse – die tolle blaue Brücke, über die wir radeln, ist dafür ein guter Hinweis. Auch Bergisch Born verwöhnt uns mit typischer, bergischer Architektur. Unweit unseres Radwegs liegt der „Truck Stop Imbiss". Wie der Name schon verrät, ist dies ein beliebtet Treff für LKW-Fahrer. Und wo die einkehren, gibt es immer etwas Gutes auf die Gabel!

*Der Bahntrassen-Radweg geleitet uns vorbei am Straßenverkehr von Bergisch Born. Bei **Knotenpunkt** 28 rollen wir weiter geradeaus Richtung Wermelskirchen und wenig später bei **Knoten** 29 nochmals geradeaus – es geht weiter bergab.*

Wir rollen auf der **„Balkantrasse"** – die auf der ehemaligen Bahntrasse des „Balkanexpress" verläuft, der einst zwischen Lennep und Opladen verkehrte. Mit dem berühmten Orientexpress, auch „Balkanexpress" genannt, der zwischen Berlin und Istanbul verkehrt, hatte die Strecke nie etwas gemeinsam. Wie es dazu kam, dass der Name „Balkanexpress" zum ersten Mal um 1930 verwendet wurde, ist nicht eindeutig belegt. Vermutlich lag es daran, dass man vom flachen, bevölkerungsreichen Rheinland ins hügelige, bewaldete und wenig besiedelte Bergische Land fuhr.

Im Jahre 1882 wurde die Strecke von der Preußischen Staatsbahn übernommen. Das letzte verbliebene Teilstück zwischen Wermelskirchen und Lennep wurde 1997 stillgelegt. Dem Verein der Freunde und Förderer der Balkantrasse e.V. haben wir es zu verdanken, dass am 22.4.2012 auf der ehemaligen Trasse dieser erstklassige Radweg eröffnet werden konnte.

In Wermelskirchen endet unser Radvergnügen – aber nur für kurze Zeit, denn der Bahntrassenradweg mündet in die Straße „Zenshäuschen". Am Ende geradeaus in die Thomas-Mann-Straße.

Das 1 **historische Zentrum Wermelskirchen** liegt links unterhalb unserer Route. Hier gruppieren sich rund um die hübsche Pfarrkirche und ihrem Doppelzwiebelturm aus dem 11. Jh. einige mehrgeschossige Bürgerhäuser aus dem 17. und 18. Jh. Wenn wir genau hinsehen, entdecken wir an einigen Türen feinsten Stuck und ausdrucksvolle Schieferverkleidungen. Die über 20 m hohe Mammutkiefer im Zentrum wird übrigens zu Weihnachten mit über 300 Lichtern geschmückt.

Am Ende der Thomas-Mann-Straße weiter geradeaus über den „Platz" hinweg und in die Telegrafenstraße hinein.

Die Telegrafenstraße ist so etwas wie die „Einkaufsmeile" von Wermelskirchen. Hier findet freitags der gut sortierte Wochenmarkt statt und auch im Rest der Woche finden wir Shopping- und Einkehrmöglichkeiten.

...und tolle Kirchen!

Am Ende der Telegrafenstraße links in die Straße namens „Eich". Dann folgt am ***Knoten*** *24 ein kleiner Schlenker nach rechts in die Obere Waldstraße (Einbahnstraße) und weiter im Linksbogen in die Kurze Straße. Wir folgen den Schildern zum* ***Knoten*** *15 und der Straße nach rechts („Schwanen"), die in die Grünestraße übergeht und etwas nach unten führt. An der Ecke zur B51 links und direkt wieder links – so gelangen wir wieder auf unsere* ***Balkantrasse****. Nun ist wieder genießen angesagt: Mit einem entspannten Gefälle erreichen wir Hilgen (****Knoten*** *15).*

Der Ort **Hilgen** gehört schon zur Stadt Burscheid. Die Geschichte des Ortes reicht weiter als bis 5110 zurück, denn seinerzeit wurde Hilgen in einer Abgabenliste des Wermelskirchener Kirchenamtes genannt. Hilgen wurde zu einem beliebten Wohnort, denn hier gibt es alles für den täglichen Bedarf und über die A1 ist man rasch im rheinischen Ballungsraum.

*In Hilgen treffen wir beim **Knoten** ⑮ auf die B51, die wir vorsichtig geradeaus überqueren, um weiter den Bahntrassen-Radweg zu folgen. Stets bergab rollen wir an Burscheid vorbei und am **Knotenpunkt** ⑪ geradeaus.*

Vom Alten Bahnhof...

Auf einer „Trogbrücke" rollen wir spektakulär über die lärmende A1 hinweg. Ein kleiner Abstecher in die Innenstadt von **Burscheid** lohnt sich, denn rund um den kleinen Marktplatz, der natürlich auch von einer Kirche bewacht wird, gibt es mehrere historische Gebäude zu entdecken. Der Wallace-Brunnen geht zurück auf Sir Richard Wallace, der sein geerbtes Vermögen seiner Wahlheimatstadt Paris spendete. Von dem Geld wurden dort Brunnen gebaut, damit die Armen frisches Wasser bekamen. Die erste Besiedlung der Region erfolgte übrigens im nahe gelegenen Eifgental, wovon die dortige Ringwallanlage namens Eifgenburg aus dem 9./10. Jh. berichtet.

Der **Alte Bahnhof** von Burscheid konnte mit seiner wunderbaren Fachwerk-Fassade zum Glück bestens erhalten werden. Hier sichern wir unsere Bikes und stellen fest, dass es auch im Innern Fachwerk zu entdecken gibt, das dem Restaurant einen besonders einladenden Charakter verleiht. Ein altes Schild erinnert ebenfalls an die alte Bahntrasse – „Zu den Zügen in der Richtung Opladen durch die Unterführung" steht hier geschrieben – ja, die Sprache war etwas anders seinerzeit!

Die Balkantrasse geleitet uns weiter mit Gefälle, dafür aber ohne Autos vorbei an Pattscheid und Bergisch Neukirchen.

...machen wir uns auf in Burscheids Innenstadt

Hinter Burscheid genießen wir wieder die leicht abschüssige und autofrei Strecke. Am **2 Aussichtspunkt** legen wir einen kleinen Stopp ein und genießen die Fernsicht in die sanft modellierten Hügel des Bergischen Landes. Dabei ist es von Vorteil, wenn wir uns zuvor mit einer kleinen Brotzeit eingedeckt zu haben, denn auf den Bänken können wir uns niederlassen und bei herrlichem Blick ins Teilchen beißen.

Toll anzusehen ist der ehemalige **3 Bahnhof Pattscheid**, der uns als BahntrassenRadler natürlich besonders interessiert.

Im Jahre 1150 gab es in **Bergisch Neukirchen** die erste **„neue Kirche"**. Vor der Bruchsteinfassade der evangelischen Kirche steht ein beeindruckendes Kriegerdenkmal. Wer etwas von der Trasse abfährt, entdeckt einige Fachwerk- und Schieferhäuser, darunter das älteste der Stadt Leverkusen von 1561.

Mit einer großzügigen Linkskurve setzt die Balkantrasse zum Finale an und mündet „standesgemäß" genau am Bahnhof Opladen im P & R – Parkplatz, wo auch unsere Tour endet.

Ganz in der Nähe unseres Radwegs liegt das 4 **Natur-Gut Ophofen**, das aus Resten einer Burg aus dem 13. Jh. besteht. Seit 1984 sind hier eine **NABU-Naturschutzstation**, ein **Natur- und Schulbiologiezentrum**, ein **Kinder- und Jugendmuseum** und das **Erlebnismuseum EnergieStadt** untergebracht. Bei der Einrichtung wurde darauf Wert gelegt, dass das Umweltzentrum kohlenstoffdioxidneutral ist!

Opladen war bis 1974 eine Kreisstadt, ehe es mit anderen Orten der Region zur kreisfreien Stadt Leverkusen zusammengefasst wurde. Die Geschichte der Stadt geht auf Besiedelungen in der mittleren Steinzeit zurück. Färbereien, Spinnereien und andere Unternehmen siedelten sich hier an und brachten den Wohlstand in die Stadt. Ein Zeuge aus der damaligen Zeit ist die **Villa Römer**. In der ehemaligen Fabrikantenvilla finden wir heute das **Haus der Stadtgeschichte**. Ansehen sollten wir uns auch den **Friedenberger Hof**, ein Herrenhaus aus dem 16. Jh., die **Fachwerkhäuser an der Altstadtstraße** und die **Kirche am Bielert**.

Über tollkühne Brückenbauwerke „schweben" wir ins Rheintal

Reisemobilstellplätze an oder nahe der Route:

Wohnmobilstellplatz Leichlingen
Am Schulbusch 16, Leichlingen

Campingplatz Vorstblick
Oskar-Erbslöh-Straße 38, Leichlingen

Tour 28

Der Altenberger Dom ist der Höhepunkt dieser Radtour

27 km

Zum größten Bleiglasfenster

Streckentour von Leverkusen-Manfort über Altenberg nach Leverkusen-Opladen

Vom flachen Rheinland aus rollen wir auf zunächst ebenen Radwegen Richtung Bergisches Land. Schon zwischen Leverkusen und Odenthal bekommen wir es mit den ersten Anstiegen zu tun. Nachdem wir den herrlichen Altenberger Dom besucht haben, können wir entscheiden, ob wir uns eine „Bergwertung" zutrauen, oder ob wir auf dem Hinweg wieder retour radeln.

Was erwartet mich?

27,4 km, eine weitgehend ebene Tour mit einem sehr starken Anstieg und einem längeren Gefälle auf Radwegen und auf der Strecke einer ehemaligen Bahntrasse.

Wie komm' ich hin?

ÖPNV: S-Bahn bis Leverkusen-Manfort, Rückfahrt S-Bahn ab Leverkusen-Opladen

Mit dem Auto: Park & Ride-Parkplatz Leverkusen-Manfort

Was muss ich sehen?

1. Schloss Morsbroich
2. Industriemuseum Sensenhammer Freudenthal
3. Burg Strauweiler
4. Altenberger Dom

Wo tank' ich auf?

Gasthaus Herkenrath Hof
Bergische Landstraße 74, Leverkusen-Herkenrath

Hotel Restaurant Zur Post
Altenberger-Dom-Straße 23, Odenthal

Altenberger Hof
Eugen-Heinen-Platz 7, Odenthal-Altenberg

Restaurant Da Carlo
Hauptstraße 32, Odenthal-Blecher

Kartentipp: **ADFC Regionalkarte Berg. Land/Köln/Düsseldorf**

Tourstart

Unsere Tour startet am Bahnhof Leverkusen-Manfort, den wir über den Kreisverkehr geradeaus verlassen, um zur Gustav-Heinemann-Straße hinunterzufahren und dieser nach rechts zu folgen.

Der Leverkusener Ortsteil **Manfort** blickt auf eine Geschichte zurück, die bis ins Jahr 1050 zurückreicht. Richtig Schwung kam in den Ort, als sich hier mit dem Wuppermann Stahlwerk und der Sprengstofffabrik Kaiser und Edelmann große Industrien ansiedeln.

Wenige Minuten zweigen wir rechts ab und kommen zum Schloss Morsbroich.

Schloss Morsbroich: Von Außen kunstvoll, im Innern viel Kunst

Im 14.Jh. als Rittergut erbaut, zog der Deutschorden 1619 in die Gebäude von 1 **Schloss Morsbroich** ein. 1774 wurde das Gut als Herrenhaus umgebaut und bekam sein heutiges Aussehen, das um 1885 nur noch etwas verändert wurde. In der imposanten Anlage, die alljährlich auch Schauplatz von Ritterspielen ist, befindet sich das **städtische Museum für zeitgenössische Kunst**. Dies zeigt neben afrikanischer Kunst auch europäische Kunst von Albers, Beuys und anderen Stars.

Am Schlossgraben umrunden wir Schloss Morsbroich gegen den Uhrzeigersinn und zweigen dahinter rechts ab. Über den querenden Karl-Carstens-Ring hinweg und auf der Morsbroicher Straße weiter geradeaus.

Die Tour führt uns durch den Leverkusener Ortsteil **Schlebusch**. In der Nähe der Bahnstation Schlebusch stand in den 1870 er Jahren eine Sprengstofffabrik, die von der Dynamit Nobel AG übernommen wurde. Diese trug den Namen ihres Gründers Alfred Nobel, der mit den Zündhütchen den Umgang mit Explosivstoffen optimierte und sicherer machte. Mehr dazu erfahren wir, wenn wir unsere Tour durch Troisdorf drehen. Im Werk Schlebusch werden bis heute Spezialchemikalien, darunter auch Explosivstoffe, hergestellt.

*An der querenden Bergischen Landstraße radeln wir geradeaus, dann schräg rechts und zwischen den Häusern links. So treffen wir auf den Hammerweg (**Wegepunkt ❶**), dem wir nach links folgen. Unser Weg führt durch eine kleine Gebäude-Ansammlung, die sich Freudenthal nennt – an der Weggabelung halten wir uns rechts.*

Ab 1778 wurde am Sensenhammer produziert

Direkt an unserem Wegesrand liegt das 2 **Industriemuseum Sensenhammer Freudenthal**. Der kleine Fluss namens Dhünn bot alles was, man für ein Hammerwerk benötigte. So gegründete der Kaufmann Derick van Hees bereits im Jahr 1778 einen Reckhammer. Seinerzeit wurden ausschließlich Stahlrohlinge produziert. Einige Jahre später wurde das Gebäude durch Kasper Lange übernommen, der das Areal deutlich erweiterte und 1837 mit der Herstellung von Sensen und Sicheln begann. Eine Dampfmaschine sorgte dafür, dass die Produktion deutlich optimiert werden konnte. Mehr zu dieser Geschichte erzählt uns das 2005 eingerichtete **Industriemuseum**.

*Hinter dem Industriemuseum gelangen wir nach rechts auf den Freudenthaler Weg und an eine Querstraße namens Am Scherfenbrand, der wir nach links folgen. Nach der Rechtskurve vor dem Friedhof links und am Ende des Weges (**Wegepunkt ❷**) wieder links.*

Wir sind am Ufer der Dhünn unterwegs, einem echten Bergischen Fluss. Er hat seine Quelle in der Nähe von Wipperfürth und mündet nach fast genau 40 km bei Leverkusen in die Wupper.

*Nachdem wir die Dhünn überquert haben, im Ort Hummelsheim rechts, am Ende der Straße rechts und schräg rechts über die Odenthaler Straße (**Wegepunkt ❸**) in die Straße In der Aue.*

Die herrliche Natur, die uns umgibt, wurde als **„Flora-Fauna-Habitatgebiet Dhünn und Eifgenbach"** unter Naturschutz gestellt. Die Uferbereiche formen hier einen idyllischen Auenwald.

*Wir folgen dem Weg Auf der Aue durch idyllische Natur und mit etwas ansteigendem Niveau. So treffen wir nach einem Kreisel auf der Altenberger-Dom-Straße den **Knotenpunkt** 63 und folgen den Schildern weiter durch Odenthal in Richtung **Knoten** 62.*

Das markanteste Bauwerk von **Odenthal** ist die **Pfarrkirche St. Pankratius**. Das Gotteshaus ist zwar nicht ganz so bekannt, wie der Dom zu Altenberg, doch gehen die ältesten Teile dieses Gotteshauses bis in das 11.Jh. zurück. Im 18./19. Jh. erfolgten umfangreiche Ergänzungen, so dass der Turm eines der wenigen originalgetreuen Teile darstellt. Er beherbergt übrigens eine der ältesten Kirchenglocken der Welt – schon um 1000 herum wurde sie gefertigt. Neben den interessanten Holzfiguren aus dem 15.-18. Jh. fallen im Innern der Taufstein (12. Jh.) und zwei Weihwasserkessel aus dem 17. Jh. auf.

Auf eine sehr lange Historie blickt die Pfarrkirche St. Pankratius zurück

Hinter Odenthal sind es auf dem straßenbegleitenden Radweg nur wenige Minuten bis Altenberg, wo wir bei ***Knotenpunkt*** *62 die Straße überqueren um zur Abtei zu radeln.*

Hinter Odenthal kommen wir an 3 **Schloss Strauweiler** vorbei, das sich hinter einer weiten Wiese und einigen Bäumen versteckt. Die wunderschöne Anlage befindet sich im Privatbesitz von Hubertus Prinz zu Sayn-Wittgenstein-Berleburg.

Mit dem 4 **Dom zu Altenberg** erreichen wir den Höhepunkt unserer Rad-Runde. Im Jahre 1133 stifteten die Grafen von Berg an dieser Stelle ein Zisterzienserkloster, nachdem sie ihren Sitz von hier nach Schloss Burg verlegt hatten. Da sie ihr neues Gemach „Neuenberge" nannten, wurde der alte Platz an der Dhünn „Altenberge" genannt, womit der heutige Name geboren war. In den Jahren zwischen 1259 und 1379 entstand durch die Arbeit von mehr als 100 Mönchen und Laienbrüdern ein Kloster und die heute zu sehende, prachtvolle Kirche, die auch „Bergischer Dom" genannt wird. Bis 1524 diente die Kirche auch als Grablege der Bergischen Fürsten. Nach der Säkularisation brannte die Abtei 1803 aus, kurz darauf verfiel auch die Kirche. Der Preußenkönig Friedrich Wilhelm IV konnte dies nicht mit ansehen und veranlasste 1847 den Wiederaufbau.

Im Innern fällt vor allem das Westfenster auf, auf dem das „Himmlische Jerusalem" dargestellt wird. Es handelt sich hierbei mit 144 qm um das größte mittelalterliche Bleiglas-Kirchenfenster Nordeuropas. Sehenswert sind auch die 1980 erbaute Orgel mit 6.000 Pfeifen und 82 Registern, das Sakramentshaus (1490), die Doppelmadonna (1530) und das Altarkreuz (1500).

Reisemobilstellplätze an oder nahe der Route:

Campingplatz Vorstblick
Oskar-Erbslöh-Straße 38, Leichlingen

Wohnmobil-Stellplatz Leichlingen
Am Schulbusch 16, Leichlingen

Campingplatz „Am Waldbad"
Peter-Baum-Weg 20, Köln-Dünnwald

Prunk und Protz werden wir in Kirche und Kloster allerdings vergeblich suchen, denn ganz im Sinne der enthaltsam lebenden Zisterziensermönche wurde der Dom schlicht erbaut.

In einer Sage wird überliefert, dass die Mönche seinerzeit einen Esel durch das Tal laufen ließen. Wo dieser sich niederließ, wollten sie sich dann auch selbst niederlassen. Und Bruder Langohr suchte sich genau diese idyllische Stelle in der Nähe der Dhünn aus. Vermutlich, weil das Gras hier besonders saftig war.

Gut versteckt und doch unübersehbar: Schloss Strauweiler

Nicht übersehen dürfen wir die im ehemaligen Klosterbezirk befindliche **Markuskapelle** mit einem herrlichen Fresko an der Nordwand. Für Kinder deutlich interessanter durfte der neben dem Kloster befindliche **Märchenwald** sein. Die Erzählungen der Gebrüder Grimm werden hier in liebevoll gestalteten Häuschen „live und in echt" dargestellt. Auch einen Besuch wert ist der **Wildpark von Altenberg**, in dem wir Rehe, Damm und Schwarzwild beobachten können.

Unsere Radtour verlässt Kloster Altenberg zurück zum Parkplatz und folgt dann den Serpentinen bergauf nach Blecher und zum ***Knotenpunkt*** *⑪ in Burscheid. Unterwegs durchradeln wir die Örtchen Engelrath und Sträßchen, biegen hier links ab und queren die A1. Am* ***Knoten*** *⑪ treffen wir auf die Balkantrasse, der wir nach links stets bergab nach Opladen folgen.*

Näheres zur Balkantrasse und die am Wegesrand liegenden Ortschaften erfahren wir bei Tour 27.

In Opladen führt uns die Balkantrasse direkt zum Bahnhof, wo die Radtour endet.

Wer zum Ausgangspunkt der Tour zurück möchte, braucht in Opladen nur in die Bahn steigen und genau eine Station zurückfahren. Alternativ können wir von Opladen aus auch mit den Fahrrädern Richtung Leverkusen Innenstadt fahren und von dort über die Rathenaustraße hinaus zum Bahnhof Manfort.

Tipp: Die folgenden Kilometer sind wegen der starken Steigung recht schwer zu fahren wer also mit Kindern unterwegs ist, sportlich nicht besonders gut trainiert ist oder kein E-Bike dabei hat, sollte erwägen, auf dem Hinweg zum Bahnhof Manfort zurückzufahren.

Unter Deutschlands höchster Eisenbahnbrücke

Ein Meisterwek der Ingenieurskunst – die Müngstener Brücke

Streckentour von Solingen über Burg nach Opladen

Seit Jahrhunderten prägen Ingenieure unseren Fortschritt in den Industrienationen. Dabei gelang es ihnen auch immer wieder, sich selbst Denkmäler zu errichten. Die Müngstener Brücke zählt ohne Frage auch dazu. Die steht genauso auf unserem Besuchsprogramm wie Schloss Burg, das würdevoll hoch über der Wupper thront. Aber auch die Naturerlebnisse kommen auf dieser Tour nicht zu kurz!

Was erwartet mich?

27 km, zwei kleinere Steigungen, sonst meist Gefälle, auf einem Mix von Straßen, asphaltierten Wirtschaftswegen sowie naturbelassenen, teils befestigten Schotterwegen und Pfaden.

Wie komm' ich hin?

ÖPNV: S-Bahn bis Solingen-Mitte, Rückfahrt S-Bahn ab Leichlingen

Mit dem Auto:
Park & Ride - Parkplatz Bahnhof Solingen-Mitte an der Straße „Am Südpark"

Was muss ich sehen?

1. **Müngstener Brücke** und **Schwebefähre**
2. **Historische Ortsmitte von Unterburg**
3. **Schloss Burg**
4. **Wipperkotten**

Wo tank' ich auf?

Haus Müngsten
Müngstener Brückenweg 71, Solingen-Müngsten

Wupper-Terrasse
Eschbachstraße 1, Solingen-Unterburg

Waffelhaus zum bergischen Löwen
Steinweg 12, Solingen-Oberburg

Café-Restaurant Haus Rüden
Untenrüden 39, Solingen-Rüden

Kartentipp: **ADFC Regionalkarte Berg. Land/Köln/Düsseldorf**

Tourstart

Wir starten an der S-Bahnstation Solingen-Mitte. Alle die, die mit dem PKW angereist sind und auf dem P & R – Parkplatz am Südpark starten, haben direkt Anschluss an die sogenannte Korkenziehertrasse. Bahnfahrer, die am Bahnsteig Solingen-Mitte den Schildern „Korkenziehertrasse" bzw. „P & R" folgen, müssen die Fahrräder einige Treppen hinauf wuchten und oben nach links über die Brücke und „Am Südpark" wieder links. Alternativ geht's vom Bahnsteig mit dem Fahrstuhl hoch, oben rechts auf der Bismarck-, wieder rechts auf der Rathaus-, nochmals rechts auf der Brühler Straße und dann links „Am Südpark". Einmal auf der ***Korkenziehertrasse*** *angekommen, radeln wir Richtung Wuppertal.*

Direkt an unserem Start-Ort in **Solingen** steht das **Museum Plagiarius e.V..** Hier bekommen wir gut gemachte, aber auch sehr dreiste Nachbildungen zu sehen. Weitere Informationen über Sehenswertes in der Stadt finden Sie im **Ortsporträt „Solingen"** (siehe S. 214).

*Nachdem wir rund 800 m zurückgelegt haben, verlassen wir die Korkenziehertrasse nach rechts (****Wegepunkt ❶****) und folgen dem* ***Berg. Panorama-Radweg*** *auf der Eckstraße.*

Die **Korkenziehertrasse** bietet nicht nur für uns Radler ein ideales Terrain – hier finden auch immer wieder verschiedene Laufwettbewerbe statt.

Am Ende der Eckstraße rechts in die Baumstraße, die als Pappelweg mit einer Linkskurve in den Hippergrund übergeht.

Wir kommen am **Hippergrund** vorbei, einer kleinen grünen Oase mit Spielplatz. Der Name Hippe bedeutet hier übrigens „Ziege", denn im Hippergrund soll es mal eine große Ziegenherde gegeben haben.

Am Ende vom Hippergrund links auf die Theegartener Straße. Nach der Rechts-Links-Kurve der Theegartener Straße rechts in den Zedernweg, der leicht ansteigt.

Der **Theegartener Kopf** liegt direkt an unserem Wegesrand. Die Bänke hier oben laden zu einer Rast mit einer phantastischen Aussicht auf Solingen und die umliegende Region ein.

*Links in die Straße Meigen (****Wegepunkt ❷****) und wenig später weiter bei der Linkskurve in den Eibenweg. An dessen Ende weiter auf dem Radweg und mit rasanter Abfahrt hinunter ins Tal der Wupper. Wir sind weiterhin auf dem* ***Berg. Panorama-Radweg****. Nachdem wir den*

*Fluss zweimal überquert haben (**Wegepunkt ❸**), gelangen wir zum Brückenpark.*

Der ausgezeichnete autofreie Radweg entlang der Wupper bringt uns zu einem wahren technischen Meisterwerk – der 1 **Müngstener Brücke**. Sie wurde am 15.07.1997 fertiggestellt und ist bis heute die höchste Eisenbahnbrücke Deutschlands. In 107 Meter Höhe überspannt die 500 m lange Brücke das Tal der Wupper, so dass der Weg zwischen Remscheid und Solingen von ursprünglich 44 auf nur 8 Kilometer verkürzt wird. Wo wir bei Zahlen sind: Verarbeitet wurden beim Brückenbau 5 Millionen Kilogramm Stahl und 2 Millionen Nieten!

Wer einen ganz besonderen Kick sucht, bucht eine Spezialführung an der Müngstener Brücke und überquert die Wupper in schwindelerregender Höhe – natürlich bestens gesichert mit Höhenrettungsgeschirr!

Weniger Abenteuerlustige informieren sich unterhalb am **Brückenpark** über Details zu diesem Stahlkoloss oder kehren im Restaurant mit bester Aussicht ein. Andere schießen spannende Fotos von Wupper, Wasserfällen und Brücke oder statten der Kunstschlosserei einen Besuch ab.

Hoch über die Wupper...

Wir folgen hinter dem Brückenpark dem Verlauf der Wupper und setzen mit der Schwebefähre über ans andere Ufer, um auf hügeliger Strecke mit einigen kleinen Steigungen Unterburg zu erreichen.

Einen Nervenkitzel bietet auch der weitere Verlauf unserer Tour, denn wir nutzen die 1 **Schwebefähre**, um ans andere Ufer zu gelangen. Bis 10 Personen schweben hier mit einem Fahrmann über die Wupper.

Am anderen Ufer taucht nach wenigen Fahrminuten neben uns eine Wupperinsel auf, die mit üppigem Grün bewachsen ist.

Nun wird es wieder Zeit für touristische Höhepunkte. Und das könnte spektakulärer nicht sein: Auf dem Radweg rollen wir nach 2 **Unterburg** mit einer wunderbaren, geschlossenen Fachwerk-Bebauung. Es macht Spaß, durch die teils kleinen Gassen zu schlendern und die größtenteils bestens erhaltenen Häuser anzusehen. Etwas außerhalb des Ortes liegt eine 2009 stillgelegte Drehscheibe für die O-Busse. Diese Elektrobusse waren ihrer Zeit deutlich voraus und fahren bis heute elektrisch, also ohne Emissionen, durch das Solinger Stadtgebiet und bis hierher nach Unterburg, wo die Fahrt endete, so dass eine Umkehr mit der Drehscheibe nötig war.

...und nur ganz knapp darüber

Vogt Adolf zog 1118 hierher nach Schloss Burg

Eine weitere Attraktion des Ortes ist die **Seilbahn**. Also sichern wir unsere Bikes an der Talstation, nehmen Platz im Sessellift und lassen uns ganz bequem nach oben liften. Und dort wartet das nächste Highlight: Die großartige **3 Schloss Burg**. Vogt Adolf zog um 1118 von seiner damaligen Burg an der Dhünn in diese herrliche Anlage, die sich Burg Berg nannte, um. Daher nannte er sich Graf von Berg und regierte von hier aus für viele Jahre seine Besitztümer - der Name „Bergisches Land" war entstanden! Im Hof der Burg finden wir ein Denkmal, das Engelbert von Berg zeigt. Er war Erzbischof von Köln und wurde 1225 ermordet, wodurch das Adelsgeschlecht derer von Berg erlosch. Durch Erbe fielen die Besitztümer an Heinrich von Limburg, der mit einer von Berg verheiratet war. Dies führte zu Zwistigkeiten mit dem neuen Kölner Erzbischof, die in einer Entscheidungsschlacht bei Worringen eskalierten. Die Limburger gewannen und warfen den Erzbischof in das Gefängnis der Burg Berg. In Folge geschickter Heiraten konnte der Besitz sogar noch weiter ausgebaut werden, so dass sogar Jülich zum Gebiet gehörte, woraufhin man aus den riesigen Ländereien ein Fürstentum machte.

Auch in den nachfolgenden Jahrhunderten wechselten die Herrscher häufig und so kam es, dass Jülich-Berg 1614 zu Pfalz-Neuburg gehörte, aus der auch Johann Wilhelm hervorging („Jan Wellem"). Der gute Jan wählte aber lieber Düsseldorf und Bensberg für seine Residenz und seine Nachfolger zog es in den Süden nach Mannheim und Heidelberg.

Es kam, was kommen musste - die Burg Berg verfiel zusehends, wurde 1648 weitestgehend zerstört und bis 1887 nicht wieder aufgebaut. Unter Verwendung der alten Pläne und Mauern wurde sie in den Folgejahren mit dem Ziel wieder aufgebaut, um hier das Bergische Museum unterzubringen. Rittersaal und Kemenate wurden ebenfalls originalgetreu wiederhergestellt. In den 14 Räumen und vier Burgsälen wird nicht nur die Geschichte der mittelalterlichen Burgen, sondern auch die bergische Geschichte anhand unterschiedlichster Exponate wie Urkunden, Modelle, Karten, Möbel, etc. vermittelt.

Ganz „nebenbei" haben wir beim Besuch von Schloss Burg also noch gelernt, woher das Bergische Land seinen Namen erhielt – eben nicht, wie viele meinen, von den Bergen, sondern von den Grafen. Eigentlich auch klar, denn sonst hieße es ja auch „bergiges Land".

*Ab Unterburg verlassen wir den **Berg. Panorama-Radweg**, überqueren nach rechts die Wupper und folgen weiter dem Flusslauf, passieren einen Campingplatz und erreichen den Balkhauser Kotten.*

Der Radweg folgt dem Geologischer Lehrpfad an der Wupper, auf dem wir noch interessante Fakten über die Region erfahren können. Am Wegesrand liegt der **Balkhauser Kotten**, ein prachtvolles Fachwerkhaus. Einst gab es hier im Tal der Wupper unzählige Schleifereien, die die Kraft des Wassers nutzen. Heute sind nur noch zwei davon übrig, daher wird in diesem Kotten auch ein **Industrie- und Schleifereimuseum** unterhalten.

Der Radweg entlang der Wupper verläuft auf unterschiedlichem Grund. So kommen wir vorbei an Oben- und Untenrüden, am Wipperkotten, an Kradenpuhl und Unterberg, um schließlich Leichlingen zu erreichen. Hier steuern wir den Bahnhof an, wo unsere Tour endet.

Auch der 4 **Wipperkotten** erinnert an die Geschichte der Schleifereien. Früher arbeiteten hier bis zu 18 Messerschleifer unter schweren Arbeitsbedingungen – angetrieben wurden die Schleifscheiben durch zwei mächtige Wasserräder.

Unweit unseres Radwegs steht **Schloss Eicherhof**, das 1763 im Stile eines französischen Gutshofes angelegt wurde. Das prachtvolle Gebäude beherbergte schon berühmte Gäste, wie z.B. den Prinz von Wales im Jahre 1919.

Unsere Radtour endet in **Leichlingen**, das sich seit 2013 ganz offiziell als „Blütenstadt" bezeichnen darf. Hier können wir shoppen und einkehren und uns zum Abschluss noch die Stadtkirche ansehen, die uns mit einer barocken Innenausstattung gefällt.

Im Ortsteil Unterburg rollen wir durch Fachwerk-Straßen

Reisemobilstellplätze an oder nahe der Route:

Stellplatz Brückenpark Müngsten
Solinger Straße,
Remscheid

Wohnmobilstellplatz Leichlingen
Am Schulbusch 16,
Leichlingen

Waldcamping Glüder
Balkhauser Weg 240,
Solingen (an der Wupper)

Campingplatz Vorstblick
Oskar-Erbslöh-Straße 38,
Leichlingen

Ortsporträt

Solingen

Industriekultur am Wipperkotten

Denkt man an Solingen, so denkt man unmittelbar auch an die Herstellung von Klingen. das kommt nicht von ungefähr denn seit 2012 darf Solingen sich offiziell „Klingenstadt" nennen. Die Herstellung von „Schneidwaren" blickt in Solingen auf eine sehr lange Tradition zurück, die sich bis heute erhalten hat, denn selbst in unseren Tagen kommen etwa 90% der in Deutschland hergestellten Schneidwaren und Bestecke aus Solingen. Dabei ist die Herkunftsangabe „Solingen" sogar seit 1938 gesetzlich geschützt.

Bereits im Jahre 1363 wurden hier in Solingen zum ersten Mal Waffen hergestellt. Das sich in den folgenden Jahrhunderten eine industrielle Fertigung von **Klingen** etablierte, lag zum einen an der Nähe zur Handelsstadt Köln und zum anderen an den vielen Flüssen und Bächen, die das Bergische Land durchziehen.

Zur Herstellung von Schwertern, Messern und anderen Klingen wird seit jeher viel Wasser benötigt, um den Stahl erst mit Schmiedehämmern zu formen, dann zu härten und dem Formteil anschließend durch das Schleifen die nötige Schärfe zu vermitteln. Nicht umsonst gründeten die Härter und Schleifer der Region schon früh eine eigene Zunft. Viele dieser Handwerker siedelten sich hier im Solinger Raum an um an den Bächen ihre Konten aufzubauen. Diese kleinen Handwerksbetriebe wurden oftmals zu mehreren Industriebetrieben zusammengeschlossen, um das Portfolio zu erweitern.

Interessant ist, dass auch in einer Zeit nach dem Zweiten Weltkrieg die Solinger **Schneidwaren** Herstellung etabliert werden konnte. Zwar brach der Markt bis 1989 um etwa die Hälfte ein, doch konnten namhafte internationale Industriebetriebe auf dem Solinger Stadtgebiet gehalten werden, unter ihnen so namhafte Hersteller wie Wilkens Sword, Martor, Wüsthoff oder Zwilling.

Von den ehemaligen Kotten wurden leider nur einige wenige über die Jahrhunderte gerettet. Auf unseren Touren kommen wir zum Beispiel am **Balkhauser Kotten** oder am **Wipperkotten** vorbei und können mit etwas Glück einen näheren Einblick in dieses traditionelle Handwerk genießen. Die ehemalige Gesenkschmiede Hendrichs können wir als **LVR-Industriemuseum** besichtigen und bei mehreren Klingenproduzenten haben wir die Gelegenheit im Werksverkauf ein Schnäppchen zu machen. Auch das berühmte Werk von **Zwilling** unterhält ein solches **Outlet-Center**. Wer es dann lieber einmal „weicher" mag, widmet sich den Goldbären, denn auch der Süßwarenhersteller Haribo hat sich in Solingen niedergelassen.

Natürlich geht die Geschichte Solingens noch viel weiter zurück, als die Klingenproduktion. Die ersten Siedler kamen wahrscheinlich im 8. Jh. hierher. Beurkundet ist, dass ein Gutshof mit dem Namen Solagon im Jahr 965 vom Erzbischof Bruno an die Abtei Sankt Martin in Köln vererbt wurde. Dies dürfte gleichzeitig auch die Namensbildung der Stadt sein.

Auf dem Gebiet das heutigen Solingen entwickelten sich im Laufe der Jahrhunderte mehr als 400 Wohnviertel und Ortsteile, wobei viele von ihnen einfache Hofschaften waren und andere als Stadtbezirke bis heute erhalten blieben. Das Stadtgebiet ist seit jeher dicht bewaldet, weiterhin liegt es auf verschiedenen Bergen, die durch Bäche und Flüsse tief eingeschnitten werden. Daher bildeten sich gleich mehrere Ortskerne heraus, die alle ihren eigenen Charme versprühen. Die Ortsbilder gleichen sich oft, denn die Außenmauern der Häuser werden wie üblich hier im Bergischen Land meist mit Schiefer gegen die Witterungseinflüsse geschützt. Aber auch Fachwerkfassaden und prachtvolle Villen im Jugendstil entdecken wir auf unseren Fahrten immer wieder.

Gräfrath ist ein beliebtes Ausflugsziel

Und noch etwas fällt uns beim Besuch von Solingen immer wieder ins Auge: Die sogenannten **„Oberleitungsbusse"**. Als der Zweite Weltkrieg vorbei war, beschloss der Stadtrat die Beendigung der Solinger Straßenbahn. Stattdessen etablierte man ein sogenanntes „O-Bus-System". Hier wurden die Busse mit Stromabnehmern an Oberleitungen angebunden. Solingen war damit bereits 1952 innovativer Vorreiter in Sachen Umweltschutz.

Tour 30

28 km

Klingen, Korkenzieher und die Krönung der Radelfreude

Auf der Nordbahntrasse

Streckentour von Solingen-Mitte über Solingen-Gräfrath nach Wuppertal-Oberbarmen

Können wir uns etwas Schöneres vorstellen, als 28 km am Stück zu radeln und nur für wenige Minuten auf den Straßenverkehr Acht geben zu müssen? Auf der Korkenziehertrasse und der sich anschließenden Nordbahntrasse werden diese Radfahrerträume wahr! Hier rollen wir auf alten Bahntrassen meist ganz entspannt bergab und können das Bergische Land auf uns wirken lassen.

Was erwartet mich?

28 km, eine weitgehend ebene Tour ohne größere Anstiege und einem längeren Gefälle auf der bestens präparierten Strecke einer ehemaligen Bahntrasse.

Wie komm' ich hin?

ÖPNV: S-Bahn bis Solingen-Mitte, Rückfahrt S-Bahn ab Wuppertal-Oberbarmen

Mit dem Auto:
Park & Ride-Parkplatz Bahnhof Solingen-Mitte an der Straße „Am Südpark"

Was muss ich sehen?

1. Historischer Ortskern Solingen-Wald
2. Historischer Ortskern Solingen-Gräfrath
3. Deutsches Klingenmuseum Solingen
4. Nordbahntrasse
5. Schwebebahn Wuppertal

Wo tank' ich auf?

Di Vino / Cucina Vinobar
Konrad-Adenauer-Straße 78, Solingen

Restaurant Gräfrather Klosterbräu
In der Freiheit 24, Solingen-Gräfrath

Kaffeehaus Solingen
Gräfrather Markt 7, Solingen-Gräfrath

Bastis Restaurant
Wuppertaler Straße 195, Solingen-Gräfrath

Spezialitäten-Bäckerei und Konditorei Behmer
Düsseldorfer Straße 38, Wuppertal

Kartentipp: **ADFC Regionalkarte Berg. Land/Köln/Düsseldorf**

Tour 30

Tourstart

Wir starten an der S-Bahnstation Solingen-Mitte. Alle die, die mit dem PKW angereist sind und auf dem P & R – Parkplatz am Südpark starten, haben direkt Anschluss an die sogenannte Korkenziehertrasse. Bahnfahrer, die am Bahnsteig Solingen-Mitte den Schildern „Korkenziehertrasse" bzw. „P & R" folgen, müssen die Fahrräder einige Treppen hinauf wuchten und oben nach links über die Brücke und „Am Südpark" wieder links. Alternativ geht's vom Bahnsteig mit dem Fahrstuhl hoch, oben rechts auf der Bismarck-, wieder rechts auf der Rathaus-, nochmals rechts auf der Brühler Straße und dann links „Am Südpark". Einmal auf der ***Korkenziehertrasse*** *angekommen, werden wir für die Mühen schnell durch die tolle Strecke entschädigt, der wir Richtung Wuppertal folgen.*

Schwungvoll radeln auf der Korkenziehertrasse

Die **Korkenziehertrasse** verdankt ihren Namen der schwungvollen Routenführung. Ein Blick auf die Karte reicht aus, um nachzuvollziehen warum dieser Name zustande kam: Die ehemalige Bahntrasse zieht sich ähnlich der Geometrie eines Korkenziehers durch die Region.

Als Ende des 19. Jhds. als die industrielle Revolution auch ins Bergische Land kam, entstanden große Fabriken, die mit Rohstoffen beliefert werden mussten und zugleich ihre fertigen Waren so schnell wie möglich zum Kunden bringen wollten. Zu diesem Zweck wurden zahlreiche Eisenbahnlinien errichtet. Eine von ihnen führte von der Solinger Stadtmitte in den Wuppertaler Ortsteil Vohwinkel. Eröffnet wurde ein erstes Teilstück im Jahre 1887, nur wenig später war die komplette Strecke fertig. Nach dem Zweiten Weltkrieg folgte ein „Niedergang auf Raten": Zunächst wurden nur Teilbereiche der Strecke eingestellt und andere Abschnitte fortgeführt. Seit 1995 rollte kein Zug mehr über die Korkenzieherbahn. Schon kurz darauf wandelten die ersten Fußgänger über die rückgebaute Trasse und bis 2007 wurden alle Teilstücke bis Vohwinkel als Rad- und Fußweg fertiggestellt.

Das Radeln auf einer ehemaligen Bahntrasse hat für uns den großen Vorteil, dass wir keine größeren Steigungen zu erwarten haben und zudem noch eine völlig autofreie Strecke unter den Pneus haben. Begleitet werden wir von großen Metallschildern, die erläuternde Hinweise zum Streckenabschnitt enthalten. Meist mit einem leichten Gefälle unterstützt rollen wir durch düstere Tunnel und über spannende Viadukte.

Gar nicht weit von unserem Startpunkt entfernt liegt die **Solinger Innenstadt**. Mehr als 150.000 Einwohner leben heute in der Stadt, die vermutlich seit dem 8. Jh. besiedelt war. Zunächst kamen nur wenige Menschen in diese stark bewaldete Region, was sich änderte, als ab dem 13. Jh. die Klingenhandwerker die idealen Bedingungen über der Wupper erkannten. Inzwischen ist Solingen international bekannt als Zentrum der **„Schneidwarenindustrie"**. Vermutlich werden wir alle daheim Produkte aus Solingen benutzen, denn 90% aller in Deutschland ansässigen Besteck- und Klingenhersteller kommen hierher.

Und für noch etwas ist Solingen bekannt – für seine **Oberleitungsbusse**. Schon 1952 fuhren hier die ersten Busse, die ihre Energie aus Oberleitungen bezogen. Die Busse fahren also emissionsfrei und waren seinerzeit mit dieser Technik vielen anderen Metropolen weit voraus.

Etwas weltweit Einzigartiges finden wir im Ortsteil **Ohligs**: Das sogenannte **Galileum** ist das einzige Planetarium in einem ehemaligen Kugelgasbehälter. Weitere Informationen über Sehenswertes in der Stadt finden Sie im **Ortsporträt „Solingen"** (siehe S. 214).

*Unsere **Korkenziehertrasse** zieht sich einmal im Halbkreis um die Innenstadt von Solingen herum. Nach zwei weiteren Schleifen kommen wir an den Solinger Ortsteilen Wald und Gräfrath vorbei.*

Fachwerk und Schiefer vereint in Solingen-Wald

Linkerhand liegt der **1 Solinger Ortsteil Wald** mit der strahlend weiß getünchten **evangelischen Kirche**. Ihr Kirchturm gilt als Solingens ältester Bau. Rund um die Kirche konnten noch einige Schiefer- und Fachwerkhäuser erhalten werden und auch das ehemalige **Rathaus Wald** ist ein durchaus sehenswertes Gebäude. Klein und verschiefert ist auch der **Walder Kotten**, eine alte Fabrikanlage. Im Innern finden wir heute das sehr interessante **Museum für Laurel und Hardy**. Plakate, Filmausschnitte, Bücher und vieles mehr lassen die Erinnerung an die beiden legendären Komiker aufblühen.

Der Aussichtspunkt an der Korkenziehertrasse lenkt unsere Blicke auf den **2 historischen Ortskern von Gräfrath**. Einen Abstecher in den kleinsten Solinger Stadtbezirk sollten wir uns keinesfalls entgehen lassen, denn rund um den Markplatz scheint die Zeit stehendgeblieben zu sein. Kleine Gassen, herrliches Fachwerk mit grünen Fensterläden oder Schieferfassaden, weiße Fenster und die für das Bergische Land so typischen Giebel: Einfach herrlich ist es, sich hier in der Gastronomie niederzulassen und die Szenerie auf sich wirken zu lassen. Über dem Ensemble thront die **Pfarrkirche St. Mariä Himmelfahrt**.

„Schneidig" geht es zu im Klingenmuseum

Gleich hinter der Kirche finden wir das 3 **Klingenmuseum**. Das stattliche Gebäude, in dem sich einst das Frauenstift befand, beherbergt eine sehr spannende Sammlung von Waffen, Messern und Bestecken. Damit wir uns gut zurecht finden, ist alles schön chronologisch geordnet . Angefangen wird bei der Bronzezeit, von dort arbeiten wir uns über das Mittelalter bis in die Gegenwart vor. Besonders die aufwändig gestalteten Fechtwaffen, die Messergriffe und die liebevollen Installationen der Scheren begeistern die Besucher. Im Keller des Gebäudes sind eine **Zinngießerei** und das **Gräfrath Museum** untergebracht.

*Nachdem wir die A 46 gequert haben, rollen wir auf der **Korkenziehertrasse** in teils rasanter Abfahrt hinunter nach Wuppertal-Vohwinkel.*

Bis ins Jahr 1929 war **Vohwinkel** eine eigenständige Stadt, dann wurde es ein Stadtteil von Wuppertal. Ansehen müssen wir uns auf jeden Fall das **historische Rathaus Vohwinkel** mit seinem mehr als 38 m hohen Turm und der filigran gestalteten Fassade. Nicht minder interessant ist der Vohwinkler Bahnhof, der schon fast wie eine Kirche wirkt, was nicht zuletzt am Uhrenturm liegen dürfte.

*In Vohwinkel geht unser **Bahnradweg** in die Ludgerstraße über und mündet auf die Vohwinkeler Straße (B228), der wir ein paar Meter nach rechts folgen, um gleich wieder links in die recht holprige Yale-Allee abzubiegen. In der Linkskurve geradeaus und wir sind auf dem nächsten Bahntrassenradweg, der **Nordbahntrasse**. Diese führt uns vorbei an den Wuppertaler Ortsteilen Vohwinkel, Varresbeck, Nützenberg, Elberfeld, Nordstadt und Unterbarmen nach Oberbarmen.*

Auch die **Nordbahntrasse** 4 verläuft auf zwei ausgemusterten Eisenbahnstrecken: die „Rheinische Strecke" verlief einst zwischen Düsseldorf und Dortmund, die

Reisemobilstellplätze an oder nahe der Route:

Stellplatz Brückenpark Müngsten
Solinger Straße,
Remscheid

Stellplatz Am Brandteich
Brandteich 6,
Solingen-Gräfrath

Wohnmobilstellpatz Haan-Gruiten
Am Steinbruch, Haan

„Kohlenbahn" zwischen Wichlinghausen und Hattingen. Heute erwartet uns ein perfekt ausgebauter Weg, der von Radfahrern, Inlinern und Fußgängern gleichermaßen verehrt wird. Zurecht, denn mit 22 km ist die **Nordbahntrasse** weltweit der längste Bahntrassenradweg.

Auf der Fahrt rollen wir durch mehrere Tunnel und über zahlreiche Viadukte, unter ihnen der **Tunnel Engelnberg**, der **Tunnel Rott**, das **Wichlinghauser Viadukt** oder die **„Legobrücke"**. Wenn wir darüber rollen, erkennen wir kaum, warum sie diesen Namen trägt: Obwohl sie aus Beton gefertigt wurde, bekommen wir die Illusion, über Legosteine zu radeln. Genau genommen gehört die Legobrücke schon zur sogenannten Schwarzbachtrasse, einer weiteren Bahntrasse.

Vohwinkels Rathaus begeistert durch ausgefallene Architektur

Die **Nordbahntrasse** verführt uns immer wieder zum Anhalten, denn insgesamt 90 Tafeln erklären uns Wissenswertes zur Strecke und zu den teils wunderbaren Bauwerken, an denen wir vorbeiradeln. Mal sind es Denkmäler, mal Wohnquartiere, mal auch Industriegebäude mit langer Geschichte.

*In Oberbarmen zweigen wir hinterm Kreisel beim Parcours Plateau rechts ab von der **Nordbahntrasse** und folgen dem kleinen Weg durch das üppige Grün bis zur Langobardenstraße. Hier biegen wir rechts ab, queren die B7 und erreichen den Bahnhof Wuppertal-Oberbarmen, wo unsere Tour endet.*

Am Ende der Tour gönnen wir uns ein einmaliges Erlebnis, das zu jedem Wuppertal-Besuch dazugehört: eine Fahrt mit der 5 **Schwebebahn**. Als Ende des 19. Jhds. die Bebauung im engen Tal der Wupper zu Verkehrsproblemen führte, wurde nach einem geeigneten Beförderungssystem gesucht. Die Idee war bahnbrechend: Man stellte eine Hochbahn auf Stelzen und nutzte den Verlauf des Flusses, um die Strecke zu definieren. Am 1.3.1901 wurde die Eröffnung gefeiert – bis heute gilt die Schwebebahn als eines der sichersten Verkehrsmittel der Welt. Zu ihren Füßen entstanden wunderschöne Bahnhöfe, die schon fast als Kathedralen des öffentlichen Nahverkehrs bezeichnet werden können.

Schweben im Tal der Wupper

Die schönsten Radtouren

ISBN 978-3-96990-040-6

ISBN 978-3-87073-981-2

ISBN 978-3-96990-080-2

ISBN 978-3-87073-913-3

ISBN 978-3-96990-064-2

ISBN 978-3-87073-962-1

ISBN 978-3-96990-038-3

ISBN 978-3-96990-039-0

ISBN 978-3-87073-979-9

www.fahrrad-buecher-karten.de

und Radfernwege...

ISBN 978-3-96990-069-7

ISBN 978-3-96990-048-2

Jeweils 224 Seiten,
durchgehend farbig,
Paperback,
Format 14,5 x 21 cm,
Preis € 14,95

GPS-Tracks Download

E-Bike-geeignet 

Die 99 schönsten RADTOUREN für CAMPER
E-Bike geeignet in Norddeutschland, Dänemark und den nördlichen Niederlanden

ISBN 978-3-96990-102-1

ISBN 978-3-96990-107-6

Erhältlich im Buchhandel oder bei:

BVA BikeMedia GmbH
Tel.: 0521 / 59 55 40
bestellung@bva-bikemedia.de

ISBN 978-3-96990-079-6

ISBN 978-3-96990-078-9

ISBN 978-3-87073-112-0

www.fahrrad-buecher-karten.de

Impressum

1. Auflage 2023

© Copyright 2023 by BVA BikeMedia GmbH, Niederwall 53, 33602 Bielefeld,

www.fahrrad-buecher-karten.de

Alle Rechte vorbehalten. Nachdruck, auch auszugsweise, sowie fotomechanische / elektronische Wiedergabe nur mit ausdrücklicher Genehmigung des Verlages.

Touren/Texte: Oliver Kockskämper, Köln

Titelfoto: © Thomas Faull/iStock; Wavebreakmedia/iStock

Fotos: Oliver Kockskämper (S. 12, 13, 17 oben, 19, 23 unten, 32, 35 oben, 35 unten, 46 unten, 47, 51 unten, 52 oben, 62, 63 oben, 75 oben, 75 unten, 76, 77, 80, 84, 86 oben, 89 unten, 94 oben, 94 unten, 102, 104, 105, 114, 143 oben, 145, 150 unten, 158, 160, 170, 174, 176, 180, 181 oben, 181 unten, 183, 192 oben, 194, 201, 205, 206, 211 oben, 213, 218, 220, 221 unten) sowie

© HeinzWaldukat/AdobeStock (S. 1), © Rhein-Erft Tourismus e.V. (S. 5), © www.badurina.de/Köln Tourismus GmbH (S. 6/7, 127 oben), © Dominik Ketz/Rheinland-Pfalz Tourismus GmbH (S. 8/9), © Dominik Ketz/Tourismus NRW e.V. (S. 11), © Dronepicr/wikimedia (S. 14), © Raimond Spekking/wikimedia (S. 16, 17 unten, 18), © Dieter Jacobi/Köln Tourismus GmbH (S. 21 oben, 22, 24 unten, 25 oben, 25 unten), © KÖLNTOURIST Personenschiffahrt am Dom GmbH (S. 21 unten), © Thomas Riehle/Köln Tourismus GmbH (S. 23 oben), © Hpschaefer www.reserv-art.de (S. 24 oben), © Jens Korte/Köln Tourismus GmbH (S. 26), © Superbass/wikimedia (S. 28 oben), © Rolf Heinrich/wikimedia (S. 28 unten), © Kölner Zoo (S. 29 oben), © Chris06/wikimedia (S. 29 unten, 30, 68), © Nicola/wikimedia (S. 31), © A. Savin/wikimedia (S. 34, 207), © Günter Hentschel (S. 36), © Ralph Kränzlein (S. 37), © Michael Gaida/Pixabay (S. 38/39, 43, 46 oben, 53), © Alice Wiegand/wikimedia (S. 39 unten), © esdepikur/Pixabay (S. 40), © Jose A (S. 41), © Carschten/wikimedia (S. 42 oben), © Frank Vincentz/wikimedia (S. 42 unten, 173, 182, 186, 187 unten, 196, 211 unten, 212 oben), © Xray40000 (S. 44), © Jörg Wiegels/wikimedia (S. 48), © Beckstet/wikimedia (S. 49, 52 unten, 134, 144), © Nikolay/Pixabay (S. 50/51), © Stephanie Klasen (S. 54, 65), © Käthe und Bernd Limburg/wikimedia (S. 56, 57, 58 oben, 122), © Tetris L/wikimedia (S. 58 unten, 59), © mini malist (S. 60), © Michael/flickr.com (S. 63), © Langen Foundation/Wolfgang Manousek (S. 64), © Dietmar Rabich/wikimedia (S. 66), © Looniverse/wikimedia (S. 69 oben), © Pappnaas666/wikimedia (S. 69 unten), © NoRud/wikimedia (S. 70 oben, 70 unten), © Michael/wikimedia (S. 71), © dronepicr/wikimedia (S. 72), © Kesslerisch Fotografie/wikimedia (S. 74 oben), © Tohma/wikimedia (S. 74 unten, 90, 95, 121), © Kateryna Baiduzha/wikimedia (S. 78), © F. Fiedler/wikimedia (S. 81 oben), © Braegel/wikimedia (S. 81 unten), © NoName_13/Pixabay (S. 82), © Leopold2019/wikimedia (S. 83), © Tuchfabrik Müller7Tourismus NRW e.V. (S. 86 unten), © Heribert Pohl/wikimedia (S. 87), © TimeTravelRome (S. 88), © Karl-Heinz Meurer/wikimedia (S. 89 oben), © Claus Moser (S. 92), © HOWI/wikimedia (S. 93 oben, 93 unten, 96, 115 oben, 115 unten, 117), © Rhein-Erft Tourismus e.V. (S. 98), © Warburg/wikimedia (S. 99), © Willy Horsch/wikimedia (S. 100), © Michamel/wikimedia (S. 101), © Axel Kirch/wikimedia (S. 106), © Marcin-Janek/wikimedia (S. 107 oben), © Hagen von Eitzen/wikimedia (S. 107 unten), © Palickap/wikimedia (S. 109 oben), © Marisa04/Pixabay (S. 109 unten), © CherryX/wikimedia (S. 110), © Tom/Pixabay (S. 111 oben), © Wolkenkratzer/wikimedia (S. 111 unten, 112), © Martin Falbisoner/wikimedia (S. 118), © Wandernder Weltreisender/wikimedia (S. 120), © CEphoto Uwe Aranas (S. 123), © Thomas Max Müller/pixelio.de (S. 124), © Koelnkalkverbot/wikimedia (S. 127 unten), © Griesu71/wikimedia (S. 128), © Pedelecs/wikimedia (S. 129 oben), © Thomas Beez/wikimedia (S. 129 unten), © Journey234/wikimedia (S. 130, 133, 135 unten, 168), © REZAG/wikimedia (S. 132), © X-y-z-SU-68/wikimedia (S. 135 oben), © wikimedia (S. 136), © Hans Peter Schaefer/wikimedia (S. 138), © Hawobo/wikimedia (S. 139 oben), © Hans Weingartz/wikimedia (S. 139 unten), © Igor/wikimedia (S. 141), © Olbertz/wikimedia (S. 143 unten), © Marcel Dominic/Pixabay (S. 146), © Eckhard Henkel/wikimedia (S. 148), © Hababine/wikimedia (S. 149 oben), © Sir James/wikimedia (S. 149 unten), © Adeline Martinet/wikimedia (S. 150 oben), © Tourismus NRW e.V. (S. 151), © Leckherchen/wikimedia (S. 152), © Jacquesverlaeken/wikimedia (S. 154, 155 unten), © chbarra/wikimedia (S. 155 oben), © Tilman2007/wikimedia (S. 156), © Olbertz/wikimedia (S. 157, 163), © Leit/wikimedia (S. 161), © WikiTerra/wikimedia (S. 162), © Lukas_276915203 /AdobeStock (S. 164), © Dieter Wermbter/wikimedia (S. 167), © Duhon/wikimedia (S. 169 oben), © Stadt Troisdorf/wikimedia (S. 169 unten), © Henry Solich (S. 175), © Caesius/wikimedia (S. 177), © DiAuras/wikimedia (S. 178), © Johannes Martin Conrad/wikimedia (S. 184), © Bubo/wikimedia (S. 187 oben, 188), © Helfmann/wikimedia (S. 189, 190), © DiAuras/wikimedia (S. 192 unten, 193, 195, 198, 199, 200 oben, 200 unten, 219), © Detlef Huhn/wikimedia (S. 202), © TipFox/wikimedia (S. 204), © Dieter Schütz/pixelio.de (S. 208), © Andreas H./Pixabay (S. 214), © Atamari/wikimedia (S. 215), © holger.l.berlin/AdobeStock (S. 216), © Mbdortmund/wikimedia (S. 221 oben).

Gestaltungskonzept und Umschlaggestaltung: Alexandra Struve, www.designundich.de, Braunschweig

Buchgestaltung Inhalt: Horst Krückemeier, www.hokrue.de, Bielefeld

Kartografie: BVA BikeMedia

ISBN: 978-3-96990-151-9